JN409839

기업 인류학

기업 인류학

— 기업윤리를 위한 기업문화 —

마크 르바이 · 알랭 시몽 지음 / 편혜원 · 정혜원 옮김

철학과 현실사

한국어판 출간을 맞이하여

우선 한국에서 우리의 기업문화 컨설팅을 발전시킬 수 있게 도와주신 아모레퍼시픽의 서경배 사장님과 제일모직의 이서현 전무님께 무한한 감사의 말씀을 드립니다. 아울러 우리의 컨설팅을 한국에 훌륭하게 홍보해주신 전인수 아모레퍼시픽 유럽 본부장님께도 감사의 말씀을 드리고자 합니다.

그동안 우리와 함께 일해온 통 · 번역사들, 특히 편혜원 통역사님에게 감사의 마음을 전합니다. 이분들이 없었다면 오늘 이 책은 나올 수 없었을 것입니다. 우리의 컨설팅에 대한 이분들의 이해와, 성실함과 열정은 우리에게 너무나도 소중했고, 큰 도움이 되었습니다.

차례

독자에게 알림

2004년 1월에 초판이 발행된 지 3년 만에 펴내는 본 개정판에서는 우리가 현장에서 쌓은 경험과 독자들의 반응을 염두에 두며 좀 더 명확하고 간단하게 우리의 이론을 설명하고자 했다. 수정된 내용들은 우리가 직접 경험한 내용을 반영한 것이다.

몇몇 용어들은 수정하여 오해의 소지가 없도록 하였다.

아울러 새롭게 추가된 내용들도 있다. 예를 들어, 일관성 있는 거시조직(macro-organization)을 만들고자 할 때 매우 유용한 개념인 '세 개의 기능집단(tripartition)'에 대한 소개를 더했다. 또한 다른 공간에 떨어져 있는 직원들, 혹은 글로벌 지사에서 일하는 직원들을 문화 진단에 참여시킬 수 있도록 해주는 우리의 소프트웨어인 Baroco에 대한 소개도 실었다. 마지막으로 부타가스(Butagaz)와 프랑스 국립 종마사육장(Haras Nationaux)의 신규 사례를 추가하였다.

무엇보다 기업 인류학의 독특함이라 할 수 있는 일관성에 더욱 중점을 두고자 했다.

• '구조 인류학'이라는 이론적 접근

• 위 이론에 우선적으로 바탕을 둔 방법론. 문화적 기본소(cultural fundamentals)에 대한 명확한 이해를 바탕으로 기업의 중장기적 전략 구상에 효과적으로 기여하도록 한다. 회사 프로젝트에 이러한 요소들을 통합함으로써 가능해진다.

• 모든 유형의 변화(조직적, 프로세스 상의 변화 포함)에 대해 성공적으로 컨설팅하여 지속 가능한 성공을 보장하도록 하는 효율적인 운영적 방법론

다년간의 경험으로 미루어보아 이러한 일관성 있는 접근 방법은 지속적인 성공을 보장한다고 장담할 수 있다.

옛날 옛적에

“옛날 1285년 단려왕 필리프 4세가 프랑스 왕위에 오른다. 즉위 첫해부터 필리프 4세는 신권 왕정의 원칙을 세우기 위해 봉건 영주들을 속박하기 시작한다. 1789년 유혈 사태까지 프랑스에서 지속되는 왕정이다.”

이 원대한 목표를 달성하기 위해서 왕에게 필요한 것은 신권이며 이는 왕위의 정당성을 보장하는 강한 상징이었다. 왕이 보기에 왕국의 산림은 울창하면서도 자연 상태 그대로 보존되어 있었다. 마치 원죄를 짓고 쫓겨난 아담과 이브가 살던 에덴의 동산처럼 신의 손길이 존재하는 숲과도 같았다.

그래서 왕은 숲을 신성한 곳으로 선포하고 이 에덴의 숲에는 자신만이 들어갈 수 있노라 선언한다. 이와 같은 특권을 유지하기 위해 이 숲을 가꾸고 경계를 지키는 천사장과도 같은 수림장(水林長)을 임명하게 된다.

신성한 숲에 아무도 들어가지 못하도록 감시하는 역할 외에 수림장들의 임무는 그 숲을 자연 상태 그대로 보존하는 것이었다. 태양왕 시절에 명성을 떨치던 콜베르 재상은 이를 변화시키려고 시도한 적이 있다. 계몽주의 인물이었던 콜베르는 숲의 목재를 가지고 다음 세대에 해상 국가로서의 힘을 키우기 위한 선박을 건조하려고 했다. 그러나 그것은 잘못 생각한 일이었다. 당시의 기록에 따르면 콜베르는 자신의 실수를 인정하고 관습에 어긋나는 일이었다며 '충실한 수호자'들이 다시금 숲을 지키도록 놔두었다고 한다.

그 이후 세대를 내려오면서 이들은 선조들에게 주어졌던 그 임무를 성스럽게 지켜나가게 되었다.

이러한 전통 위에 산림청(ONF)의 전신이 설립되었고 8세기가 넘는 기간 동안 이 공공기관에서는 1만 2천 명에 가까운 직원을 고용하며 그 활동을 계속해왔다.

단려왕 필리프 4세가 내려준 소명(vocation)을 몇 세대에 걸쳐 사람들이 자신의 임무로 지속시켜왔다. 그리고 이와 같은 문화적 기본소(cultural fundamentals) 위에 조직이 세워졌고 세상에 대한 비전을 펼쳤으며 세상과 관계를 맺게 된 것이다.

사실 수세기 동안 근본적으로 변한 것은 하나도 없다. 과거의 활과 화살은 사라졌으나 관리인들은 여전히 상징적으로 무장한 채로 있다. 복장도 과거와는 달라졌지만 의식과 기호는 세월이 지나도 여전히 지속되었다.

물론 창립 초기의 문화가 전통으로 고착화되는 경향이 있다. 더 이상 왜 이렇게 생각하고 행동하고 반응하는지 알지 못하지만 그래도 여전히 다음 세대로 계속해서 문화를 통한 인코딩이 전수되는 것이다. 좋은 쪽으로든 나쁜 쪽으로든 말이다.

이공과대학 졸업생이든 한낱 경비원이든, 각자가 성스러운 임무를 지속한다. 바로 '거지들이 접근하지 못하도록 자신의 숲을 지키고 자연 상태로 보존'하는 것이다.

세상은 변했다. 왕정은 무너졌고 농촌이 도시로 탈바꿈했으며 프랑스의 목재는 바이킹들의 목재와 경쟁하게 되었지만 ONF에서만큼은 아무

것도 변하지 않는다.

조직 내에서 일부 사람들은 뭔가가 바뀌어야 한다고 인지한다. 거기에 대해 생각하고 문서로 작성해보기도 하고, 변화해야 한다는 것을 알고는 있다. 그럼에도 변하는 것은 없다.

점차 많은 사람들이 무엇을 해야 하는지 깨닫는다. 진심으로 알고 있다. 하지만 전부 헛된 것으로 드러난다. 고착화된 성스러운 임무만이 모든 것을 대체하는 듯하다.

그리고 어느 날 갑자기 재앙이 발생한다. 태풍이 일고 위기가 온다.

1999년 12월 이틀 만에 자연(혹은 신의 손길일까?)은 이 모든 것을 뒤엎는다. 단 몇 시간 만에 휘몰아친 토네이도는 수백만 그루의 나무를 넘어뜨리고 뿌리째 뽑아버린다. 수백만 입방미터의 목재가 그렇게 사라진다. 숲 전체가 파괴되고 수백 년의 수령을 자랑하는 나무들의 심신이 흔적도 없이 사라져버린다.

모든 것이 무너져버린 것이다. 식물이 사라지자 이제는 사람들의 마음이 흔들린다. 수백 년 동안 확고하게 자리 잡았던 신념들이 송두리째 흔들린다. 과학적인 사고로 무장했던 사람들은 인생의 본질 자체가 없어졌기 때문에 존재의 이유에 대해 의문을 제기하기 시작한다. 숲의 풍경은 돌이킬 수 없을 정도로 변해버렸다. 이제 다시는 그 누구도 예전의 참나무, 너도밤나무, 소나무를 보지 못할 것이다. 빨라야 몇 세대는 지나야 이 나무들이 예전의 자리를 찾게 될 테니까 말이다.

이것이 끝일까?

그렇지 않다. 그 오래전부터 인간은 가장 극단적인 변화조차 받아들일 줄 알고 있었다. 고통스러울지라도 위기를 기회로 삼아 한 발 나아가고 새로운 일을 시작하거나 삶의 방식이나 사회를 바꿔나갈 줄 알았기 때문이다.

세상이 변했다고 진작부터 알고 있었던 자들은 이를 계기로 ONF, 소명, 경제적 및 문화적 기본소, 외부 환경과의 관계 및 대외적 개방, 내부 조직에 대해 새롭게 생각해보게 된다.

그렇게 해서 새로운 모험이 시작된다. 변화의 모험이다. 문화적 변화의 모험. 선언하는 것이 아니라 함께 만들어가고 조직과 행동과 담론을 심층적으로 그리고 지속적으로 변화시킬 시간을 충분히 갖는 문화적 변화의 모험인 것이다.

이 변화는 주변 환경의 변화에 적응하는 데 걸림돌로 작용한 변질된 문화적 기본소를 제거하도록 해준다. 이 변화는 또한 사람들로 하여금 자신이 하는 일과 일상 업무, 그리고 가장 어려운 전략적 결정을 내릴 때 일관성 있게 행동하게 하고 의미를 부여할 수 있는 새로운 기본소를 제안하게 된다.

이 책을 읽는 독자 여러분도 이 작은 이야기가 하나의 동떨어진 예가 아니라는 것을 알았을 것이다. 우리가 일하는 회사, 활동하는 사회에는 종종 말로 설명하기 힘든 걸림돌이 있다. 우리가 원하는 방향으로 나아가지 못하게 할 뿐 아니라 더 나아가서 조직의 응집력을 갉아먹으면서 개인 및 조직에 부정적인 결과를 가져오게 된다. 위기가 닥쳐야만 이 모든 것에 대해 다시 생각해보게 되는데 조직을 바꾸는 것만으로는 해결되지 않는다. 진정한 변화에는 상징의 차원이 있어서 사람과 규칙을 존중해야만 지속적인 성공을 보장받을 수 있다.

앞으로 기술할 내용은 갈수록 심층적인 변형을 요하는 이와 같은 변화를 어떻게 성공적으로 수행할지에 관한 것이다. 우리가 어디에서 왔는지, 지금 어디쯤 와 있는지, 왜, 어떻게, 이곳에 와 있는지 이해하게 되면 언제, 어떻게, 어디로 갈지 알 수 있게 되며 조직 구성원 전체를 움직일 수 있는 방법을 실천에 옮길 수 있게 된다.

들어가기

이 책은 만남의 결과이다.

사람들과의 만남, 업무 이야기의 만남, 그리고 경험의 만남이다. 이런 만남이 세상을 바꾸기 위해 나누고자 하는 욕구로 귀결된 것이다.

이미 다 알고 있다고 생각하는 문제에 대해 새로운 관점을 제시하는 것. 이것이 모든 시조들이 꿈꾸는 것 아닐까? 우리로서는 각자가 회사라는 세계를 새로운 각도에서 조망해보고 인간 조직을 이해하는 데 있어서 우리에게 익숙한 방법이 아닌 새로운 해석의 틀을 제시하고자 한 것이다.

이 다른 각도란 회사와 도시 혹은 정치적, 사회적, 경제적 시스템의 큰 변화들을 이해하는 데 있어서 개인과 집단에 대해 새로운 비전을 제시하는 인류학의 분석 및 행동 모델이다.

우리는 이 책을 통해 하나의 큰 도박을 하고자 했다. 이 책을 읽는 것만으로 경제적, 재무적 기본소와 마찬가지로 회사 내에 문화적 기본소도 존재하며 이 문화적 기본소를 비즈니스 모델에 통합해야 한다고 확신하는 독자가 생기기를 바라는 마음이다. 더 나아가서 문화적 기본소가 조직적 및 경제적 기본소보다 우선하며 회사의 효율성을 결정한다고 확신하게 되기를 바란다. 결코 어떤 패권적인 야망이 아니라 지금까지 종종 은폐되었거나 제대로 이해되지 못했던 기업문화에 대한 새로운 조망인 것이다. 기업문화가 생산 프로세스 및 전반적인 교류와 유기적으로 연결되는 것이다. 다른 한 짝이 없는 한 그 쌍은 존재하지 못한다.

기술적인 진보라는 것이 물질적인 혜택만큼 불행도 만들어낸다는 이 끈질긴 모순에 대해 어떻게 생각해보지 않을 수 있을까? 미래의 이슈들을 이해하기 위해서는 반드시 생각해보아야 할 사항이다.

이 책의 내용은 여러분에 관한 것이다. 여러분이 과거에 한 번쯤은 경험해봤고, 또다시 경험하게 될 내용이기 때문이다. 기술적인 합리주의만으로는 회사가 당면한 문제들을 해결하지 못하는 경험 말이다. 인수, 합병, 경영권 이양, 회사의 생존에 필요한 변화에 대해 무기력한 모습 등 한마디로 회사가 겪는 성장기, 쇠퇴기, 변화의 시기에 적응해야만 하는 상황들이다. 최고의 전문가들이 이 문제에 대해 고민하고 각종 절차와 조직을 합리적이면서도 면밀하게 연구해왔다. 그럼에도 불구하고 여러분도 느꼈을 것이다. 속 시원하게 회사의 변화 방법을 손에 쥐어주지 않았기 때문에 오는 좌절감을…….

우리의 목표는 여러분에게 이 문제들에 대해 다르게 생각해보고 구체적으로 이 문제를 다룰 수 있는 방법론을 제시하는 것이다. 우리가 함께 공유하고자 하는 인류학의 관점은 상당히 놀랍다고 할 수 있는데 흡사 콜럼버스의 달걀과도 같이 때로는 전략적 차원에서 지극히 당연하게 느껴지는 것들이기 때문이기도 하다.

우리가 제안하는 이 여행에 동참하기 위해서는 잠시나마 이미 갖고 있던 확신, 사고방식, 고정관념, 미지의 세계에 대한 두려움을 모두 버려야만 한다. 새로운 것을 탐험하고 개척한다는 것은 사회통념을 거스름을 의미하는 것이자 금기를 넘어 우리의 의식을 깨움을 뜻한다.

인류학이란 인간과 인간 집단을 연구하는 학문이다. 이만큼 회사의 세계에 맞는 학문이 또 있으랴! 인간 조직과 조직에 얽힌 장치를 더 잘 이해할 수 있기 때문에 인류학이 우리에게 제안하는 도구와 모델을 바탕으로 가시적인 성과를 낼 수 있을 뿐만 아니라 각자가 처한 환경에서 한 발 더 앞서 나아갈 수 있도록 해줄 것이다.

이 책이 여러분을 설득할 수 있기를 바랄 뿐이다.

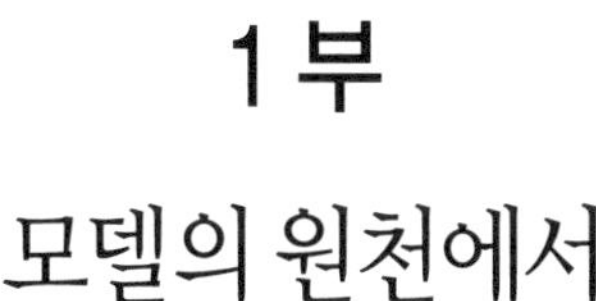

1부

모델의 원천에서

50년 전쯤 처음 등장한 기업문화만큼 경영인들이 가장 좋아하지 않고 이해하지 못하는 개념도 없을 것이다.

그럼에도 원칙에 대해서는 모두들 동의하는 듯하긴 하다. 회사라는 것이 재화와 서비스를 생산해내는 단순 기계가 아니라 인간 조직으로서 자신만의 의식과 기호를 만들어내어 구성원들이 거기에 동조하도록 한다는 데 말이다. 그렇다면 생산과 교류를 최적화하면서 기업의 문화관리를 최적화하여 시너지 효과를 내는 데 왜 그토록 무력한 것일까?

실제로 신뢰할 만한 이론이나 검증된 도구가 전무한 상태에서 조직 이론가들이나 기업가(정치인들도 마찬가지다)들이 기업문화와 맺는 관계를 보면, 합리적이라기보다는 표면적인 것에 그치는 경우가 대부분이다. 상황은 어떤가? 수많은 연구가 진행되었음에도 불구하고, 그리고 회사의 원활한 운영과 성공에 지대한 영향을 미친다고 그 중요성을 인정함에도 불구하고, 또한 마지막으로 기업문화에 대한 적절한 분석이 많이 이루어졌음에도 불구하고 실용적이면서도 효율적인 실행 방안을 찾아보기 힘든 게 현실이다.

마치 기업문화에서만큼은 사회심리학에서 나온 이론적 담론에서 실제 적용 가능한 방안으로 연결이 되지 않는 듯 보인다. 어느 경우가 됐든 필요한 에너지와 자원을 쏟아야 한다는 필요성을 덜 느낀다. 대체적으로 기업문화란 이성적으로 통제하기 힘들고, 완벽히 통제 가능한 다른 재무적, 경제적, 기술적 기본소에 비해 문화적 측면은 부차적일 뿐더러 그냥 간과해도 무관하다고 생각해버리는 경향이 많다.

요컨대 기술적 개발 만능주의가 우선시되고 마르크스주의자든 자본주의자든 누구나 생산경제야말로 시스템의 하부구조라고 동의하는 우리 사회에서는 기업문화를 블랙박스로 간주하는 것이 지배적인 사고이다. 기업의 삶이나, 회사의 성공을 위해 중요한 변수라고 생각하기보다는 먼저 부정적인 영향을 언급한다. 대표적인 것이 변화에 대한 저항과 생산과 비즈니스 교류의 흐름에 걸림돌이 된다는 것이다. 어찌할 수 없다는 것을 변명하기 위해 '인적 요소란 통제 불가능하다'라고 종종 호소하곤 한다.

이렇게 포기하고 말았을 때 부정적인 영향도 크다. 단기적 재무 목표만을 우선시하다 보면 회사들은 소속감으로 뭉친 서로 보완적인 구성원들로 이루어진 유기적인 단체가 되기를 포기하고 만다. 오히려 효율적인 용병의 집단이 되어 버려 가끔 경이로울 정도의 이직률을 보이기도 한다. 포스트모던 시대에 나타난 테일러주의의 새로운 아바타라 할 수 있겠다. 이와 같이 구성된 조직이 과연 얼마나 지속될지 의심하지 않을 수 없다. 이들의 운명은 손바닥 보듯 훤하다. 공개매입의 대상이 되어 점차 더 괴물 같은 조직으로 둔갑해 어느 날 갑자기 알 수 없는 블랙홀로 사그라질지 모른다. 엔론과 아서앤더슨처럼.

그렇다면 미래가 이토록 암울한가? 물론 그렇지 않다. 수많은 기업들이 직관과 상식에 입각해서 조직의 기본적 문화현상들을 다루려고 노력한다. 그러면서 여러 시행착오를 경험한다. 종종 훌륭하게 성공하는 기업주들도 있다. 이들은 전문 경영인들보다 더 잘 해낸다. 그 이유는 오너들은 자신이 설립한 회사가 다른 사람들의 물질적 환경을 개선시키기 위한 것이라는 확신을 갖고 있기 때문이다. 이 사람들을 움직이게 하는 것은 경제적 성과뿐만 아니라 영업 확장, 자신이 만들어내는 제품이 갖는 의미, 그리고 무엇보다 회사 구성원들의 응집력이다. 하지만 이런 기업가들은 소수라는 점을 인정하지 않을 수 없다. 왜냐하면 우리 사회는 실력이 있으면서 충실한 용병처럼 기능하는 관리자들을 배출해내기 때문이다. 우리는 이들에게 회사의 운명을 맡긴다. 회사에 충실한 용병들이기에 주주들을 위한 가치 창출이라는 절대 원칙에서 빠져나갈 수 없는 자들이다. 이에 비해 사내 응집력이란 보잘것없기 마련이다. 그리고 그 응집력이 필요해진다손 치면 역동심리학(dynamic psychology)이나 연민사회심리학의 도움을 청하는 게 전부이다.

이제 새로운 패러다임이 필요한 시점이다. 우리가 계속 보지 않으려고 하는 현실을 고려할 수 있는 패러다임 말이다. 그 현실이란 회사가 생산 기술이나 인적 자원만을 관리하는 것이 아니라 상상과 상징도 관리한다는 것이다.

응집력(social cohesion)이란, 그것이 회사의 응집력이든 한 사회의 응집력이든, 소비재와 부의 공유를 중심으로만 생성되는 것이 아니다. 소속감의 문화적 기본소를 공유하는 것이 무엇보다 필수적이다.

1장

연막을 걷어내기

문화와 회사, 이 둘의 귀머거리 식 대화를 어떻게 설명할 수 있을까? 보면 알겠지만 이는 개인들의 구성체인 회사에 대한 잘못된 해석으로 인한 것이다.

꿈의 종말

우리의 산업문명은 19세기 초 과학적 이데올로기와 대량생산과 보편화된 교류로 인한 새로운 요구사항이 결합되면서 탄생하게 되었다. 계몽주의 시대에 객관적인 지식을 손에 넣게 되면서 기독교의 시대는 종말을 고하게 된다. 그렇게 해서 무신론과 무신론적 가치로 근본적으로 회귀하게 된다. 인간에게 약속된 영생의 천복쯤이야 그냥 날려버리고…….

백과사전파 이후 과학이 모든 것을 통제할 수 있는 힘을 인간에게 줄 것이라는 믿음이 확산되고 따라서 궁극적으로 행복도 가져다줄 것이라고 생각하게 된다. 행복의 열쇠는 기술적 진보와 그로 인한 혜택이다. 자유주의적 유토피아란 마르크스주의적 유토피아처럼, 물론 그 목적과 방법은 다소 다르긴 하지만 합리적 사고와 기술 발전의 전지전능함에 대한 믿음 위에 구축된다. 그리고 이것들이야말로 인류를 위한 삶의 의미이기도 하다.

19세기 서구세계는 과학만능주의를 종교처럼 떠받든다. 19세기 사람들은 예전의 기독교인들이 영생의 천복을 믿듯이 실증사고를 믿고 그것이 행복을 가져다줄 것이라고 확신한다. 그들은 이 믿음의 바탕이 되는 '신화적' 내용과 약속을 간과하지 않는다. 사실 그 뒤에 숨어 있는 것은 실시간과 공간의 부정이라는 열반에 이르기 위해 시공간을 무효화할 수 있는 방법을 찾으려는 몸부림이다. 시공간을 뛰어넘는다는 것은 죽을 수밖에 없는 운명인 인간이 삶의 역경을 초월한다는 것을 의미한다. 유비쿼터스의 능력을 가질 수 있다는 환상과 지금, 당장, 영원히 모든 것을 가질 수 있다는 환상을 보여주는 패러다임의 변화이다. 지상에서 모든 종교에서 약속하는 영생의 꿈을 이룰 수 있는 한 방법인 것이다.

21세기가 도래하면서 그 프로메테우스적인 꿈의 무언가가 현실화되었다. 정보통신과 인터넷의 발달 덕분에 즉각적인 대응이 가능해지면서 유비쿼터스가 우리의 것이 되었다는 환상을 품을 수 있게 된 것이다. 유비쿼터스가 환상적인 느낌을 준다고 하더라도 불멸의 생명을 우리에게 보장해주는 것은 아니다. 도리어 죽음으로 한 발 더 빨리 다가서게 할 뿐이다. 왜냐하면 인간에게 행복이나 영혼의 한 조각을 보태주기보다는 사회 속에서의 고통, 의미의 상실, 개인의 불행을 더욱 강조해주기 때문이다.

경제적인 차원에서 시간과 공간을 무효화하려는 경쟁을 결정짓는 것은 끊임없는 생산성 향상의 필요성이다. 글로벌 경쟁에서 살아남기 위해서는 지속적으로 원가절감을 해야 하는 게 시장의 법칙이다. 마르크스 시대부터 생산과 교류를 계량화하는 보편적 척도야말로 노동시간이라는 것은 지극히 자명한 사실이 아니던가. 생산성 향상이라 하면 더 빨리, 더 적은 고용으로, 더 많이 생산성을 늘리는 것을 의미하게 된다. 이와 같은 끊이지 않는 향상의 노력으로 실업이 대두되고, 육체적, 정신적 고통이 수반되면 사회의 변질이 나타난다.

주변을 둘러보면 이 점은 명백하다. 기술 발전과 보편 세계화되는 교류의 혜택에 대해 의문을 제기하지 않을 수 없다. 무시할 수 없는 모순된 상황에 봉착해 있는 게 우리의 현실이다. 처음에는 과학기술의 발전으로 개인과 사회가 더 잘살 것이라는 기대감으로 열광하고 이 흐름에 동조하고 거기에 맞는 행동을 취했지만 오늘날의 현실은 긍정적인 사회적 역동성을 창조하는 데 실패했다는 것이 자명하기 때문이다. 기술 발전만을 찬양했을 때 어떻게 되는지 동전의 이면을 경험하게 된 것이다.

이제 과학으로 행복을 추구할 수 있다는 꿈은 끝나버렸다. 이것을 가능케 했던 시초의 메시지는 그 인본주의적인 마법을 잃었다고나 할까. 현실 앞에서 그 의미가 퇴색했고 한때의 성공이 역설적이게도 몰락을 가속화시켰다. **오늘날의 회사는 더 이상 삶에 집단적 및 개인적 의미를 부여하는 임무를 수행하지 못한다.** 19세기의 유토피아적 기업가들의 시대는 이제 끝났다.

그 시대의 선구자들에게 있었던 과학기술과 생산의 발전이 더 많은 사람들을 위한 것이라는 의미는 이제 구태의연한 것이 되었다. 오늘날 금융자본주의 시대가 도래하면서 이 모든 환상은 제거되었다. 왜냐하면 자유주의적이라고 알려진 금융자본주의의 목표는 주주들을 위해 더 많은 가치를 생산해내는 것이기 때문이다. 산업생산이라는 것은 잉여의 가치를 창출하는 데 필수적인 재무공학을 위한 수단에 불과하게 된다. 더 많은 잉여가치를 생산해내서 더 많은 것을 요구하는 주주들을 만족시키는 것이다. 대표적으로 투기 자본인 헤지펀드를 들 수 있겠다.

이 고된 현실 앞에서, 현실을 깨달은 경제 주체들은 부적을 찾듯이 자신들의 행위에 인간적인 측면을 가져다줄 수 있는 의미를 찾아 나서게 된다.

감정의 혼란

'시민적', '윤리적', '책임 있는' 등의 단어들이 보여주듯이 오늘날의 회사는 새로운 정당성을 찾고 있으며 내부의 균열을 막기 위해 외부 세계로 눈을 돌리는 모습을 보여준다. 혹은 내부의 모습에 관심을 기울일 때는 '가치'라는 것을 내세우게 된다. 자신이 하는 업무에 정신적인 무언가를 가져다줄 수 있는 가치, 동일한 확신을 집단적으로 공유한다는 느낌을 줄 수 있는 가치 말이다.

우리의 경험에 따르면 자신들만의 특징이라고 생각하고 앞세우는 회사의 가치들은 사실상 서로 상당히 비슷할 뿐더러 대체적으로 도덕적 혹은 의지주의적 이념들의 아바타이기 때문에 회사의 사내 응집력에는 거의 영향을 미치지 못하는 한낱 소원의 나열에 불과한 경우가 비일비재하다. 예를 들어 많은 대기업에서 '품질', '최고', '나눔', '서비스', '친밀성' 등을 내세운다. 이 가치들이 실제로 통합이 된다면 분명 의미도 있고 효율성도 있겠지만 대체로 회사의 근본적인 성격과는 무관한 경우가 대부분이다.

많은 경영인들이 생각하는 것과 달리 응집력이란 슬로건을 앞세운다고 생기는 것은 아니다. 혹은 프로젝트를 중심으로 응집력 비슷한 것이라도 만들어내려면 끊임없이 새로운 프로젝트를 찾아내야만 한다. **거꾸로 응집력이란 '함께 살고자' 하는 마음이나 우애의 또 다른 이름도 아니다.**

회사는 도덕적 혹은 윤리적 골조로 조직된 것이 아니다. 도덕과 마찬가지로 윤리나 연민은 개인의 양심에 관한 태도일 뿐 회사 내 인간관계나 주변 환경과의 관계를 개선시키는 데 일절 도움이 되지 못한다. 회사가 속한 국가의 법적 및 사회적 규범을 준수하고 **기저문화**(infraculture)**의** 상징체계를 잘 고려하기만 해도 회사는 충분히 정당성을 보장받고 인간적인 조직이 될 수 있다. 그 두 조건만 충족되면 인간을 중시하는 조직이라 할 수 있다.

모든 인간 단체와 마찬가지로 회사도 상징의 하부문화를 바탕으로 조직된다. 상징의 **기저문화에서** 응집력이란 소속감을 근본으로 한다. 응집력의 정도가 회사의 적응 능력, 통합 능력, 그리고 궁극에는 경쟁력까지 결정하게 된다.

바로 이것이 다음 장의 내용이자 이 책의 내용인 것이다.

■

2 장

포석 아래, 야생의 사고

잠시 독특한 삶을 보여주는 기업주의 경제 라이프를 살펴보자.

회사를 처음 창립하게 되면, 이때의 기업주는 순수 자본주의자와는 다른데, 세계에 대해 새로운 비전을 제시하고픈 열정, 자사의 임직원과 이 비전을 공유하고 싶어 하는 열정, 그리고 이 두 열정을 바탕으로 경제적 가치와 이익을 창출하려는 열정을 갖는다. **사회적 가치와 경제적 가치를 만들어내는 자가 되는 것이다.** 이와 같은 열정 간의 균형으로 사내 경제 교류와 대인관계가 형성된다. 응집력이 강하면 강할수록 경제적 교류가 자연스러우면서도 지속적으로, 원활하게 발전된다.

이때 기업주는 많은 대기업들이 종종 실패하고 마는 곳에서 성공한다. 바로 소속감을 만들어내는 데 성공하는 것이다. 오늘날 기술 중심의 우리 사회에서 소속감, 혹은 소속감까지 가지 않더라도 동조의 가능성조차 많이 사라지고 말았다는 것을 어찌 느끼지 않을 수 있을까? 유연성만을 강조하다 보니 개인주의와 이기주의가 존중할 만한 사회적 모델이 되어 버리는 위험한 이데올로기가 등장했다. 왜냐하면 다른 누구의 도움도 필요 없이 혼자서 강하다는 것을 믿거나 믿게 하는 것이 최선이라고 생각하게 되었기 때문이다. 그러나 이것은, 인간은 본질적으로 사회적 동물이라는 사실을 망각하고 마는 것이다. 사회란 끊임없는, 살인적인 경쟁관계에서 에너지가 넘치는 역동성이 생성되는 강한 개인들의 총합이라고 잘못 생각하는 것이 된다. 격앙된 개인주의가 무기력한 감상주의로 완화된 것은 사실이나 지배적인 가치가 되어 버린 것 또한 부정할 수 없는 현실이다.

이러한 냉소주의는 인간의 본성에 대한 근본적인 진실을 은폐한다. 인간은 사회적 위상을 부여해주는 집단에 속하지 않고는 살아갈 수 없는 존재이다. 사회적으로 '존재'하기 위해서 인간은 자신을 통합하고 자신을 인정하는 상징체계에 속해야만 한다. 그룹에 속해야만 인간은 인간으로서의 위상을 갖게 되는 것이다. 회사가 더 이상 이러한 객관적인 필요성을 충족시켜주지 못한다는 것을 어찌 간과할 수만 있겠는가. 직장인들은 문화적으로 조직된 단체에 속해 있다는 소속감을 더 이상 느끼지 못하며 자신은 비인간적이고 냉혹한 기계의 톱니바퀴에 불과하다는 느낌을 갖는다. 조직적 기술만이 최고인 시대가 되어 버린 것이다.

이와 같은 우리의 현실 묘사는 새로울 것이 없다. 우리보다 앞서 우수하고도 진실된 사람들이 이미 묘사한 현실이고 그 대표적인 인물이 자크 엘륄(Jacques Ellul)[1]이다. 유토피아적인 인본주의를 떠나서 우리가 이 담론을 다시 내세우는 이유는 지금까지 부분적 혹은 편파적인 해결책만을 제시했던 회사의 경영 및 전략의 문제에 대해 다른 해결책을 제시하고자 하는 의지 때문이다(엘륄의 해결책은 기술로부터 우리를 구원해줄 신에 대한 맹세이기도 하다). 기업 인류학을 통해 우리가 내세우는 문화적 접근은 사회적 응집력을 높여주면서 소속감에 대한 선천적이자 실존적인

---

1 J. Ellul, *La technique—ou l'enjeu du siècle*, Paris, Economica, 1999.

필요성을 객관적으로 만족시켜줄 것이다.

상징의 혁명

기술 사고의 우월성에 눈이 먼 채 더 나은 생산성을 위해 경쟁하는 과정에서 회사들은 구조 인류학의 주요 교훈 중 하나를 잊어버렸다. 사람에게 기술적, 합리적 사고만이 존재하지는 않는다는 사실이다. 클로드 레비-스트로스(Claude Lévi-Strauss)가 '야생의 사고' 혹은 '상징의 사고'라고 명명한 좀 더 조용하고 무의식적으로 활용하는 사고가 있다는 사실을 말이다.

오랫동안 상징의 사고는 전(前)논리적인 사고, 성숙하지 못한 사고로 간주되었으며 그때까지만 해도 환상이라고 생각하지 않았던 '지적 발전'에서 나오는 합리적 사고 전에 나타나는 단계로만 생각해왔다. 반면 레비-스트로스는 야생의 사고가 "야만인들의 사고이거나 시원적 인류의 사고가 아니라 야생 상태의 사고로 뭔가 수익을 창출하기 위한 목적으로 길들이거나 재배한 사고와 엄격히 구분된다."[2]고 주장한다. 야생의 사고는 조작적인 사고이자 손으로 만지작거리는 것과 같은 사고로 인간으로 하여금 생존에 필요한 공동체를 구성하는 것이 유일한 목적인 사고라 할 수 있다.

1950년대에 등장한 구조 인류학은 인간 사회의 기능과 조직을 이해하는 데 일대 변혁을 가져왔다. 일부 인간 조직 안에서는 두 개의 사고가 공존한다는 것을 보여줬는데 바로 상징의 사고와 합리의 사고이다. 실제로

---

2 C. Lévi-Strauss, *La Pensée sauvage*, Paris, Plon, 1932.

마르셀 모스(Marcel Mauss)[3]에 따르면, 구조 인류학자들, 그 중 특히 레비-스트로스[4]는 '차가운' 사회로 알려진 무문자사회를 위한 사회조직 이론을 구상했다. 차가운 사회라고 부르는 이유는 이들이 혁신이나 기술 발전을 꾀하지 않고 이들의 에너지 전부를 상징적 사회조직을 똑같이 재현하는 데 쏟기 때문이다. 이들은 구성원과는 별개로 존재하고 기술적 진보와도 별개로 존재하는 상징의 질서를 바탕으로 운영이 된다. 그리고 이들의 목적은 공유하는 '의미'를 단체로 생산해내는 것이다.

이와 같은 상징적 조직은 기호의 매트릭스로 심리적 구조나 개인의 야망과는 별개로 각자가 사회적 집단 속에서 자신의 적소(適所)와 정당성을 찾을 수 있도록 해준다. 이렇게 구성된 사회적 현실은 언어와 동일한 역동성을 지니게 된다. 인간이 만들어낸 것임에도 불구하고 언어는 언어 사용자들과 별개로 존재하고 고유의 생명력과 변화 체계를 지닌다. 언어란 그 구조상 늘 동일하지만 표현 방식은 특히 같은 어군에 속한 언어가 아니더라도 다른 언어와 접촉하면서 진화하게 된다. 이와 같은 진화는 그 언어 사용자들의 의지와는 무관하게 이루어진다. 마치 사람들이 새로운 어법과 새로운 어휘를 제시하는 듯 보이나 종국에 이를 받아들이거나 거부하는 것은 언어 코퍼스인 것과도 같이 말이다. 사회적 집단 제도도 마찬가지다.

대부분의 인류학자들은 이 같은 '상징적 혁명'으로 그들의 주요 연구대상인 전통사회의 사회적 조직을 설명하는 것으로 그친다. 이에 비해 조르주 뒤메질(Georges Dumézil)은 예외적으로 이 상징적 구조가 합리적이

---

3 M. Mauss, *Sociologie et anthropologie*, Paris, PUF, 2002.

4 C. Lévi-Strauss, *Anthropologie structurale I*, Paris, Plon, 1996; *Les structures élémentaires de la parenté*, Paris-La Haye, Mouton, 1967.

고 과학적인 변화를 거친 현대사회에도 여전히 지속된다[5]고 주장했다. 레비-스트로스는 마르크스의 역사적 물질주의에 더 민감했기 때문에 우리의 발전된 사회는 변화를 거쳤으며 생산방식으로 결정되는 인프라 구조의 이론은 전통사회에 지배적인 상징 질서를 대신한다고 생각했다.[6]

우리는 산업혁명에 대해 '사회적 변이'라고 말하는 것은 적절하지 못하다고 생각한다. 산업혁명은 생산과 교류를 오히려 비대화시켰기 때문이다. 지금의 현상은 지금까지 사람들이 활용하지 않았던 능력을 세상에 알리는 것이었다고 보는 편이 맞다. 다시 이야기할 기회가 있겠지만 상징 질서가 지배적인 사회에서는 거의 찾아볼 수 없는 시간과의 관계가 드러나게 되는 것이다.

뒤메질과 마찬가지로 우리는 오늘날의 진화된 사회에도 두 개의 사고가 공존한다고 생각한다. 인간 집단의 응집성을 가능케 하는 야생의 사고와 (일반화된) 교류와 생산을 조직하고 과학기술의 발전을 가능케 하는 기술의 사고이다.

지난 3세기 동안 산업사회에서 중시되었던 사고는 기술의 사고이다. 논리적이면서도 도구적인 기술의 사고는 과학과 기술의 무한한 발전을 가능케 한다. (재화, 정보, 조직 등) 생산 프로세스를 현실화하게끔 해주기도 한다.

하지만 우리 사회에서 여전히 야생의 사고는 호소력을 지니며 우리의 문화적 지표를 이루는 기호와 서사적 이야기를 가능케 하는 신화소(mytheme)를 생산해낸다. 종종 그 서사적 이야기라는 것이 업무와의 관

---

5 G. Dumézil, *Entretiens avec Didier Eribon*, Paris, Gallimard, 1987.
6 C. Lévi-Strauss, *Mythologiques*, t. 4, *L'homme nu*, Paris, Plon, 1971.

계를 특징짓는 진지함으로 인해 무미건조해지긴 하나 특정 회사의 기원을 말해주는 것으로 창립신화라고도 할 수 있다. 이와 같은 집단적, 무의식적, 상징적 생산물들이 기저문화를 이루어서 그 위에 생산과 교류의 합리적 조직이 이루어질 수 있는 것이다.

인류학 덕분에 기호와 신화의 체계가 사회적 조직의 무의식적 구조를 결정짓는다는 것을 알고 있다. 그 무의식적 구조가 없다면 조직에 소속될 수조차 없다. 야생의 사고란 문화적 상징적 질서의 조건이다. 이와 같은 관점에서 봤을 때, 이 문화적 상징적 질서가 모든 인간 집단, 즉 회사의 기저문화의 씨실과 날실이 된다고 할 수 있겠다. 이 기저문화에서 의식적인 정체성 시스템이 세워지는 것일 뿐 아니라 체계적으로 공동체 생활을 가능하게 하는 모든 초구조적 층위가 체계적으로 결정된다. 특히 생산과 교류가 여기에 해당된다. 현대사회와 기업들은 이렇게 하여 서로 다르지만 보완적인 두 개의 사고가 공존하도록 하고 있으며 이 두 사고는 끊임없이 상호작용을 일으킨다.

사회적 응집력, 회사 민첩성의 핵심이 되다

사회적 응집력(social cohesion)은 유기적인 필요성이다. 사회적 동물로서의 운명을 감당하기 위해서 필요한 인간의 생체 문화적 프로그래밍의 한 요소이기 때문이다. 생존을 위해서 인간은 응집력을 강화하고자 추구하게 되는데 응집력이야말로 이들이 소속되어 있는 집단의 영속성을 보장해주는 것이기 때문이다. 다시 말해 사회적 응집력이란 사람들이 서로 친하게 지내기 위한 우호적인 감정이라기보다는 영원히 적응하기 위한 우리 종의 절대적인 필요성이라고 할 수 있겠다.

실제로 사회적 응집력에서 유래하는 소속감이나 정당성의 감정은 경제

주체로 하여금 사회적 존재로서의 안전함을 느끼게 해주는데, 이 안전함이 세계화된 교류의 환경이 요구하는 경쟁시장을 만족시키기 위한 산업생산의 요구들로부터 탄압당하지 않도록 보호장치 역할을 하게 된다. 각자의 기본적 심리 상태를 안전하게 해줌으로써 정신적 존재가 안정감을 찾게 된다. 탄압당하지 않기 때문에 사회적 스트레스가 없어지며 외부에서 강요하는 새로운 상황에 대해 사회적 조직은 자신이 적응해야 하는 새로운 기회로 받아들이게 된다. 사회적 응집력 덕분에 각자가 위협받는다는 생각을 하지 않게 되며 자유롭게 자신의 최선을 다할 수 있게 된다. 심지어 긍정적이고 집단적으로 변화에 맞서는 것 자체로도 사회적 응집력이 강화되며 집단의 적응력을 더욱 향상시킨다고도 할 수 있겠다. 이러한 느낌이 강하면 강할수록 사람들 간의 갈등이 적어지고 회사의 경제도 효율성이 높아진다.

정신적 존재와 사회적 존재 구분하기

인간의 뇌신경 기능은 동일한 방식으로 정신적 현상(감정, 느낌, 욕구, 욕망)과 사회적 현상(대인관계, 사회생활, 업무상의 관계)을 다루지 않는다.

정신적 현상은 두 개의 변증법적 기능으로 조직되는데 이는 무의식적인 상징의 기능과 의식적인 상상의 기능이다.

사회적 현상은 상징적 의무 질서와 법적 시스템으로 관리되는 제도에서 나오는 것으로서 이 질서 덕분에 개인이 사회 집단에 대한 소속감과 정당성을 느낄 수 있게 되고 법적 시스템인 사회 속에서 각자의 권리와 의무가 규정된다.

상징적 질서는 사회적 존재를 만들어내며 주체의 정신적 현실을 건드리지 않은 채 독립적으로 조성한 단체 속에서 소속감과 정당성을 갖도록 해준다. 하지만 그 질서가 깨지면 인간의 사회적 존재가 타격을 받게 되어 정신적 존재로 하여금 그 빈자리를 대신 차지하도록 한다. 그렇게 되면 편집증적인 개인주의 효과(학대의 감정)가 작동하게 되어 타협 불가능한 이기적인 적대감이 유발되고 사회적 분열의 움직임이 시작된다. 이는 단체가 갖는 적응력의 역동성을 위협하고 새로운 환경에 통합될 가능성을 사라지게 한다.

사회적 응집력은 상당한 생산성의 향상을 가능하게 하는 객관적인 성과의 요소이다. 그런 의미에서 회사는 회사의 발전을 꾀하기 위해 사회적 응집력을 만들어야 할 소명을 갖는다고 할 수 있겠다. 사회적 응집력은 위기의 순간을 혁신의 시기로 바꾸어줌으로써 위기를 극복할 수 있게 해준다.

회사에서 야생의 사고를 하다

합리적 사고와 보완되는 '야생의 사고'를 다시 도입함으로써 기업 인류학은 어떤 조직이든 서로 의존적인 하부 시스템으로 이루어진 구조로 바라보는 조직에 대한 체계적 비전을 제시한다.

합리적 사고가 교류와 생산조직의 주도권을 쥐고 있다면 야생의 사고는 사회적 응집력의 열쇠를 쥐고 있다. 따라서 무엇이 문화에 속하는 것인지, 무엇이 조직 절차에 속하는 것인지를 규정할 필요가 있다. 하나는 옳고 다른 하나는 그른 사고라는 이분법적인 구도로 합리적 사고와 야생의 사고를 대치시켜서는 안 된다. 야생의 사고가 합리적 사고보다 더 우월하다거나 덜 효율적인 것이 아니다. 다만 합리적 사고가 사회적 응집력을 위협하지 않고서는 다루기 힘든 인간 집단의 응집력 있는 조직에 야생의 사고가 더 잘 맞을 뿐이다. 기술적 사고의 목적은 주변 환경을 통제하기 위해 이해하고 행동하기 위한 것이다.

기업의 맥락에 적용시켜보면 합리적 사고 대비 야생의 사고의 논쟁은 몇 가지 역효과를 드러낸다. 합리적 사고만을 강조하다 보면 제국주의적이라 부를 수 있는 대부분의 회사들은 '제국주의적'이나 '전체주의적' 시스템으로 차츰 나아가게 된다. 추후에 다시 언급하겠지만 이때는 물론 단기적 경제 효율성은 누구도 부정할 수 없을 정도로 최상이다.

회사를 운영하는 데 있어서 합리적 사고가 결정적으로 중요하다는 점을 배제하자는 것은 아니지만 기업 인류학에서 말하는 야생의 사고가 어떻게 문화라는 관점으로 회사에 접근하는지를 보여주고자 한다. 야생의 사고가 개인을 기능적 조직에만 가두지 않고 어떻게 사회조직에 편입될 수 있도록 각 개인에 대해 인코딩을 하는지 보여주고자 하는 것이다.

'공동의 세계'

우리의 접근 방법은 두 개의 사조의 교차점에 위치한다. 하나는 레비-스트로스와 뒤메질이 구상한 구조 인류학이고, 다른 하나는 한나 아렌트(Hannah Arendt)가 자신의 대표작인 『전체주의의 기원』[7]에서 다룬 사회정치철학이다.

이 두 사조는 서로 보완적이다. 전자는 상징적 질서에서 유래하는 사회적 현실을 구축하고 기능케 하는 방법론에 대해 이성적인 이해의 모델을 만들어준다. 후자는 선진 사회에서 문화적 하부구조를 간과하거나 은폐한 채 마르틴 하이데거(Martin Heidegger)가 '기술적 사고'[8]라고 부르는 헤게모니적 효과에만 집중했을 때 어떤 결과가 발생하는지에 대해 논한다.

---

7 H. Arendt, *Les origines du totalitarisme*, Paris, Seuil, 1998.
8 M. Heidegger, *Qu'appelle-t-on penser?*, Paris, PUF, 1999.

이 두 사조를 유기적으로 결합해보면 한나 아렌트의 '공동의 세계'의 개념 속에서 하나의 패러다임을 발견할 수 있게 된다. 아렌트에 따르면 '인간적 존재'의 자격을 획득하기 위해 우리가 속해야 하는 곳이 '공동의 세계'이다.

이 '공동의 세계'는 전체주의[9] 및 제국주의 전 단계와 이율배반적인 것으로서, 사회적 현실 속에서 우리가 인류학적 접근 방법에서 기저문화라고 부르는 것에 해당한다.

따라서 조직된 인간 단체의 기저문화 기능을 상징적으로 다루면서 경제적 이슈들을 처리해야만 한다. 왜냐하면 생산이나, 시장경제의 교류나 커뮤니케이션으로 사회적 응집력이 보장되지 않기 때문이다.

사회적 하부구조는 시장경제의 교류와 생산으로 구성되는 것은 아니다. 커뮤니케이션과 마찬가지로 생산이나 교류는 기저문화가 가능케 하는 응집력 덕분에 '조화롭게' 기능할 수 있는 초구조인 것이다. 기저문화는 기호론적 체계처럼 조직된다. 반면 교류는 커뮤니케이션의 의미론적 체계에 더 가깝다. 기저문화가 강력하고 응집력이 있을수록 교류와 커뮤니케이션이 사회관계에 미치는 파괴력이 약해진다.

바로 이와 같은 이유 때문에 기업문화를 늘 관리하고 변화시켜야 하는 것이지, 알 수 없는 윤리나 도덕 때문이 아니다. 문화가 최적의 응집력을 발휘할 수 있도록 또한 최대한의 매력과 통합의 능력을 발휘할 수 있도록

9 나치즘의 끔찍함은 바로 기술적인 사고가 극단적으로 인간의 사회적 현실을 조직하고 관리하는 데서 기인한다는 점에 주목할 만하다. 의외의 극악무도함이라기보다는 오히려 단순할 정도의 평범한 극악무도함이다. 어찌 보면 사회적 연대를 구축하는 상징의 질서를 포기한 채 인류에게 무엇이 좋고 나쁜지를 결정하고 인간관계를 이성적으로 조직하는 데 순전히 과학기술적 기준만을 적용시킨 결과라 할 수 있겠다. 이 모든 것은 결국 살인적 광기에 가까워진다.

말이다.

문화관리는 회사의 경제적 성공의 핵심 열쇠이면서 사회관계를 복원하는 데 기여한다. 문화는 이를 위한 필요조건이다. 하지만 충분조건은 아니다. 회사가 성공하기 위해서는 자본주의 시스템에 맞는 기술, 경제, 재무 규칙에 따라 생산과 교류를 관리해야 한다. 문화와 경제를 동시에 관리하는 것이 성공의 필요조건이자 충분조건이다. 둘 중 하나라도 없으면 안 되는 것이다.

2부

조직의 숨은 얼굴을 이해하기

(세 개의 문화 기본소)

문화는 돛단배의 용골과도 같다. 거의 보이지 않기 때문에 존재조차 잊곤 한다. 그러나 배의 균형을 잡아주고 방향을 찾도록 하며 궂은 날씨 속에서도 역풍을 맞으며 항해하게 해주는 것이 바로 용골이다. 배의 이미지를 이어가자면 자만심으로 한껏 부푼 돛과 돛대는 저 멀리 수평선에서도 눈에 띄는 것으로 바람의 흐름을 관리한다 하겠다. 돛과 돛대는 교류의 세계를 대표한다.

선원이라면 늘 다음과 같이 얘기할 것이다. 용골과 돛을 함께 잘 살려야만 항해를 성공시킬 수 있노라고…….

우리 모델은 교류와 문화를 변증법적으로 활용한다는 점에서, 또한 교류의 질과 흐름, 그리고 효율성을 결정짓는 것은 '보이지 않는, 미지의' 문화적 요소라는 것을 보여준다는 점에서 독창적이다.

인류학의 관점에서 기업문화란 상징적 질서로써 그 요소들을 이해하여 해당 기업의 특수한 문화에 대해 합리적으로 이해할 수 있는 모델을 세우는 것이다. 왜냐하면 문화라고 했을 때 회사의 정체성만을 의미하는 것이 아니기 때문이다.

정체성은 말 그대로 가시적이다. 상당히 가시적이다. 그 가시성이야말로 정체성의 존재의 이유이다. 선박의 비유로 다시 돌아가보면 배의 옆면에 찍힌 스폰서의 이름과 로고가 정체성이다.

모든 교류에 관한 요소들이 그렇듯 정체성은 선포하는 것이다. 경영진이 결정하고 의도적으로 구축한 것이며 사내 홍보 전문가들이 유려하게 포장하는 것이 정체성이다. 회사의 상상의 차원을 만들어내는 것이고 구체적으로는 언어적, 시각적, 조직적 담론을 통해 드러난다.

상상의 차원은 회사를 행동의 사이클에 넣고 집단 프로젝트를 중심으로 사람들을 끌어 모으기 때문에 기업 인류학에서도 역시 중요한 층위이다. 하지만 정체성은 소속감을 생성시키는 능력은 없다.

소속감은 문화의 하부구조를 의미하는 신조어인, 우리가 기저문화라고 부르는 것에 기반을 둔다.

앞서 보았듯 기저문화는 내재적 정보체계이자 체계적인 상징의 시스템을 이루는 '기호'의 총체이다. 교류와 정체성이 공식적인 규칙체계로 관리된다면 반대로 기저문화는 질서의 체계를 규정한다. 다시 말하자면 입사 안내서 어디에도 공식적으로는 나와 있지는 않지만, 조직 내에서 금지되거나 의무시되는 질서체계를 의미한다.

기저문화는 상징의 차원에 관한 것이고 상징의 차원이 기호적 코드의 총체로 구체화되는데 이 기호 코드란 가시적(건축, 인테리어, 신호체계, 그래픽 시스템, 복식, 유니폼 등)이거나 언어적(정체성에 해당하는 단어 자체가 아니라 단어들이 내는 소리이다!)인 것이다. 이와 같은 상징은 행동과 태도를 통해서도 드러난다. 레비-스트로스[1]를 위시하여 많은 학자

---

1 C. Lévi-Strauss, *Mythologiques*, t. 4, *L'homme nu*, Paris, Plon, 1971.

들이 분석한 의식화된 행동이 이에 해당될 수도 있다. 하지만 우리로서는 회사에서 관찰할 수 있는 모든 행동과 태도에 대한 것이라고 생각한다. 생산에 대한 기술적, 전문적 행동을 제외한 모든 행동을 말하는 것이다(그림 2.1).

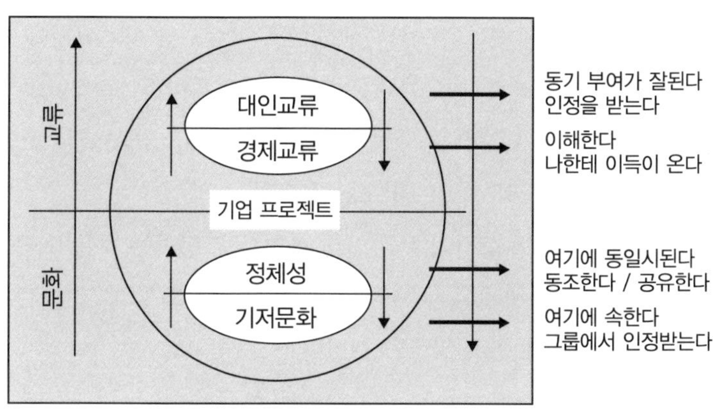

그림 2.1 기업 인류학의 모델

정체성에 관한 요소들은 경영, 전략, 결정적 결정 사항, 합리적 실행 방안과도 같은 전통적인 사항들이다. 주요 목표는 대내적으로는 최대한의 많은 임직원을, 대외적으로는 최대한의 고객들을 끌어 모으는 것이다.

반면 기저문화에 관한 요소들은 대체로 외부에서 통제하는 것은 아니다. 왜냐하면 대부분의 경우 경영진에서는 이를 이해하거나 고려하지 않기 때문이다. 그러나 이 요소들은 집단에 많은 영향을 미치며 일상의 전략 사항에 대해서도 마찬가지로 영향을 준다. 따라서 기저문화의 요소들을 규명하는 것이 중요하며 특히 이들의 기원을 알아내는 것이 중요하다.

문화를 구성화는 세 개의 기본소

돛단배의 용골은 상징적인 기저문화의 필요성을 언급하는 데 생생한 비유가 될는지 몰라도 좀 더 구체적으로 살펴볼 필요가 있다. 회사를 사회적 밀도감으로 채워주는 이 기저문화는 상호 영향을 미치며 사람들이 어느 정도 영향력을 발휘할 수 있는 세 개의 구성요소로 이루어진다.

첫 번째 요소는 무의식적인 의무체계와 금기체계이다. 구성원의 행동과 태도를 규정하는 것들이다. 창립신화와 그 신화에서 비롯되는 소명 덕분에 의무체계는 의식의 층위로 떠오른다고 할 수 있겠다.

두 번째 요소는 회사 조직의 유형인데 유형을 결정하는 것은 소속감과 개방의 정도, 조직의 체계성 세 가지이다. 이 요소는 회사가 시장에 대해, 그리고 경쟁사에 대해 어떤 입장을 취하는지 보여준다.

세 번째 요소는 인도유럽문명 고유의 상징적 조직이다. 뒤메질에 따르면 인도유럽문명의 모든 인간 단체는 영속적이기 위해서 세 개의 평등한 기능집단으로 이루어져야 한다. 그 세 개의 기능집단은 성직자, 전사(戰士), 생산자이다. 이 세 개의 기능집단 구조 덕분에 각자 자신의 역할을 알고 적소에 위치할 수 있다. 그리고 그렇게 함으로써 다른 두 개의 기능집단에 속한 사람들과 긍정적인 시너지를 창출해낼 수 있는 것이다.

3 장
의무체계와 금기체계, 신화와 소명, 기호와 상징

끊임없이 진화 중인 문화적 재료, 신화, 의식, 기호는 기업문화의 본질을 이룬다. 의식적이든 무의식적이든 회사가 만들어내고 회사 전체에 영향을 미치는 '상징적 질서 시스템'을 이루는 문화적 기호의 총체에 의미를 부여한다.

창립신화(founding myth)

사람들이 이야기처럼 전할 수 있는 상상의 이야기이다. 기원의 이야기이자, 회사 소명의 출생 증명서이고 '가치체계'의 현장이다. 창립신화라는 것은 회사를 설립한 창업자에 대한 것일 수도 있고 혹은 에덴, 시지프, 프로메테우스나 이카루스 신화의 한 변형이 될 수도 있다.

신화는 회사를 이해하는 데 놀라울 정도로 효과적인 도구이다. 무의식적인 문화적 모델을 내포한다. 명확한 전략과 변화나 시장 포지셔닝, 고객들을 대하는 방법과 함께 회사의 문화를 이루는 신조와도 같은 것이다. 창립신화는 '의미론적'으로 (상징적인) 질서체계를 명시하며 이 질서체계는 금지되는 것, 금기시되는 것, 허락되는 것과 용인되는 것에 관한 것이다.

인간 단체, 좀 더 특수하게 회사를 만들어내는 창립신화는 무엇보다 영웅적인 상상의 이야기 속에서 드러나는 상징적 코드의 표현이다. 앞서 살펴봤듯이 이 상징 코드는 동물사회[2]와는 달리 인간사회에는 없는 유전인자를 대신하는 것이다.

창립신화를 통해 드러나는 상징 코드는 여러 기준을 만족시켜야 한다. 창립신화는 무엇보다 관습에 대한 도전(transgression)을 말한다. 다시 말해 창립자는 회사를 창립할 시점에서 사회통념과 단절하게 된다는 것이다. 제안하고자 하는 것은 '세상에 대한 새로운 비전'이다. 이와 같은 관습에 대한 도전은 인류의 주요 신화 속에서도 드러난다. 창립자가 창립신화를 표현하거나 공식적으로 언급하지는 않는다. 대신에 연설이나 의식, 기호를 통해 회사의 일상 속에서 드러난다. 더 넓게 보면 창립신화를 드러내는 것은 회사의 기호적, 의미적 세계 전체이다.

몇 가지 사례를 언급해보면 다음과 같다.

애플 혹은 다시 보는 이카루스 신화

1976년 컴퓨터 시장을 지배하는 것은 IBM이었다. 기술적으로나 비즈니스적으로나 이데올로기적으로 봤을 때 당시의 지배적 생각은, 이토록 값비싸면서 강력하고 마술과도 같은 그 도구는 대기업이나 기관에서만 쓸 것이라는 거였다. 하지만 스티브 잡스(Steve Jobs)와 그 주위의 몇몇은

2 Y. Coppens et P. Picq, *Aux origines de l'humanité*, Paris, Fayard, 2002.

직관적으로 다른 식으로 생각한다. 컴퓨터란 사무실에서든 집에서든 모든 사람들이 어느 곳에서나 쓰는 것이 될 수 있다고 믿었기 때문이다. 신체와 감각 기관의 연장선을 이루는 개인 도구라고 생각했던 것이다. 사회 통념에 도전하며 이들은 매킨토시 컴퓨터를 도처에 팔게 된다. 사람들에게 친근하고 누구나 가질 수 있는 즐거운 도구로 만들어서 상징적으로 시공간을 지울 수 있도록 해준 것이다.

스스로는 인지하지 못했지만 애플의 창립자는 인류의 중요한 신화인 이카루스의 신화를 재현한다. 인터넷과 연결된 컴퓨터 덕분에 지구 반대편 지점에서 '실시간'으로 소통하고 교류할 수 있게 되었다. 이제는 '가상의 사무실'이 가능해진 것이다. 애플에서는 이런 기술을 대중화하는 데 상당히 기여했고 그 결과 세계화된 접속을 보편적으로 가속화했다. 아이팟을 출시하면서 사과 로고의 이 회사는 초기 기원의 신화를 지속한다. 재미있으면서도 유희적인 작은 음악 플레이어를 주머니에 쏙 넣어서 언제든 갖고 다닐 수 있게 된 것이다.

애플의 관습에 대한 도전 신화는 과거에도 그러했고 현재도 그러하며 미래에도 여전히 회사의 기호체계, 의식체계, 고객과의 관계에 영향을 미칠 것이다. 애플의 고객은 단순 고객이라기보다는 마니아에 가깝다. 경영과 관련된 모든 것이 영향을 받는다.

창립신화는 전략에 영향을 미치지만 소속감을 만들어내는 문화 자체에도 영향을 끼친다. 직원들의 소속감이란 안에 속하거나 밖에 있다는 것을 말한다. 고객들의 소속감은 제품에 대해 찬성하거나 반대함을 의미한다.

칼로 혹은 주부를 위한 프로메테우스 신화

1910년에도 전기가 있긴 했지만 당시 이 혁신적인 기술은 여전히 '하늘에서 내려준 불'로 간주되고 중공업과 도시 전력에만 사용하는 것으로 인식된다. 그러던 중 천재적인 사업가 레오 트루이에(Léo Trouilhet)는 이 '전력의 요정'이 일반 가정도 방문해서 전업주부들의 가사 업무를 덜어야 한다고 생각하게 된다. 그렇게 해서 칼로(Calor) 사는 버너와 다리미를 처음 내놓게 된다. 물론 기술 발전과 시장 변화에 발맞춰서 칼로는 다양한 가전제품을 선보이긴 하지만 초기의 소명을 결코 잊지 않는다.

레오 트루이에는 당시의 시대통념을 거스르며 무의식적으로 두 개의 인류의 신화와 자신의 회사를 연결시키게 된다. 하나는 신들의 불을 인간에게 가져다준 프로메테우스의 신화이고, 다른 하나는 남자들과 특히 여자들로 하여금 '이마에 땀을 흘려' 일하게 만든 에덴동산의 추방 신화이다.

초기의 소명을 지키며 회사를 이끌어나가던 시절까지만 해도 칼로는 놀라운 성장가도를 달린다. 하지만 창업주인 레오 트루이에가 회사를 떠나자 그의 후계자들은 같은 문화 기본소를 바탕으로 회사를 제대로 운영하지 못하게 되면서 어려움에 처한다.

같은 시장에서 경쟁하는 회사들의 창립신화를 한번 비교해보면서 문화 기본소가 회사 정책에 어떤 영향을 끼치는지 알아보는 것도 흥미롭다. 예를 들어 관광레저 시장에는 세 개의 대표 브랜드가 각축전을 벌이는데 이들은 클럽 메드(Club Méditerranée), 프람(Fram), 그리고 누벨 프롱티에르(Nouvelles Frontières)이다. 이 세 개의 여행사는 각자 자신의 방법대로 여행의 새로운 시대가 도래하게끔 했다고 할 수 있겠다.

클럽 메드 혹은 황금기의 신화

클럽 메드는 마르크스주의 사상을 신봉하는 제라르 블리츠(Gérard Blitz)와 길버트 트리가노(Gilbert Trigano)가 설립했다. 이들이 만들고자 했던 세상은 계급도 돈도 없는 사회, 사랑과 휴식이 넘치는 이상적인 세상이었다. 바캉스의 시간들, 마르크스주의가 약속한 황금기에 대한 상징적인 예지라고나 할까. 모든 의식, 기호, 정체성에는 이와 같은 창립신화가 고스란히 내재되어 있다. 가령, 서로 반말을 하는 것, 여덟 명씩 한 테이블에 앉아서 함께 식사하는 것, 클럽 메드 팔찌, 축제 분위기, 성적 환희, 음식이 넘쳐나는 뷔페, 빌리지 위치 선정 등 모든 것에서 이것이 드러난다.

프람 혹은 세계 평화의 신화

필립 폴더만(Philippe Polderman)과 친구들은 클럽 메드가 설립되기 몇 달 전에 툴루즈에 프람을 세운다. 군인이었던 폴더만은 동양철학에 심취해 있던 기독교인이기도 했다. 카리스마 넘치는 이 창업자는 여행이란 사람들이 서로 알아가는 데 기여해야 하고 따라서 민족간에 관용과 우호관계를 맺는 데 일조해야 한다는 강한 신념을 갖고 있었다. 툴루즈 시내에 작은 매장을 여는 것으로 시작한 폴더만은 여행업계의 대표적인 여행사, 단골 고객들을 상당히 보유한 수익성 있는 회사로 성장시키는 데 성공한다.

경영진은 초기의 소명을 일관성 있게 유지할 수 있었다. 다시 말해 서민 고객층을 주요 타깃으로 삼으며 이들에게 새로운 세상, 새로운 사람들을 발견하게 해주었던 것이다. 여행지, 가격, 홍보, 지방도시를 출발지로 지정, 채용, 여행 대상지와 협업, 현지 문화 고려, 고객에 대한 친절함 등은 이와 같은 일관성을 그대로 보여주는 것들이었다.

누벨 프롱티에르 혹은 입문 여행의 신화

누벨 프롱티에르는 1965년 창의력 넘치는 좌파 운동가였던 자크 마이요(Jacques Maillot)가 설립했다. 카트만두 여행의 붐에서 영감을 얻은 마이요는 이국적인 것에 목말라 하며 모험을 즐기기 위해서라면 안락함 같은 것은 희생시킬 준비가 되어 있는 젊은 고객을 상대로 사업을 시작한다.

마이요는 당시의 통념을 거스른다. 시작할 때는 호텔이 포함되어 있지 않은 저가 항공사 상품을 판매하고 여행사 대리점을 세워서 여행 상담사들의 적대감을 유발시키기도 했다. 누벨 프롱티에르라는 이름 자체에 이미 정체성(케네디와 아메리카 대륙 발견의 선구자 시대에 대한 레퍼런스)과 창립 문화기호가 드러난다. 회사 홍보 방식도 당시 클럽 메드가 전개했던 환상을 심어주는 이미지 마케팅과는 정반대의 전략을 보여준다. 프랑스 68세대이자 페미니스트의 대표격인 클레르 브레테셰르가 그린 흑백의 만화를 실었던 잡지 광고가 바로 그것이다.

이 책을 쓰고 있는 현재, 여행업계의 대표적인 세 회사는 자사 역사에서 중요한 순간들을 맞이하고 있다. 클럽 메드와 누벨 프롱티에르의 경우 창립자가 떠난 상태이고 다른 회사들과 같은 전형적인 주주체계로 재편성되었다. 초기의 포뮬라(마법의 세계 혹은 연금술에서 사용될 법한 단어인 포뮬라라는 단어를 사용하기로 한다)는 많이 수정되었다. 고객의 사회학적 요구가 바뀌면서 정당하게 발맞춘 결과이기도 하다. 하지만 문화에 직접적인 영향을 끼치는 변화도 있었다. 이 멋진 회사들과 훌륭한 브랜드의 새로운 경영자들이 정당한 수익성을 내면서 '재건'할 수 있게 되기를 바라마지 않는다.

프람의 경우 경영진이 세대교체를 했으나 아직까지 자본구조가 변하지 않았으며 여전히 문화 기본소의 '건전한 보유자'들을 집단 속에서 유지하는 데 성공한 상태이다. 공개적으로 드러났던 갈등구조가 60년 간 지속되었던 경제적, 문화적 모델에 악영향을 미치지 않기를 바랄 뿐이다.

위의 사례들과 마찬가지로 독자 여러분이 잘 알고 있는 동종의 경쟁업체들을 비교해보는 것도 재미있을 것이다. 예를 들어 자동차 시장을 놓고 이런 비교를 해보는 것도 흥미로울 듯싶다.

소명(vocation)

소명이란 창립신화의 핵심 주제를 외연화시킨 것이다. 창립신화의 주요 구성요소들이 농축된 문구로 표현된다. 외연화된 조직과 기저문화 간의 인터페이스 역할을 하는 것이라고 할 수 있겠다. 대체적으로 소명은 회사의 비즈니스 프로젝트를 실행하는 데 뒷받침되는 의미를 부여해준다. 또한 창립신화에 내재되어 있는 의무체계와 금기체계를 구축하는 데 결정적인 역할을 하는 것이기도 하다. 종종 자신의 업에서 회사의 의도를 요약한 문구의 형식을 띤다. 회사의 의도가 실행되는 방식을 규정하는 것이라고 할 수 있다.

회사의 생명이란 주변 환경에 얼마만큼 적응하는가가 중요하기 때문에 소명은 경기에 적응해야만 하고 그럴 수 있어야 한다. 아울러 회사의 의미론적 관습('직업언어(vernacular language)')과도 일치해야만 이해될 수 있는 것이 소명이기도 하다.

의무체계(obligations)

기업 인류학에서는 '가치체계'와 '의무체계'를 엄격히 구분한다. 특히 가치라는 단어는 회사의 담론에서 빼놓을 수 없는 것이므로 방법론을 더 명확히 할 필요가 있겠다.

가치(value)

기업 인류학에서 볼 때 가치는 교류의 차원에 해당되는 것으로 정체성에 대한 것이다. 회사의 내부와 외부의 상상계를 구성하기 위한 경영진의 담론에 해당된다.

심리학에서와 마찬가지로 '가치는 이상화된 자아'라고 할 수 있겠다. 교류와 관련해서 우리가 되고자 하는 이상적인 모습을 투영시킨 것이다.

영미의 경영자들은 이를 'statement'라고 부르며 청동이나 대리석 판에 아로새겨 회사 건물 정면에 걸기도 한다. 경영자의 비전을 어느 정도 보여주는 이 장치들은 사원들에게 동기를 부여하고 회사를 홍보하는 데 있어서 대단히 중요하긴 하나, 이런 가치들은 도덕적 어휘로 포장하기만 한 교류와 관련된 전형적인 접근임을 명확하게 할 필요가 있다. 많은 회사에서 내세우는 이 '가치'들이 대동소이하다는 것만 봐도 알 수 있다. 결국 어떤 경우이든 비즈니스는 비즈니스라는 것을 보여주고 있는 것이다.

다음은 몇 가지 예이다.

라파즈(Lafarge) **그룹**

우리의 비전: 건축자재에서 자타가 공인하는 일인자가 되는 것

최고가 되기

가치를 창출하면서 급속히 성장하기

뛰어난 다지역 경영(multilocal management)을 통해 현지 사업 부문에서 글로벌 리더십을 보여주기

GE(General Electric) **사**

우리의 약속

정도 경영

거버넌스

공동체를 위한 성과

환경, 건강, 안전

품질

혁신

다농(Danone) **그룹**

가치

강한 공통의 가치를 중심으로 하는 문화와 정체성의 모자이크

개방

다양성은 풍요로움의 원천이고 변화는 늘 기회이다.

호기심: 경청할 줄 알고 선입견을 거부하고 상상하기

민첩성: 신속하고 유연하게 적응하기

단순함: 이론보다는 실용주의를, 형식주의보다는 단순함을 선호

열정

한계는 없다. 넘어야 할 장애물만 있을 뿐이다.

대담성: 관료주의의 안락함 거부하기. 과감하게 리스크를 부담하고 새로운

길을 탐험하기. 실패를 뛰어넘기

열정: 설득하고 함께 끌어들이기. 최고가 되기 위해 자신의 한계를 뛰어넘기

갈망: 성장하고픈, 최고가 되고픈 욕구

인간

소비자든, 직원이든, 시민이든 개인에 대한 관심이야말로 모든 결정의 중심에 있다.

공유: 대화하기. 투명하게 행동하기. 팀으로 일하기

책임: 인간과 제품의 안전을 신경 쓰기. 사회 환경을 위해 일하기. 환경을 보호하기

친밀성

이 세상에서 타인과 가깝게 지내기. 직원이든, 소비자든, 고객이든, 협력업체든, 주주든, 시민사회든 이들의 일상생활에서 일부가 되기

의무사항과 금기사항

이런 가치의 개념과 달리 기업 인류학에서는 '의무체계'의 개념을 앞세운다.

의무체계는 문화적 층위에 해당하는 것이며 창립신화의 요소들과 직결되는 것이다. 회사에서 통제할 수 없는 분야이기도 하다. 다시 말해 임직원들이 의식하지 못한 채 이들에게 영향을 끼치는 것이다. 창립신화에 내재되어 있다가 소명으로 밖으로 표출된 의무체계는 해야 하는 것과 해서는 안 되는 것을 말로 설명한 것이다. 애플의 창립신화가 '신체'의 연장이면서 개인의 '가상' 장기와도 같은 컴퓨터를 개발하고, 구상하고, 생산하고 보급하는 것이 맞긴 하지만 이 모험에 참여하는 자들에게는 이 창립신화에서 벗어나지 않는 방향 제시와 행동 규범이 필요하다. 강한 신념이

마케팅, 유통, R&D에서 반드시 필요하거나 해서는 안 되는 (예를 들어 덩치가 큰 중앙 서버 등의 개발) 방향들을 결정한다. 마찬가지로 행동과 경영에 있어서도 꼭 필요한 업무상의 태도와 행동이 있는가 하면, 해서는 안 되는 태도와 행동도 있다.

이 의무금기사항의 기저문화 시스템의 특징은 무의식적으로 작용한다는 점이다. 그러나 창립신화와 밖으로 드러나는 회사 운영 및 조직 간의 인터페이스라고도 할 수 있는 소명이 신화를 외연화해주듯이 의무체계와 금기체계 역시 무의식적인 의무질서체계에서 핵심적인 것을 외연화시킬 수 있어야 한다. 가령 네다섯 개의 명령문의 형태로 임직원들의 행동에 있어서 의무와 권리를 규정해주는 것이어야 한다. 그러면 모든 사람들이 방향을 잡고 집단 속에서 함께 일관성 있게 행동할 수 있도록 해주는 코드가 형성되는 것이다. 이 의무사항과 금기사항의 코드는 문화관리에 있어서 암묵의 기저문화에서 외연화된 경영 방식으로의 이행을 가능하게 한다.

이 외연화된 의무사항과 금기사항의 코드는 직급을 막론하고 회사 전체에 적용된다는 것은 두말할 나위도 없다. 따라서 직급이 높은 임원들에게 우선적으로 적용이 되어야 한다. 우선 최고 경영진, 그리고 중간 관리자, 그런 다음에는 평사원들한테 적용되어야 한다는 것이다. 모범을 보이는 것이야말로 의무사항과 금기사항의 코드를 실천에 옮기는 성공의 열쇠이다. 효과적이기 위해서는 각 기능집단에 맞게 구체적으로 적용이 되어야 한다. 아울러 그 코드를 전체적으로 똑같은 방식으로 이해할 수 있도록 명확하게 규정해야 한다. 그때 의무금기사항의 코드는 평가 대상자의 문화적 정당성에 대한 연례평가에 반영될 수 있다. 이를 통해 회사에 대한 소속감의 정도를 측정할 수 있게 된다.

'의무사항'들을 있는 그대로 공개했을 때는 너무 복잡하거나 바로 소화하기 힘들다고 판단하므로 회사에서는 가치에 대해 얘기하는 것을 더 선호하고 최대한 문구를 단순화시키고자 한다. 이때 중요한 것은 아무런 내용이 없는 빈껍데기와도 같은 문구 또는 대부분 이해하지 못할 복잡한 문구 간의 균형이다.

어쨌거나 사원들을 하나로 모으는 힘을 지닌 가치들도 있다. 대체로 창립이 모범적이었고 응집력이 강한 회사들의 경우가 그렇다. 대표적인 회사가 아코르(Accor)나 라파즈(Lafarge)이다. 이 경우는 마치 우연의 일치와도 같이 회사에서 선택한 가치가 창립신화와 무의식적인 의무사항들과 일관성이 있는 회사들이다.

회사가 하나의 유형에서 다른 유형으로 바뀐 후 (의무체계 변질의 원인 혹은 결과일까?) 종종 일부 의무체계들이 시간이 지나면서 변질되기도 한다. 이러한 의무체계들을 중심으로 '문화 변화'와 관련된 행동을 취하게 될 테고 때에 따라 '초기의 의무체계로의 회귀' 혹은 '수정된 의무체계'를 선택하게 될 것이다.

'전통'의 함정

현실 속에서는 종종 문화 기본소와 전통이 헷갈리기도 한다. 하지만 전통이란 고착화된 상상의 가치들로 믿음체계와 같이 조직된 것들이다. 회사의 구성원들은 회사 내에서 사람들이 하는 얘기를 진심으로 믿는 경향이 있는데 그런 이야기들이 객관적으로나 주관적으로 현실과 동떨어진다 할지라도 그렇다. 이는 사회적 분열의 증상인 문화적 무질서에 해당하는 거북함과도 같다.

알루미늄 기어 박스를 생산하는 한 자동차 주조 공장 직원들의 상황이 이와 유사했다. 이들은 아주 진지하게 스스로를 '예술의 주조공'으로 간주하고 있었다(207페이지 참조).

의식

통합의식, 소속의식, 이별의식 등 의식이란 세월 속에, 그리고 사람들의 마음속에 한 상태에서 다른 상태로의 전이나, 위상의 변화를 각인시키기 위한 것이다. 아이에서 어른으로, 여성에서 어머니로, 청년에서 기혼자로 등…….

의식은 대부분 무의식적으로 나타나는 행동들이다. 특정 인간 집단 내에서 인정이나 재인정을 의미하는 기호와도 같은 것이다. 의식은 정량 가능한 효율성을 전혀 보이지 않는다는 점에서 생산적이지도 않고 합리적이지도 않기 때문에 교류나 생산에 관한 것이 아니라고 할 수 있겠다.

기업 인류학의 관점에서 의식은 생산조직에서 관리하는 행동과 태도 위에 포개어지는 조직 구성원의 행동과 태도이다. 다양한 형태를 띠는데 가령 입사의식(입문의식의 변형 형태), 창설 및 기념 의식, 동기부여 의식 등이다. 회사는 회사 생활의 다양한 순간들을 수놓는 의식의 생산지라고도 할 수 있다. 예를 들어, 채용, 승진, 연수, 퇴직 등의 순간에 의식은 집단 속에서 정당성을 찾기 위해 개인의 여정을 모두가 볼 수 있고 이해할 수 있도록 해준다.

의식은 회사의 생활을 구성한다. 최적의 사회적 응집력을 보장해주는 것이기도 하다. 교류, 커뮤니케이션, 생산 프로세스가 제대로 진행되는 데 있어서 상대적으로 보잘것없는 것으로 간주될 수도 있다. 하지만 의식을 없애면 회사 생존에 필수적인 교류 프로세스에서 어려움이 발생하거나 장애물이 생긴다.

따라서 집단의 응집력을 확보하고 생산적 조직의 방해물을 없애기 위해서는 인간관계 속에서 의식이 자신의 위치를 찾을 수 있도록 하는 것이 무엇보다 필수적이다.

■

4 장

기업의 문화적 유형

우리는 기저문화를 구성하는 요소들을 규정하고 이해함으로써 기업의 문화 진단 작업을 통해 우리가 컨설팅을 시작하는 시점의 회사 유형을 규명할 수 있을 뿐 아니라 상당히 역동적인 방법으로 회사가 어느 유형에서 왔고 어느 유형으로 갈 수 있는지 제시할 수 있다.

우리의 유형론에 의하면 회사는 여덟 가지의 유형으로 분류된다. 물론 순수한 형태로서 존재하는 각각의 유형은 드물다. 현실이란 훨씬 더 복잡하고 또 칼로 자르듯이 분류할 수 없는 많은 부분이 있기 때문이다. 우리는 다음 세 개의 기준을 바탕으로 회사를 분류한다.

- 창립신화의 존재 여부와 소속감으로 응집력을 관리하겠다는 의지
- 대내관계에서 외부 세계로의 개방 의지와 시장경제를 조직하는 경제적 기본소를 고려하고자 하는 의지
- 회사의 내부 조직의 체계성의 정도

회사의 유형을 구분하는 가장 결정적인 기준은 경영진에서 사회적 응

집력과 소속감을 과연 고려할 것인가 말 것인가이다.

창립형 회사와 프로젝트형 회사: 창립신화의 역할

모든 회사들이 창립신화를 바탕으로 세워지는 것은 아니다. 이 첫 번째 기준으로 우리는 크게 두 가지 유형의 회사를 구분할 수 있는데 바로 창립형 회사와 프로젝트형 회사이다.

창립형 회사(founded company)

창립형 회사는 '세상에 대한 새로운 비전을 제안'하고자 하는 한 명 혹은 그 이상의 사람들이 만든 회사이다. 창립형 회사는 기저문화를 결정하는 창립신화로 설립된다. 따라서 회사 구성원들은 회사의 문화 기본소에 충성심을 느끼는 소속감을 갖는다.

실제로 그렇게 의식하지 않는다 하더라도 창립형 회사는 경제교류와 문화 기본소 간에 변증법적인 균형을 창조해낸다. 창립형 회사의 기업주는, 앞서 언급했듯이 사회적 응집력과 단체에 열정을 지닌 자이다. 지금 자신의 주변에 있고 미래에 주변에 있을 사람들이 무엇보다 강한 소속감을 가질 수 있는 문화적 조건을 만들고자 신경 쓰는 자인 것이다. 기업가가 기업활동이라는 모험에 성공하기 위해서는 그 조건이 충족되어야 한다고 직관적으로 믿는다. 대체적으로 이런 형태의 기업주는 자신의 초기의 소명과 일관성만 있으면 어떤 시장에든 진출할 수 있다.

모든 창립형 회사가 초기의 신화를 지니고 있지만 이 신화에는 다양한 아바타가 있을 수 있다.

미라화된 신화

신화는 상당 기간 동안 오래 지속되어 오면서 많이 바뀌어버린 주변 환경과는 더 이상 맞지 않을 수도 있다. 신화가 더 이상 적합하지 않을 경우 회사와 조직 구성원들의 이해관계에 반할 수 있으므로 그때는 진정한 문화 변화를 꾀해야 한다. 앞으로 여기에 해당하는 사례를 살펴보도록 하겠다(143페이지 참조).

살아 있는 신화를 살해하기

이와 반대로 지금도 적합하고 유지되기만을 바라지만 파괴되어 버린 창립신화들도 있다. 대체로 새로운 경영진에서 새롭게 바뀐 주주들의 요청에 따라 과거에 했던 모든 것들은 다 폐기하고 '새로운 것'을 만들고자 할 때 이러한 현상이 나타난다. 강한 문화체계를 가진 회사의 경우 이렇게 했을 때는 나중에 크게 대가를 치러야 하는 치명적인 실수를 범할 수 있다.

황금 알을 낳는 거위를 죽이는 자는 거위도 잃고 황금 알도 잃게 되어 있다. 차별화해주는 문화를 죽이게 되면 회사의 발전을 죽이고 곧바로 경제적 수익성을 죽이는 것이다. 단순히 잘못된 마케팅 포지셔닝의 고전적인 문제가 아니다. 회사의 기본소에 대한 것이고 회사의 사활이 걸린 에너지에 관한 문제이다.

세월이 많이 흘렀음에도 불구하고 아직도 비방디 유니버설(Vivendi Universal)과 카날 플러스(Canal Plus) 그룹의 서글픈 사례를 잊기 힘들다. 유료 채널의 혁신적인 기본소를 잊은 나머지, 주주들은 채널 고유의 독창성과 수익 모두를 잃게 되었다. 더 나아가서 언론, 미디어, 커뮤니케이션 세계가 과거에도 그랬지만 오늘날에도 여전히 이와 같은 신드롬을 앓고 있다.

용골이 없다면 배가 더 빨리 더 적은 비용으로 항해할 수 있다고 믿어버린 나머지 간단하게 창립 자체를 망칠 수도 있다. 그런 의미에서 15개월 전에 대표이사직에 취임한 질르 펠리송(Gilles Pélisson)에게 찬사를 보내지 않을 수 없다. 문화적 이유로 경제적 리스크가 발생할 수 있음을 인지하여 단 몇 개월 만에 문화 기본소를 다시 살렸으며 그 결과 구성원들의 소속감이 강해졌기에 아코르의 경제 성과나 주식시장에서의 가치 모두가 되살아날 수 있었다.

숨겨진 신화

창립신화를 다루는 또 하나의 방법은 이를 숨기고 비밀스러운 요소로 만드는 것이다. 창립신화에는 다음과 같은 두 형태의 변형이 존재한다.

• 가족 비밀

어느 누구도 모르는 비밀이다. 창립 1세대에서 창립에 얽힌 모든 문서를 잃어버렸거나 고의로 은폐한 경우이다. 겉으로 보기와는 달리 회사가 창설 기초가 없는 것이 아니고 모든 증상으로 봤을 때 기업 인류학자의 관심을 충분히 살 만한 경우이다. 아무리 숨겨져 있다 하더라도 문화는 존재한다. 자크 라캉(Jacques Lacan)의 표현을 빌리자면 '자신이 의식하지 못한 채' 회사와 사내 구성원들의 행동에 영향을 미친다. 조금만 깊이 파헤쳐보면 창립신화와 여기에서 나오는 문화적 기본소들을 밝혀내고 공식화할 수 있다. 뒤에서 전형적인 사례인 파리공항공사(ADP)의 케이스를 살펴보도록 하겠다(154페이지 참조).

• 입문한 소수 지배자

창립 당시 창설 기초가 있고 강한 문화와 사회적 응집력을 가진 회사였지만 어느 순간 바뀔 수밖에 없었던 회사이다. 대체로 심한 충격을 경험한 회사가 이렇게 된다. 예를 들어 주주 교체, M&A, 적대적 인수, 주가나 교류 세계에 지나치게 민감하게 반응하는 경우이다. 구체적으로 보자면 회사에서 불가피하게 유형을 바꾼 것이다. 교류와 문화 간에 존재하는 변증법적인 균형을 깨버리고 오직 경제적인 교류와 심리적(돈과 권력) 교류에만 주력하기로 결심한 것이다. 앞서 언급한 신화를 살해해버린 회사와는 반대로 초기의 문화적 인코딩은 의도적으로 지속되게 된다. 하지만 그 문화는 경영진인 소수 지배자의 전유물이다. 경영진은 여전히 회사가 부분적으로나마 문화적 요소의 작용을 받는다는 것을 알고 있으나, 직원들이나 주변에서는 이를 전혀 눈치채지 못한다. 경영진은 이들이 알지 못하는 이슈의 대의를 위해 활약하는 용병이다.

참모부에서는 어느 누구에게도 합리화할 필요가 없는, 내재된 문화가 수용할 수 있을 법한 전략적 결정만을 내린다. 더구나 임원, 직원, 이사들 중 초기의 증인들이 모두 사라졌기 때문에 이는 더 수월하다. 회사가 오래되었기 때문에 혹은 회사의 '변이'를 일으킨 빅뱅 시점에 대거 사람들이 퇴사했기 때문에 초기 사람들이 없어진 것이다.

정의상 이런 경우들은 빈번하지만 밖에서 알아차리기는 쉽지 않다. 마치 '블랙홀'과도 같기 때문이다. 우리의 모델을 바탕으로 이런 경우들이 존재하고 어떻게 기능하는지 설명할 수는 있지만 일반 대중에게 보여주기는 힘들다. 하지만 개인적 경험상 이런 사례들은 분명 있었으며 사내의 여러 신호들로 봤을 때 의심의 여지가 없다. 특히 알랭 드 푸질락(Alain de Pouzilhac)이 이끄는 홍보 그룹인 하바스(Havas Conseil)를 대표적인 예로 꼽을 수 있겠다. 여러 차례의 인수합병을 거치면서 이러한 변화과정을 겪었고 결국에는 자신의 정체성, 회사의 대표인사, 심지어는 카리스마 넘치는 대표이사까지 잃고 말았다.

창업회사의 힘은 사회적 응집력으로부터 나온다. 사회적 응집력을 통해 대인관계를 약화시키는 요소들을 제거하고 끊임없는 생산과 교류의 변화가 가져오는 파괴적인 교란 상황을 피할 수 있다.

그러나 대부분 기업들이 이렇게 창업된 것들은 아니다. 우리는 이를 프로젝트형 기업이라 부른다.

프로젝트형 회사(project company)

앞의 유형과는 달리, 이러한 회사들은 교류의 세계 속에서 만들어진 기업이다.

이 경우 회사가 만들어지던 당시의 사회통념을 거스르는 것도 없고 '세상을 바꾸겠다'는 의욕 또한 없다. 대체로 경쟁사가 제시하는 것보다 질적으로나 혹은 가격 면에서 더 나은 것을 선보이겠다는 생각으로 회사가 만들어진다. 프로젝트형 회사의 목표는 단기간에 신속하게 막대한 수익을 내는 것이고 궁극적인 목적은 오늘날로 봤을 때 시장에 회사를 되팔아서 상당한 이익을 챙기는 것이다.

그런 면에서 회사 구성원의 사회적 응집력은 별 의미도 없을 뿐더러 별 필요도 없다. 모든 사람들이 이를 인지하고 있고, 자신이 지금 여기에서 무엇을 하는지 명확하게 알고 있다. 프로젝트에 자신이 동조하고 프로젝트에서 경제적인 목적만을 추구한다면 모든 것이 만족스럽게 된다. 시장의 요구에 맞는 정직한 제시를 할 수 있다면 이 경제적인 목적도 충분히 정당성을 갖는다.

실제로 창립형 회사는 '좋은' 것이고 프로젝트형 회사는 '나쁜' 것이냐라는 '도덕적'인 질문은 적절하지 않다. 우리가 생각하기에는 일관성만 있다면 좋고 나쁜 모델은 없다. 회사마다 자신의 전문성이 있다. 그 전문 분야를 받아들일 지성을 갖고 자신의 선택에 있어서, 방법에 있어서, 담론에 있어서 일관성을 보이는 것이 중요한 것이다.

프로젝트형 회사라면 이익 추구의 논리를 수용하고 굳이 거짓된 가치나 감상주의로 포장할 필요가 없다.[1] 실효적인 창립신화가 없기 때문에 거추장스러운 문화적 기본소 또한 없으므로 그런 회사는 상당히 유연하며 적응력이 뛰어나다. 따라서 적응하지 못하고 회사 활동에 방해가 되는 사람들을 즉각적으로 없애는 논리에서도 똑같이 유연성을 발휘한다. 다시금 새로운 인물들로 팀을 구성해야 하는 한이 있어도 말이다. 그 새로운 인물들이란 전임자들과 마찬가지로 용병의 역할을 편안하게 느끼는 사람들일 것이다. 회사가 방향을 잡으려면 끊임없이 에너지와 돈을 투입해야 한다. 자원이 부족해서 더 이상 이런 요소들이 투입되지 못하면 이 공든 탑은 쉽게 무너질 공산이 크다.

사회적 응집력, 차별화되는 기준

그러나 창립신화의 존재 여부만으로 문화적 유형을 결정할 수는 없다. 실제로 기업의 유형은 다음 세 기준을 바탕으로 한다.

(1) 사회적 응집력의 정도(social cohesion level)
방금 살펴본 대로 창립신화의 존재 여부와 긴밀히 연결되는 문제이다.

1 유럽 문화에서는 많은 경영진이 이와 같은 논리를 쉽게 받아들이지 못하고 누구도 믿지 않는 '정에 끌리는 듯한' 모습을 보여주면서 스스로를 우스꽝스럽게 만들곤 한다. 대표적인 인물이 화려하게 미디어를 장식할 당시의 장 마리 메시에(Jean-Marie Messier)이다.

(2) 교류의 정도(exchange level)

'교류'란 배타적으로 '경제적 교류'만을 의미하지 않고 대내적으로나 대외적으로 교류의 '수준과 역할에 대한 사내 인지'도 포함한다.

실제로 상당한 예산과 매출액을 갖는 회사들 중에서 외부와의 교류를 약하게 인식하는 회사들이 있다. 또한 외부와의 교류가 약한 회사들은 사내에서도 직원들 간에, 그리고 부서 간에 교류도 약하다. 따라서 교류라는 변수도 중요하게 고려되어야 한다.

(3) 경영의 유형(management type)

회사의 '공식적인 조직 밀도'를 규정한다. 경험적(상식이 지배적이고 개개인이 모든 것을 할 줄 알고 할 수 있는 체제)이거나 반대로 체계적이고 코드화되어 있는 유형으로 구분할 수 있는데, 이를 위해서 직급체계나 회사의 매트릭스 시스템을 바탕으로 평가하게 된다.

사회적 응집력이 강한 회사들

자급자족형 공동체(autarchic clan)

진정한 의미의 조직이 아직 갖춰지지 않은 초기 공동체 단계라 할 수 있다. 세상을 바꿔보겠다며 친구 셋이 차고나 작은 골방에 모여 있는 이미지가 이를 가장 잘 나타낸다!

직관적으로나마 동일한 생각과 동일한 기본소를 공유하는 몇몇 창립 멤버들을 중심으로 하는 자급경제(subsistence economy)이다. 이 단계에서 중요한 것은 생각에 지나지 않는 아이디어를 어떻게 현실화할 것인가이다. 가장 대표적인 예로 꼽을 수 있는 것이 이제는 하나의 전설이 되어 버린 휴렛팩커드와 애플이다. 최근에는 인터넷 기술의 발달로 많은 자급자족형 공동체가 나타나면서 물론 희비가 엇갈리는 성과를 보여주고 있다.

정복자형 회사(conquering clan)

위의 유형과의 가장 큰 차이는 외부와의 교류를 발전시켜나간다는 점이다. 정복자형 회사는 자신의 신념을 외부에 투영시킨다. 복음을 전파하듯이 '새로운 신자'를 찾아나서는 형태로 회사는 성장한다. 이는 직원이든 고객이든 마찬가지다. 정복자형 회사의 경우, 찬성하거나 반대하거나 둘 중 하나만 있을 뿐이다. 다시 한 번 애플의 예를 들어보자. 애플은 마니아이거나 아니거나이다. 회사가 확장해나가는 단계에서 정복자형의 경우 자신이 가진 재능을 별 어려움 없이 지켜나갈 수 있다.

이와 같은 특징은 조직에 상당한 힘을 실어준다. 회사는 외형상 더 강해 보이는 다른 유형의 회사들과 맞섰을 때도 승자가 될 정도이다.

창립신화와 조화를 이루면서도 시장의 요구와 상황에 맞는 이와 같은 유형으로 회사는 상당히 오래도록 지속될 수 있다. 하지만 대부분의 경우, 이 유형은 회사의 인생에서 거쳐가는 한 단계에 불과하다. 단체의 기억 속에 행복하고도 열정적이었던 젊은 시절에 대한 추억과도 같이 기분 좋은 기억으로 남게 되는 단계인 것이다. 정복자형 회사는 좀 더 체계적인 경영을 필요로 하는 늘어가는 교류체계 속에서 긍정적인 방향으로 성숙되면서 변화, 발전해나갈 수 있다. 그렇게 되면 기업가형 회사로 변하게 되는 것이다.

반대로 이렇게 '성공가도'를 달리며 자신의 제품과 성공신화에 자부심을 갖고 함께 있어서 행복감을 느끼던 회사가 다른 방향으로 나갈 수도 있다. 스스로 닫힌 채로 교류, 특히 외부와의 교류를 줄일 수도 있다. 그렇게 되면 현실에 대한 감각을 잃은 채 자기만의 고민에 사로잡힌 학자형 회사로 변할 수도 있다.

기업가형 회사(entrepreneurial company)

구조적으로 봤을 때 확장하고 끊임없이 적응해나가는 데 가장 튼튼한 조직 형태라 할 수 있다. 이는 성숙한 단계로 어느 정도 규모가 되고 상당한 재정적 자원을 동원할 수 있는 회사이다.

기업가형 회사는 영속성에 필요한 모든 특징을 갖췄다. 사회적 응집력 덕분에 적응력이 뛰어나고 경영체제 또한 체계적이다. 따라서 변화에 대한 저항력이 우수하고 자신이 보유한 정당한 인재들에게 소속감을 느끼게 하면서도 이들을 붙잡을 줄 안다. 하지만 이러한 회사라도 지속되기 위해서는 창립자나 그의 후계자들이 사회적 응집력에 대한 열정을 갖고 이를 지속적으로 강화시키려는 수단을 보유해야 한다. 이와 같은 의지가 시장의 동요나 '금융 단체'의 압박이나, 경쟁사의 적대적 공격이나, 적대적 인수합병의 위협 앞에서 흔들리게 되면 경영진의 입장에서는 단기적 목표를 달성하기 위해 사회적 응집력쯤은 희생시키고픈 유혹을 느낄 수 있다.

그렇게 되면 기업가형 회사는 기저문화의 체제를 포기하면서 '제국주의적 시스템'으로 변하거나 학자형 회사가 되어 약화된 교류 세계 속에서 사회적 응집력을 패러디하는 데 그칠 수도 있다.

학자형 회사(scholarly company)

대체로 학자형 회사의 구성원들은 그 안에서 행복하게 지낸다. 현 상태에 만족하며 회사에 머무르는 사람들은 교류, 개방, 대화의 무자비한 세계에 적응하기 싫어하는 이들이기 때문에 더더욱 그러하다.

실제로 이와 같은 조직의 특징은 스스로 닫혀 있고 극히 교류가 적다는 데에 있다. 외부와의 교류가 적을 뿐 아니라 내부와의 교류도 약하다. 다시 한 번 강조하지만 매출액이나 회사 운영 예산은 여기에서 결정적인 기준이 되지 못한다. 이 유형의 판별 기준은 교류와의 관계이다. "우리는 정말 멋진 사람들이야. 우리끼리 너무 잘 지내고 우리의 제품도 훌륭해. 그러니 무엇 하러 외부 사람들이 우리의 일에 간섭하도록 하겠어?" 따라서 막강한 운영 예산을 가지고도 교류 수준은 약할 수 있다. 관공서들이 떠오르지 않는가? 그다지 멀지 않은 과거의 프랑스 텔레콤과 같은 공기업들도 여기에 해당한다. 혹은 1950-60년대 수많은 프랑스 기업체 중에서 시장이나 고객 혹은 소비자는 전혀 신경 쓰지 않던 회사들도 떠올려볼 수 있다.

다시 말하자면 학자형 회사는 의도적으로 교류의 세계 밖에서 존재하며 정지된 시간 속에서 살아간다. 회사의 입장에서는 변화의 사이클 중 '결론의 시점'으로 진입할 필요성을 못 느끼는 것이다.

쉽게 짐작할 수 있듯이, 학자형 회사의 위험은 질식 상태가 될 수 있다는 것이다. 시장의 실제적 수요와 무관하게 활동하게 되면서 당연히 경제적 질식 상태가 온다. 또한 외부와의 교류가 없기 때문에 새로운 활력을 찾지 못하게 되어 문화적 질식 상태가 뒤따를 수 있다. 학자형 회사는 조금 있다 살펴보게 될 '전체주의적 시스템'으로 변질될 수 있다.

이와 같은 위험은 실제적이긴 하나 얼마든지 다시금 교류에 편입하고 개방을 추구하여 기업가형 회사로 발전을 꾀할 수도 있다. 지난 25년간 프랑스 산업계는 바로 이러한 모습을 보여줬다. 오늘날에는 몇몇 공기업들도 이와 같이 변모하는 데 성공했다. 물론 하루아침에 이것이 이루어지는 것은 아니고 전체 구성원들이 변화된 문화요소들을 얼마만큼 체화할 수 있는가의 능력에 달려 있다. 이를 위해서는 사내에 이런 움직임을 점차적으로 일으킬 수 있는 '정복자형' 집단들을 부상하도록 할 수 있겠다 (그림 4.1 참조).

강한 응집력

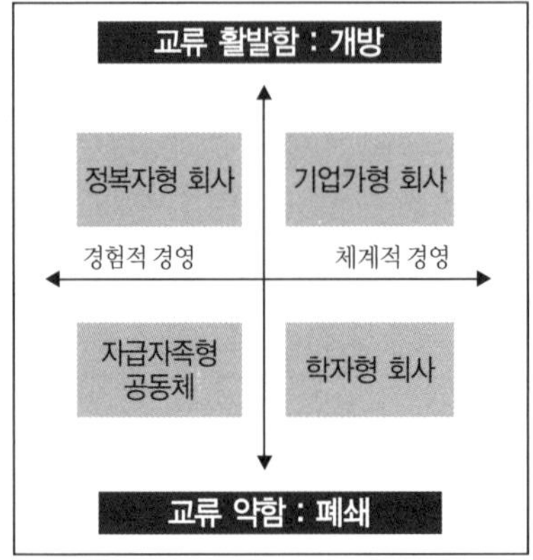

약한 응집력

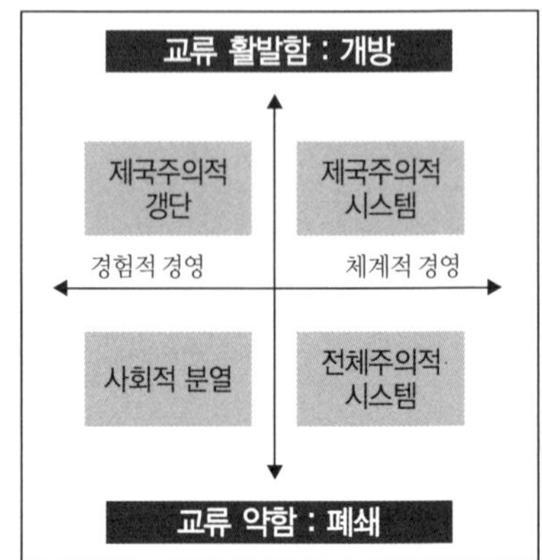

그림 4.1 문화적 유형

사회적 응집력이 약한 회사들

사회적 응집력과 특정 기저문화에 대한 소속감은 불가분의 관계이다. 그런데 의무와 금기 체계를 규정하는 이 기저문화는 창립신화의 결과물이기도 하다. 따라서 사회적 응집력이 존재하기 위해서는 독창적인 신화 위에 '창립'된 회사여야 한다.

사회적 응집력이 약한 조직들은 다음과 같이 두 가지 기원에서 비롯될 수 있다. 경제적 교류만을 지향하는 '프로젝트' 형태로 창립신화 없이 만들어진 회사거나, 회사가 발전하는 과정에서 창립신화를 잊은 나머지 결국 창립신화가 없는 것처럼 되어 버린 경우이다.

여기에 해당하는 유형은 세 가지이다. '제국주의적' 시스템, '전체주의' 시스템, 그리고 '제국주의적 갱단'이다.

제국주의적 시스템(imperial system)

교류의 가속화 및 극대화로 회사의 발전을 꾀하는 시스템으로 최대한의 이익을 내면서 단기간에 최고의 성장을 목표로 삼는다. 이 과정에서 사회적 응집력은 희생시켜도 된다. 기저문화 체계가 없는 상태이므로 규칙체계가 법이 된다. 인사 평가기준도 오로지 역량과 효율성뿐이다. 인사 채용이나 보상 기준도 그것뿐이어서 이들의 임무가 끝나거나 더 이상 실력이 없고, 따라서 수익성이 없다고 판단되면 언제든 회사를 떠나도록 하는 시스템이다.

이와 같은 유형의 회사는 끔찍할 정도로 효율적이다. 특히 경영진이나 주주의 입장에서 봤을 때 그렇다. 그러나 물론 아킬레스건도 있다. 회사의 유일한 존재의 이유인 이와 같은 발전을 지속하기 위해서는 에너지와 자본을 계속해서 투입해야만 한다는 것이다. 둘 중 하나라도 멈추게 되면 바로 위기 상황이 된다. 균열이 생겼을 때 그 틈을 메워줄 사회적 응집력이 전혀 없기 때문이다. 사원들은 배를 떠나고, 주주들도 외면하고, 고객들은 다른 쪽으로 눈길을 돌린다.

기업 인류학에서 강조하는 점을 다시 한 번 상기시켜볼 때가 왔다. 사회적 응집력 자체가 회사의 성과를 강화하는 요인이라는 것이다. 사회적 응집력이 강한 시스템은 정보체계처럼 기능한다. 이를 지속시키기 위해서는 정보 비트를 투입하면 되는 것이다. 반대로 사회적 응집력이 약하거나 부재한 시스템은 에너지 시스템처럼 기능한다. 끊임없이 에너지를 투입할 것을 요구하거나 대부분의 경우 돈의 투입을 원한다.

전체주의적 시스템(totalitarian system)

회사 조직의 최후의 단계를 의미하므로 '퇴행적' 유형이라 칭한다. 대부분 제국주의적 시스템이 악화되었을 때 나타난다. 하지만 예외적으로 학자형 회사가 이와 같은 유형으로 변질될 수도 있다.

소명의 변질된 형태인 '대의'를 중심으로 기능하는데 이때의 대의는 주로 시장에서 독점적 지위를 실제로든 상상으로든 추구하는 것이다. 방법은 잘 알려진 대로이다. 사람에 대한 무시와 냉정함을 바탕으로 하는 규칙을 (냉소적으로?) 분명하게 공표하기, '대의'를 명분으로 앞세워 희생을 요구하기, 목표나 조직도, 책임의식 등을 끊임없이 재조직하고 재구성하여 불안감과 불신 조장하기 등이다. 이와 같은 세 개의 메커니즘 속에서 전체주의적 시스템이 지속되고 발전한다.

주주, 투자자 혹은 성스럽기 그지없는 '금융권'에서 요구하는 덩치 키우기와 단기 수익 창출에 대한 압박을 알고 있는 사람들에게 이것은 놀랄 만한 것도 아니다. 이런 식의 폐해가 얼마나 많이 발생하는가. 사회적 응집력, 지속 가능한 장기적 경제의 파괴 등! 이와 같은 자살 성향을 효과적으로 차단하기 위해서는 현실을 인식하고 영향을 가늠하여 이에 맞설 만한 조치들을 생각해봐야 할 것이다. 물론 이것이 주주와 경영진을 위함임을 당사자들이 명확하게 인식해야 한다.

제국주의적 갱단(imperial gang)

얼굴에 복면을 쓰고 활동하는 기업이다. 글로벌 발전에 성공한 정복자형 회사가 문화적 기본소와 여기에서 나오는 사회적 응집력을 '공리주의'라는 목적으로 활용할 때 이 회사를 '제국주의적 갱단'이라 칭할 수 있다. 이런 회사는 소수를 위한 최대한의 이익을 위해 사회적 정당성을 앞세우며 기능한다.

대부분 이런 회사들은 임직원들이나 회사를 신뢰하는 추종자 고객들에게 실제적인 발전을 가져다주고자 하는 진정한 의미의 창업에서 시작된다. 예를 들어, 대중적인 제품을 가지고 저소득층에게 위생적인 음식과 양질의 단백질을 제공하겠다는 것 등이다. 이렇게 성공적으로 창업된 후에 시간이 지나면서 일부 회사들은 변질된다. 창립의 의미와 강한 사회적 응집력을 이익을 극대화시키는 데 이용하는 것으로 변질되는 것이다. 우선은 초기의 인본주의적이었던 '대의'를 앞세워 직원을 착취하고 그 다음으로는 소비자를 유인하는 데 이를 사용한다. 사회적 응집력에 대한 관리도 더 많은 경제적 가치를 경영진과 주주들을 위해 창출하고자 하는 목적으로 직원을 조종하는 데 활용하는 '도구'로 전락한다. 그 '대의'라는 것은 사람들에게 겁을 주는 장치처럼 작용한다. 여기에 동조하지 않는 자는 자동적으로 배척당한다. 이런 협박 정책이 인사 정책의 핵심이 되어 직원들을 착취하게 해준다.

이런 유형의 주주와 경영진은 충분히 수용 가능한 경제적 계약의 대가로 임직원에게 용병의 동조를 요구하는 '선의의' 제국주의적 시스템을 오히려 순진하기 그지없는 것처럼 간주한다. 이들은 계약을 놓고 협상하기보다는 돈이 전혀 안 드는 방식으로 소속감을 만들어내기를 선호한다.

사실 착취하기 위해 소속감과 창업의 정신을 유용하는 것은 '정복자형 회사'에서만 일어나는 것은 아니다. 문제 없이 잘 돌아가는 제국주의적 시스템도 충성스러운 용병들과의 계약관계가 많은 비용을 초래하고 회사의 수익성에 부담이 된다고 느낄 때 변질될 수 있다. 회사에 동조하는 데 필요한 조건들을 합리적으로 명시하기보다 경영진에서는 거짓된 창립과 거짓된 소명을 자랑하려고 한다. 이들이 만들어낸 인위적인 '명분'에 직원들은 그저 수동적으로가 아니라 능동적으로 동조해야만 한다. 이 '명분'은 조직 내에서 자기의 자리를 유지하기 위해서는 반드시 지켜야만 하는 성스러운 필요성처럼 선전된다. 이를 따르지 않으면 소외되고 더 극단적으로는 사회적 죽음을 경험한다. 각자 무조건적으로 옹호해야 하는 것이다. 이렇게 변질되면 전체주의적 시스템이 되어 그 명분이라는 것도 시장에 적응하지 못한 결과 조직은 결국 퇴화화게 된다.

회사의 발전과정에서 프랜차이즈 식의 유통 시스템을 도입하게 되면 이와 같이 변질되는 경우가 있다. 프랜차이즈들은 브랜드의 초기 기본소들을 공유하지 못한 채 최대한 빨리 투자금액을 회수하는 데만 급급해 한다. 결국 그 돈으로 또 다른 프랜차이즈를 사기 위한 것이지만!

사회적 분열

사회적 분열이란 소속감에 기반을 두는 사회적 응집력이나 동조에 기반을 두는 연대를 파괴하는 메커니즘이다.

소속감의 경우 기저문화가 파괴되어 구성원들의 응집력을 가능케 하는 기본소들이 더 이상 생산되지 못할 때 사회적 분열이 생긴다. 의무사항과 금기사항을 규정하는 질서체계가 더 이상 효율적이지 못하게 되는 것이다. 이러한 의무체계와 금기체계가 사라지면서 소속감과 정당성에서 나오는 행동들 또한 없어지고 더 이상 사람들은 자신의 '적소'를 차지하지 못하게 된다.

프로젝트를 중심으로 형성된 동조의 경우 충성스러운 용병들을 일시적인 연대감으로 하나가 되게 하는 프로젝트가 해체되면서 사회적 분열이 일어난다. 동기 부여 원동력이던 프로젝트가 사라짐에 따라 일시적인 연대를 가능케 하는 동일화 메커니즘이 더 이상 작동하지 않게 된다. 프로젝트가 없으면 연대감도 사라지고 그룹은 해체되는 것이다.

■

5 장

세 개의 기능집단

지금까지는 주로 기업문화를 구성하는 요소들에 대해 살펴보았다. 그렇다면 그 단체에 속한 사람들은 어떤 방식으로 조직될까?

세 개의 기능집단

뒤메질[1]은 우리 산업문명의 기저문화를 이루는 것은 인도유럽문명이라고 주장한다. 인도유럽문명은 사회를 세 개의 기능집단으로 구분하는 기능적 삼분법을 그 특징으로 한다.

• 성직자 집단: 성스러움과 이를 표현하는 믿음을 생산해내고 지속시키고 전수하는 역할을 담당하며 이를 통해서 자신들이 속한 사회의 기호론적 응집력에 의미를 부여한다.

---

1 G. Dumézil, *Mythes et Dieux des Indo-Européens*, Paris, Flammarion, 1992.

• 전사 집단: 외부 공격으로부터 사회를 보호하는 기능을 담당한다. 사회에서 필요로 하지만 생산해내지 못하는 재화나 영토를 정복하고 동일한 성스러운 신념을 공유하지 않는 사회를 대상으로 자신들의 믿음을 옹호하고 전파한다.

• 생산자 집단: 모든 사회 구성원에게 생존을 위한 물자와 양식을 제공하는 역할을 맡는다.

이 세 개의 기능집단의 특징은 각 집단 하나하나가 고귀하며 다른 집단에 종속되지 않는다는 것이다. 반면 각 기능집단 내에는 귀족과 노예의 위계적 질서가 존재한다. 기능집단 내의 귀족들은 결정을 내리고 지휘하는 반면 노예들은 명령에 복종하고 이를 실행한다.[2] 이와 같은 이분화되어 있는 세 개의 기능집단 구조야말로 우리 사회의 응집력과 효율성을 보장해주는 것이다.

뒤메질에 의하면 서구사회에서는 이와 같은 기능집단 체제가 프랑스 혁명 초기까지 뚜렷하게 유지되었다고 한다. 실제로 초기의 제헌의회에서는 세 개의 기능집단이 분명하게 대표된다. 프랑스 혁명이 일어나고 공화국의 시대가 도래하면서 이와 같은 기능집단 체제가 종말을 고했을 것이라 짐작해볼 수 있겠으나 뒤메질은 이에 대해 강하게 반발한다. 세 개의 기능집단은 내밀하게, 암묵적으로 우리의 선진사회에서도 계속 유효하다는 것이 그의 주장이다.

보편화된 교류를 위한 대량 산업생산은 새로운 사회조직구조를 만들어냈다기보다는 인도유럽의 상징적 질서 속에 편입되어 그 질서를 구현하

---

2 좀 더 쉽게 이해할 수 있도록 '사고하는 자'와 '행하는 자'로 표현하도록 하겠다.

고 하나의 변형된 형태를 낳았다. 지난 시대의 세 개의 기능집단 중 토지 생산자들의 뒤를 이은 것은 오늘날의 산업생산자들이며 이들은 비종교적이지만 성스러운 정치적 기능(과거의 종교적 기능을 대체한다)과 군대와 경찰에서 수행하는 전사의 기능 사이에서 자신의 임무를 갖는다.

그렇다면 각 기능집단 내에 존재하는 위계적 이분법은 어떠한가? 초기의 조직구조에서 하층계급은 노예들이었다. 노예는 자신을 신체적으로 소유하는 주인한테 종속된다는 점과 자신이 생산해낼 수 있는 노동량으로 정의된다고 할 수 있겠다. 1789년부터 노예제도라는 것이 폐지되었다고는 하지만 이런 법적인, 다시 말해서 초구조적 금지사항이 우리 사회의 기저문화를 변화시키지는 못했다. 따라서 주인과 노예의 이분법적 구도는 초기의 기저문화를 지속시키는 새로운 대립항으로 대체되었을 뿐이다. 과거의 주인과 노예라는 대립항이 오늘날에는 구상(conception)과 실행(execution)이라는 대립항으로 대체된 것이다. 누구는 생각하고 누구는 실행한다는 의미이다. 비록 이들이 자유의 몸이고 노동의 대가를 받는다고 하지만 실행에 옮기는 사람은 과거의 노예에 해당한다. 자유의 권리와 시민권을 금지하던 것이 사고하는 것을 금지하는 것으로 바뀌었다. 역설적이게도 이것을 당하는 사람들의 지적 수준이나 교육 수준과 무관하게 그러하다. 우리 주변에, 재화와 서비스를 생산하는 산업체 내에 이와 같은 이분법적 구조는 늘 존재한다. 혹은 고부가가치를 생산해내는 부국과 생산의 실행을 담당하는 신흥 빈국 간에도 이 구조는 드러난다.

법체계를 바꾸고 도덕적으로 규탄하는 것으로는 기저문화를 바꿀 수 없다. 1789년의 혁명도 우리의 인도유럽 사회의 근본적인 조직을 바꾸는 데는 실패하고 말았다. 혁명이 가져다준 발전이라고 한다면 하층계급에서 상층계급으로 옮겨갈 수 있는 가능성을 열어줬다는 것이다. 회사 내에서도 능력주의와 연수과정을 통해서 이와 같은 계층 이동이 가능해진다.

이를 사회학적 용어로 신분 상승(upward mobility)이라고 한다.

21세기에는 기능집단 내에 존재하는 하층/상층 계급의 이원화된 구조는 폐지하면서 세 개의 기능집단 체제는 유지하는 인도유럽 사회를 만들어나가야 할 것이다.

기업 내 세 개의 기능집단

인도유럽형의 문명 안에서는 세 개의 기능 중 하나라도 없는 단체는 사회적 분열 단계를 거쳐 종국에는 사라지고 말 것이라고 생각하는 것이 정당하다.

다시 말해 겉으로는 합리적으로 보임에도 불구하고 특화와 분업화(전략과 관리를 맡은 성직자들이 모인 본사와 생산자들로 구성된 생산공장 등)라는 거시 테일러주의의 원칙에 따라 조직되는 기업들은 장기적으로는 회사의 경제적 성과를 위험에 빠뜨리며 자신도 모르게 결국은 성공의 열쇠인 사회적 응집력을 자발적으로 약화시키고 마는 것이다.

반대로 소수이기는 하나 일부 기업들은 여러 기능이 종합되는 계층에서 자신의 임무에 따라 어느 정도 자율적인 결정권을 갖도록 한다. 이러한 회사들은 사회적 응집력이 꽃 피울 수 있도록 하기 때문에 성과도 지속될 수 있다.

물론 실제에서는 이론만큼 이렇게 뚜렷하게 구분되지는 않는다. 그럼에도 기업 인류학에서는 세 개의 기능집단 체제야말로 회사 조직을 이해하는 핵심 열쇠이며 실행의 주요 도구라 믿는다.

세 개의 기능집단 위에 조직의 기저문화를 구축하지 않고서는 회사가 생존하거나 효율적으로 활동할 수 없다.

물론 하나의 직무에 자의적으로 하나의 기능을 연결시킬 수는 없다. 회사에 따라서 어떤 직무가 어떤 집단을 나타내는지 결정해야 한다. 어떤 경우든 기능집단 내에 사고하는 자와 실행하는 자의 이원화된 구조는 반드시 폐지되어야 한다.

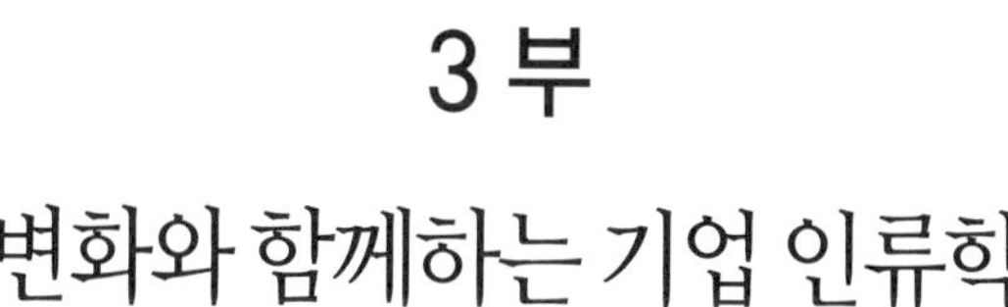

3부

변화와 함께하는 기업 인류학

기업, 컨설턴트 혹은 정치 지도자들이 퍼뜨리는 소문을 보면 남자든 여자든, 직장인이든 시민이든, 사람은 변화에 알레르기 반응을 일으키는 것처럼 보인다. 어쩔 수 없이, 언제나 말이다.

인간이란 자신의 입장, 습관, 선입견, 기득권, 전통 등을 '유전적'으로 꼭 부여잡고자 하기 때문에 미래나 그 미래를 가져다줄 변화에 대해 핑크빛 안경을 쓰고 보지는 못한다.

하지만 우리가 잊지 말아야 할 사실은 이 같은 인간이 수백만 년을 지내면서 기후 변화, 극단적인 삶의 방식의 변화, 사고체계의 변화, 경제적 변화, 온갖 종류의 위기를 경험해왔다는 것이다. 아니면 현대 인간에게 최근 들어 유전변이라도 일어난 것인가? 그들은 20만 년 전 아프리카에서 태어나 놀라운 적응 능력을 과시하며 오늘날의 세계를 창조해낸 호모 사피엔스 사피엔스가 더 이상 아니란 말인가? 과학자들의 말을 들어보면 그렇지 않다는 것은 확실하다.

독자들이 짐작했듯이 우리는 변화에 대한 알레르기 소문에 강력하게 반발한다. 조상들이 그러했듯 현대 인간도 여전히 변화와 변형에 대응하도록 프로그래밍되었기 때문이다. 변화의 방법론과 스스로 만들어낸 제약 때문에 변화에 대한 저항이 유전적으로 존재한다고 생각하게끔 되었을 뿐이다. 하지만 사람이 만들어낸 것은 또한 사람이 없앨 수 있다. 인간은 심지어 변화할 준비가 잠재되어 있는 동물이다.

물론 합리적으로 접근하고 사람이 어떻게 반응하는지에 대해 올바른 질문을 던질 줄 알아야 한다. 기본 규칙을 존중해야만 하는 것이기도 하다. 지금부터는 우리 방법론의 근간이 되는 이론적 사항에 대해 설명한 후 이 성공조건에 대해 살펴보기로 한다.

■

6 장

변화의 핵심장치를 이해하기

애도, 디프로그래밍(deprogramming), 재프로그래밍(reprogramming)

인류의 장구한 역사를 보면 인간은 주변 환경 변화에 적응하도록 프로그래밍되었다는 것을 알 수 있다. 이 프로그래밍은 단순히 강요된 적응을 훌쩍 뛰어넘는다. 왜냐하면 아프리카의 요람에서 나온 이후로 사피엔스 사피엔스는 이 광활한 땅을 계속해서 정복해가면서 놀랍도록 다양한 극한의 생태적 지위(ecological niche)를 뛰어넘어 자신 앞에 닥친 상황들을 하나씩 극복해나갔기 때문이다. 이제 우리 인간에게 생태적 지위의 개념 자체가 의미가 없어졌다. 과학기술의 발전 덕분에 어떤 상황이든 살아갈 수 있는 환경으로 만들 수 있게 된 오늘날에는 더더욱 그렇다. 이토록 '놀라운' 적응 능력이 오히려 인간의 화를 자초한다고 할 수 있는데, 그 이유는 적응하기 위해 인간이 개발한 기술로 지구 자원이 고갈되고 기후 변화가 나타나게 되었기 때문이다.

아울러 다양한 자연환경에 적응하기 위해 과거에 중요시되었던 '자연스러운' 정신적 프로세스는 '현대적인' 발전이 우리에게 강요하는 구속

사항에는 더 이상 맞지 않게 되었다. 특히 앞으로 살펴보겠지만 이 현대적인 발전이라는 것은 한정된 순차적 시간 내에 이루어지며(자본주의 사회에서 일하는 시간은 돈과도 같다는 것은 주지의 사실이다) 성공적인 적응을 위한 정신적 메커니즘과 규범적인 사회적 의식을 부정하기 마련이다.

적응에 대한 선천적 능력은 환경의 새로운 데이터를 통합하는 정신적 능력에 기반을 두며 '애도'라는 용어로 칭하는 사람들의 보편적 정신현상을 반드시 거치게 된다. 왜냐하면 애도라는 것이 사랑하는 자가 이 세상을 떠난 후 남은 자들이 살아가도록 하는 것일 뿐만이 아니라 어떠한 이유로든 우리가 포기해야만 하는 지금의 상황에도 적용되기 때문이다.

포기란 개인뿐만이 아니라 집단에도 해당되는데, 심리학 모델에 따르면 다섯 단계를 거친다고 한다. 사람이나 집단에 따라 애도의 시간은 짧을 수도 있고 길 수도 있다. 예를 들어 사랑한 자에 대한 애도는 6개월에서 1년 정도 지속된다고 보는 것이 일반적이다(1년이 넘어서면 이는 병적 애도, 다시 말해 우울증에 가깝다고 할 수 있다).

그렇다면 애도의 메커니즘은 무엇일까?

컴퓨터의 비유를 들어보자면 과거 상황에서 주변과 연결되었던 모든 감정적, 기능적, 실제적 커넥션을 디프로그래밍하는 것을 의미한다. 디프로그래밍을 위해서는 우선 어떤 커넥션에 대해 애도를 치를지 알아내야 한다. 이는 우리의 정신적 기능에서 다루는 세 영역의 현상과 관련이 되는데, 즉 실제 사실과의 관계, 상상의 현상과의 관계, 그리고 상징적 의무사항과의 관계이다. 먼저 어떤 것에 해당하는지 본 후에 상실의 문제를 다루어야 한다. 그러나 애도의 절차는 단선적인 시간 선상에서 진행되는 것이 아니다. 정신적 단계를 밟는데 그 단계란 찾아내기, 다루기, 극복하기의 세 단계이다. 이 세 단계는 우리의 정신체계가 현상을 처리하는 세 단계에 해당하는데, 바로 보는 순간, 이해하는 시간, 그리고 결론의 시점이다.

그 세 단계를 거치고 난 후에야 개인이든 집단이든 비로소 새로운 상황을 받아들일 수 있게 된다.

전통적인 사회에서는 새로운 현실을 받아들일 때 이러한 찾아내기, 이해하기, 받아들이기의 세 단계가 자연스럽게 가동되었다. 하지만 현대사회에서는 실제 시간과 이와 연결된 생산성의 제약 때문에 재프로그래밍 작업은 종종 '지원'과 '관리'의 대상이 된다. 적어도 문화적인 측면에서는 그렇다. 다시 말해 새로운 현실을 받아들이기 위해서는 새로운 상황에 맞는 문화적 기본소에 대한 (전체적 혹은 부분적) 입문과정을 거쳐야 한다는 것이다. 그렇게 해야만 새로운 생산 및 적응 프로세스가 받아들여지고 통합되어 유연하면서도 효율적으로 활용될 수 있다.

여기에서 중요한 것은, 애도의 단계, 다시 말해 '디프로그래밍'의 단계가 선결되지 않으면 변화, 다시 말해 재프로그래밍 작업 자체가 불가능하다는 점이다. '변화를 옆에서 함께한다'면서 그 사전 작업을 고려하지 않으면 이는 충분치 않을 뿐더러 더 나아가서 위험할 수조차 있다. 우리 모두 변화가 '표면적'이기만 했을 때 그 실패의 결과가 얼마나 처절할 수 있는지 12개월이나 18개월 정도 지나고 나서야 깨닫게 된다(207페이지의 사례 참조).

애도 작업은 디프로그래밍이고 초월은 재프로그래밍이며 이를 통해 새로운 현실의 데이터를 처리할 수 있게 된다고 말하는 것만으로는 회사 내에서 문화적이면서도 동시에 심리적인 이런 현상의 사이클을 어떻게 다룰 수 있는지에 대해 알려주지는 못한다. 우리는 이 사이클을 한 번 통과하기 위해서 우리가 의지할 만한 두 개의 지렛대가 있다고 믿는다. 그 중 하나가 디프로그래밍과 재프로그래밍에 필요한 시간관리가 될 것이다. 우리는 실제로 이 사이클이 단선적인 정확한 시간의 흐름을 따르지 않는다고 생각한다. 성질이 다른 심리적 단계를 따르기 때문이다. 심리 단계는 보는 순간, 이해하는 시간, 결론의 시점의 세 단계이다.

이 세 단계를 고려하면서 관리하는 것은 변화를 수행하는 데 중요하다. 그러나 이것만으로 성공을 보장한다거나 목표 상태로 접근할 수 있는 것은 아니다. 필요하나 충분하진 않은 것이다. 업무상 행동과 연결된 다양한 커넥션이 나타나는 다양한 층위도 고려해야 한다. 세 개의 층위가 있는데 실제 요구 층위, 상상의 기대 층위, 그리고 상징적 의무사항 층위이다. 따라서 변화에 성공하기 위해서는 3단계의 시간 사이클 속에서 이 세 유형의 커넥션을 알아내고 처리하는 것이 중요하다. 다음 장에서 이에 관해 살펴보도록 하겠다.

■

7 장

동행의 지렛대

논리적 시간

원칙

우리의 산업사회는 상징체계가 중시되던 사회에서는 거의 찾아보기 힘들었던 시간과의 관계로 특징지어진다.

구조주의 인류학의 초기 연구의 대상이었던 '차가운' 사회에서 시간은 측정되는 것이 아니었고 정확히 측정조차 할 수 없었다. 산업사회에서의 시간은 측정 가능하다는 점에서 실제 시간이라 한다면, 전통사회에서의 시간은 '논리적 시간'으로 새로운 데이터를 체화하는 심리적 현상과 더 가깝다고 할 수 있다. 이 논리적 시간은 세 시기로 구성되는데 보는 순간, 이해하는 시간, 결론의 시점이다. 처음과 마지막인 보는 순간과 결론의 시점은 순간적인 시간이다. 보는 순간은 통찰(insight)이 일어나는 순간이고 결론의 시점은 새로운 방식의 보는 순간 혹은 행동하는 순간의 시작을 알린다. 그리고 이것은 과거의 보는 순간을 대체하게 된다. 우리 사회에서는 정확한 실제 시간이 상징의 논리적 시간을 지배하게 되었다. 산업 사회에서, 그리고 마르크스 이후 측정 가능한 시간은 경제 영역에서 비용의 단위가 되었다. 이는 전 세계적으로 화폐와 같은 것으로서 일반화된 교류의 조건이기도 하다.

논리적 시간과 정확한 시간을 대비시키는 것을 통해 우리가 일반적으로 생각하는 것과 다른 새로운 차원에서 변화에 대한 저항을 조망해볼 수 있다. 변화에 대한 저항은 어떤 특별한 심리 상태로 야기되는 장애의 결과가 아니다. 조직이 다룰 수 없는 외력에 대한 반응으로 나타나는 문화적 차원의 증상인 것이다. 그런 의미에서 변화에 대한 저항 현상은 실제의 정확한 시간과 '문화적'인 논리적 시간과의 대립 작용에서 기인하는 것이다. 실제로 "시간을 고려하지 않고 한 일은 시간이 기억한다."고 하지 않는가?

이를 인식하는 한 문화란 전통이 그러했듯이 진화하는 데 피할 수 없는 장애물처럼 인식될 수 없다. 일부 상황에서 문화가 변화에 대해 즉각적인 저항을 일으키는 것은 사실이지만 이것은 문화의 적응 기능이 올바로 작동하지 않을 때일 뿐이고, 문화의 우선적이면서도 독자적인 기능은 그 반대로 어떠한 상황에든, 어떠한 변화에든 적응하는 것이다. 문화에는 사회가 항시적으로 적응할 수 있도록 해주는 동력이 내재되어 있다. 그리고 이 항시적인 적응 작용은 논리적 시간 하에 이루어지는 것이다. '실제'적인 정확한 시간은 적응과 변화의 프로세스에서 적절한 변수가 되지 못한다. 심지어 어떤 의미에서는 우리가 싸워야 하는 적이기도 하다.

적응의 메커니즘을 파악하기 위해서는 논리적 시간을 구성하는 세 시기에 대한 명확한 정의가 필요하다.

보는 순간

경보가 울리는 순간이다. 회사의 구성원은 주변 환경에서 무언가가 변했고 지금까지의 대응 방식이 더 이상 적절치 않다고 인지하게 된다. 경보가 울리면서 변화에 대응하기 위해서 어떻게 해야 할지 순간적으로 눈앞에 떠오른다.

보는 순간은 해결책에 대한 경보와 직관을 동시에 압축하고 있다. 그 순간이 지나면서 인지 자체가 사라지기도 하고 혹은 새로운 상황에 맞는 대응 메커니즘을 재프로그래밍하도록 하는 통합의 프로세스를 가동시킨다. 보는 순간은 그 즉각성으로 인해 실제의 시간과 포개지면서 의식의 층위(인지적 조명(cognitive illumination)에 해당)에서 일어난다.

이해하는 시간

이해하는 시간은 일종의 정지된 시간 속에서 진행된다. 동어반복의 언어유희처럼 들려도 "시간한테는 시간을 주어야 한다."는 말만큼 재프로그래밍에 필요한 정지된 시간을 잘 표현하는 것도 없다. 이 시기는 실제의 시간적 제약 밖에서 진행되는 것일 뿐 아니라 메커니즘 자체가 의식되지 않는다. 실제로 논리적 시간의 마지막 단계인 결론의 시점이 와야만 이해하는 시간이 진행되었음을 인식한다.

결론의 시점

새로운 상황에 적응하기 위한 발전을 보여주는 시점이다. 과거의 대응 방식의 포기(와 '삭제'로 인한 망각)를 의미하며 적절한 대응 방식의 시작을 알린다. 새로운 시작의 충격이 지나고 나면 '이해하는 시간'에서 다루고 새로운 행동을 만들게 된 '원인'을 합리적으로 살펴볼 수 있게 된다.

'자연스러운' 항시적 적응이란 3단계의 프로세스로 그 중간 단계인 이해하는 시간은 단축할 수 있는 것이 아니다. 이해하는 시간은 모든 인간 집단의 상징적 구조화이며 각 주체의 개별적 혹은 집단적 의지에 달려 있지 않다. 적응 메커니즘이 회사 내에서 제대로 작동하지 않는 이유가 단순히 인간이 변화에 저항하는 성향 때문이라고만 치부할 수는 없다.

사실 개별적으로 또는 집단적으로 전체 구성원들이 이 문화적 시간을 통과할 수 있도록 해야만 성공적으로 문화 변화를 수행할 수 있다. 심리학자들이 말하는 감정적 상실을 겪을 때 애도 작업이 개입되어야 한다. 흥미롭게도 사회적, 문화적 변화에서 동일한 심리적 단계와 반응을 목격할 수 있다. 혼자든 단체로든, 이 반응과 단계는 심리극의 형태로 나타나며 이것은 임직원이 변화 초기에 직면하는 상상의 두려움을 보여준다(그림 7.1 참조).

다음에서 살펴보게 되듯이 논리적 시간은 상황에 따라 다르기 때문에 변화에는 상황 특수적인 동행 작업이 필요하다.

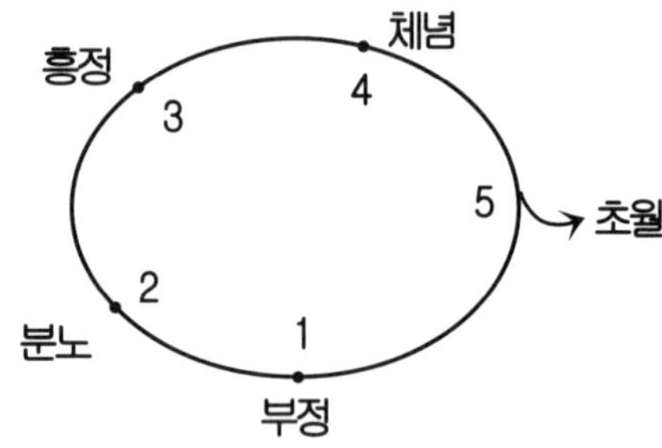

그림 7.1 애도 작업의 개별적 혹은 집단적 단계

논리적 시간과 회사 유형

자연스러운 진화 프로세스로는 지나치게 짧은 시간 내에 전혀 새로운 상황에 대응할 수 없을 때 저항이 나타난다고 생각할 수 있겠다. 그렇게 되면 적응 메커니즘을 무력화하는 사회적 '스트레스' 현상이 나타나게 된다. 따라서 진화(evolution)와 말 그대로의 변화(changement)를 구분할 필요가 있다. 진화란 진화 프로세스로 결정되는 새로운 외부의 상황에 적응하도록 해주는 것이다. 변화란 자연스러운 성숙의 과정에 필요한 시간에 비해 단축된 (실제) 시간 내에 새로운 상황에 통합되어야 하는 의무이다. 그렇기 때문에 변화라는 용어는 이런 상황에만 한정해서 사용해야 한다. 나중에 보겠지만 그 상황이란 급작스러운 성장(growth), 역성장(degrowth)과 변형(transformation)이다.

'이해하는 시간'이 진행되기 위해서는 반드시 실제 시간이 지워져야 하는데 이는 전통사회나 현대 농경사회에서는 가능하지만 현대의 산업사회에서는 결코 받아들여질 수 없다. 앞서 언급했듯이 자본주의의 경제적 합리성은 화폐로 수량화할 수 있는 '일하는 시간'의 가치에 바탕을 둔다. 따라서 기업주의 입장에서는 경쟁에서 살아남기 위해 회사의 운영 방식을 변화시키고자 할 때 시간이라는 가치를 계산에서 제외시킬 수 없는 것이다. 따라서 다음과 같은 딜레마에 처하게 된다. 회사 운영의 진화(조직, 프로세스, 제품, 활동 분야)에 대해 결정을 내리면서도 '이해하는 시간'을 그대로 인정해주지 못한다. 그렇게 되면 결국 내린 처방이 질병보다도 더 많은 해악을 가져오는 상황이 초래된다. 왜냐하면 시장과의 상호작용이 더욱 가속화되기만 하는 현 상황에서 환경 변화에 거의 실시간으로 적응하는 회사들만이 살아남기 때문이다. 따라서 기업주의 입장에서는 한정된 시간 내에 적응하는 데 필요한 조치를 취하는 수밖에 없다. 자연스러운 진화 과정이 불가능해지기 때문에 결국 '이해하는 시간'을 제거하는 변화 과정을 선택하게 되면서 '보는 순간'과 '결론의 시점'을 일치시키기 위해 애쓰고자 한다.

가장 이상적인 변화는 자연스러운 재프로그래밍 과정을 가속화하거나 아예 없애버리고 그 대신에 '조급한' 행동을 대체하는 것이다. 당연한 이야기겠지만 모든 회사가 이를 똑같이 수행하지는 못한다. 다른 유형에 비해서 더 수월하게 수행하는 유형이 분명 있다.

문화적 기본소가 위협받지 않는다

어떤 회사에서는 이렇게 '압축'된 절차가 아무런 무리 없이 진행될 수도 있다. 새로운 상황으로 도출되는 장애물과 망설임을 명백하게 짚어주는 고유의 기술을 잘 활용하기만 한다면 말이다.

회사를 확장하고 발전시키는 것이 가장 절대적인 쟁점인 회사들의 경우에는 자신의 임직원을 실력 있는 용병(실제로 이들은 자신의 능력을 회사에 파는 자들이다)처럼 간주하기 때문에 당연히 이들이 회사의 발전과 확장을 가능케 하는 새로운 변화에 긍정적으로 동조하기를 기대한다. 물론 변화로 인해 발생하는 객관적인 손실에 대해서는 보상해주어야 한다. 이러한 입장은 일관성 있는 태도이다. 왜냐하면 용병의 특징이자 시장가치는 능력의 우수성이기 때문이다. 회사에서 더 뛰어난 역량을 요구하면 이를 수용할 수밖에 없는 것이다.

또 다른 유형의 회사도 임직원에게 변화의 프로세스를 요구할 수 있다. 자신의 제품과 서비스를 통해 시민/소비자들에게 세상에 대한 새로운 비전을 제시한다고 확신하고 사회적 응집력이 강한 회사들이다. 전체의 목표가 다른 사람들을 설득하는 것이고 이를 더 잘할 수 있는 방법과 프로세스라면 그 무엇이든 받아들이고자 한다. 변화는 그 변화를 초월하는

'대의'를 위한 것이다. 신념을 지지하는 하나의 방법이 된다. 이때 역시 전통적인 방법으로 지원하게 되면 변화를 습득하고 효율성을 향상시키는 데 도움이 된다. 이런 유형의 변화에 대한 저항은 그저 가벼운 것이라고 할 수 있다. 이러한 저항은 물리적인 저항이든 심리적인 저항이든, 새로운 상황을 습득하고 새로운 것을 실천하는 데 방해되는 정당한 현상에 한정된다. 개인의 의식적인 영역에 제한되는 것이다.

환경 변화에 적응하는 데 기업의 문화적 기본소가 문제가 되면 이야기는 달라진다.

문화적 기본소를 위협한다

창립 토대가 강한 회사들의 경우 문화적 기본소가 사회적 응집력을 규정할 뿐만 아니라 대내외적으로 허락된 행동(제품 혹은 서비스)의 정당성을 보장해주는 것이기 때문에 유전인자처럼 인식될 수 있다. 일부 변화는 이러한 정당성을 건드리게 된다. 따라서 어떤 변화든 간에 그리고 우리가 사용하는 변화를 동행하는 방법이 무엇이든 간에 임직원이 동조하고 이성적으로는 그 정당성을 인정한다 하더라도 이를 매번 거부하게 될 것이다. 변화 자체가 회사의 토대를 위협하는 것이기 때문에 조직 구성원은 생존하기 위해 그렇게 반응하게 된다.

생물학적 은유를 빌리자면 진정한 유전 변이와 흡사한 진정한 의미의 문화적 변화를 수행해야만 한다. 회사의 유전인자를 바꾸어서 환경에 적응하는 프로세스를 재가동할 수 있도록 해야 한다.

회사가 어떻게 환경의 변화를 수용하는 새로운 전제 속에서 스스로를 배신하지 않은 채 자신의 신념을 계속 고수해나갈 수 있을지 재규정해야 한다. 기업 인류학의 모델을 근거로 우리는 창립신화를 변화시키고 조직이 새로운 상징적 지표를 찾을 수 있도록 문화적 기본소를 새롭게 규정한다. 상징적 지표를 다루는 이유는 그 지표들이 조직 구성원의 사회적 응집력이나 소속감을 위협하지 않으면서 변화에 동화되도록 그 과정에 의미를 부여해주기 때문이다.

따라서 변화 프로젝트가 수용되고 구성원들을 통합하기 위해서는 회사의 '유전적' 기본소를 변화시켜야 한다. 마찬가지로 유전적 변화가 제대로 이식되기 위해서는 변화 프로젝트를 인코딩의 매개체, 파종의 매개체로 삼아야 한다. 새로운 기본소는 변화 프로젝트에 정당성을 부여해주고 변화 프로젝트는 임직원이 환경에 효과적으로 적응하기 위해 필요한 새로운 기본소의 효율성을 입증해준다.

이와 같이 하게 되면 논리적 시간에 집착하던 것이 새로운 기본소의 습득에 신경 쓰는 것으로 바뀐다. 논리적 시간의 제약으로부터 프로젝트가 자유로워질 수 있다. 프로젝트의 정당성과 회사의 소명과의 일관성에 대한 망설임을 떨치고 나면 프로젝트는 이제 사람들이 습득해야 하는 엄격한 프로세스가 된다. 물론 이 새로운 역량 습득이 이성적인 망설임의 대상이 될 수 있지만 변화 수행의 전통적인 방식과 변화 동반 조치들이 이런 망설임을 제거할 수 있다. 그럼에도 의식적인 이성을 동원하는 이런 기술들은 사전에 문화적 기본소가 바탕이 되는 '무의식적'인 저항이 모두 제거되어야만 의미가 있다는 점에 주목할 필요가 있다. 그렇게 되어야만 프로젝트가 사회적 스트레스를 일으키지 않으면서 주어진 시간 내에 진행될 수 있다.

새로운 문화 기본소 통합에 있어서 변화 프로젝트는 이러한 새로운 문화적 현실을 '보는 순간'이자 '이해하는 시간'으로 입문하는 것이다. 이해하는 시간은 은연중에 지속되어 종국에는 변화 프로젝트의 실행과 독립적으로 존재하는 '결론의 시점'에 이르게 된다. 절대적인 관점에서 봤을 때 전체적으로 일관성을 갖기 위해서는 이렇게 드러내고 명시적으로 표현한 기본소에 근거하여 모든 프로젝트가 재구성되고 '변형'되어야 한다. 그렇게 해야만 회사가 취하는 액션의 가독성을 높이고 일관성이 보장될 수 있기 때문이다.

문화적 변화(회사 기본소의 '유전적 변이')를 거쳐야만 하는 상황은 다음 두 유형의 회사에서 발생한다. 이익과 사회적 응집력을 동시에 추구하는 기업가형 회사와 자신이 만들어내는 것이 다른 사람들의 관심을 끌 수 있는지에 대해서는 아무 관심이 없고 자신의 전문성을 더 고도화하는 데만 몰두하는 학자형 회사이다.

• 세상에 대한 새로운 비전을 근간으로 창립된 기업가형 회사의 경우, 다른 유형의 회사, 혹은 같은 유형이지만 기본소가 다른 회사와의 인수합병 등으로 기본소의 변이가 일어날 수 있다. 마찬가지로 '소비자 시민'의 요구가 바뀌고 그 요구가 회사의 유전자와 합치될 수 없다면 생존을 위해 기본소를 다시 살펴봐야만 한다.

• 학자형 회사로 조직된 기업체의 경우, 문화 변화의 요구는 너무나 당연하다. 왜냐하면 유전인자 자체가 전문성 고도화 외에는 다른 어떤 것에도 신경 쓰지 못하도록 되어 있기 때문이다. 여기에 반하는 변화는 당연히 거부당한다.

따라서 일부 회사에서는 적응을 위한 필수조건인 기본소의 문화적 변화가 변화 프로젝트를 통해서 이루어져야만 실천될 수 있다. 다시 말해 변화가 성공적이기 위해서는 둘 중 하나라도 없으면 안 된다.

변화 동행의 전통적인 기술은 일부 (초구조적) 조건과 특정 회사 유형에는 효율적이면서도 잘 맞는다. 그러나 문화적 구조가 원인이 될 때에는 그와 같은 방법은 득보다 실이 더 크다. 그렇기 때문에 그 자체가 변화되어야 한다. 단지 증상만을 다루게 되면 무한정 문화적 무질서만을 초래할 수 있기 때문이다. 그러면서 변화 전문가들의 주머니만 채워주게 될 것이다.

장애의 세 가지 유형

방금 보았듯이 변화를 수행하기 위해서는 사람이 새로운 데이터에 동화되는 데 걸리는 시간의 역동성을 고려하고 관리할 필요가 있다. 이는 변화가 제대로 수행되기 위한 필요조건이지만 충분조건은 아니다. 이와 동시에 변화에 대한 거부반응이 구체적으로 어떤 심리적 혹은 문화적 요소들에 근거하는지 알 필요가 있다.

사회적 현실의 세 층위

당사자들이 가질 수 있는 부정적인 반응을 세 가지 유형으로 구분하게 되는데 이는 각각 경제적, 사회적, 심리적 온전함에 대한 위협에 해당한다. 반응의 세 가지 유형은 우리의 사회적 현실을 구성하는 세 층위에 해당하기도 한다(그림 7.2 참조).

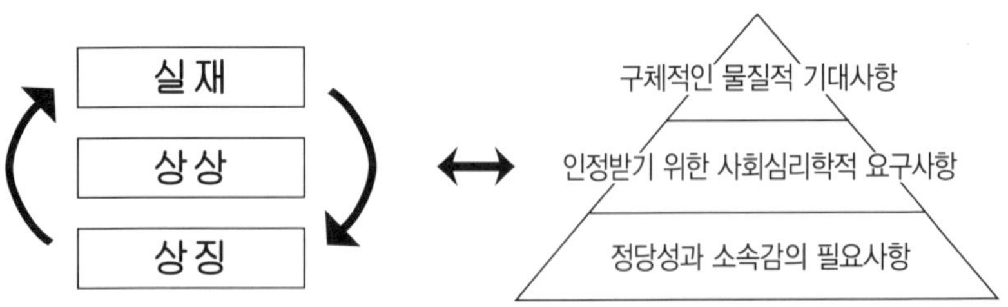

그림 7.2 우리의 사회적 현실을 구성하는 세 개 층위

실재(real)의 층위에서 변화는 실제적으로 관행, 업무 조직, 소득 등에 영향을 미친다. 이것은 변화 프로젝트에 대한 저항을 유발할 수 있는 물질적 피해에 관한 것이다.

상상(imaginary)의 층위에서 변화는 개인의 심리적 그리고 정서적 균형을 깨뜨린다. 비이성적이고 근거 없는 믿음과 확신 같은 표상의 형태로 그 영향이 드러난다. 사실무근이라 하더라도 당사자는 그 확신을 진짜인 것으로 받아들인다. 마치 탄압에 대한 반응처럼 나타난다. 변화에 반대하는 것을 정당화하는 이와 같은 탄압은 실재 혹은 상징의 층위에서 유래한다. 하지만 이 경우에는 잘못된 확신을 갖고 다른 모든 것들은 부정한다. '좌절당함'과 같은 것이다.

상징(symbolic)의 층위에서 변화는 문화가 제시하는 지표들에 영향을 준다. 기본 의무들이 개인으로 하여금 한 집단 속에서 지낼 수 있게 해준다. 이 기본소들은 함께 공유하는 기호(유니폼, 업무 공간 조직, 여러 기호체계), 의식(통과의식, 환영의식, 송별의식 등), 신념과 신화로 구체화된다. 이 요소들은 무의식적으로 대내외적인 관계와 행동을 규정한다. 변화로 인해 문화까지 바뀌어야 할 때 실로 상당한 '저항'에 부딪히게 되는데, 이는 회사가 나아가고자 하는 새로운 현실이나 그 현실의 근간이 되는 새로운 기본소에 대한 거부감에서 기인하는 것이다.

문화 진단 시 이렇게 예측할 수 있는 부정적인 반응(과 대상 집단)의 본질을 규정하고 분류하게 되면 프로젝트를 방해하는 요인들을 사전에 피하고 변화 프로젝트를 시작할 수 있게 된다. 프로젝트를 성공시킬 수 있는 최상경로(critical path)를 규명하여 각 반응별로 처리해야 한다(표 7.1).

표 7.1 부정적 반응 분류표

층위	영향	반응적 원인	처리
실재계	구체적 요구	물질적 피해	협상
상상계	심리적 및 사회심리학적 주장	심리적 좌절	해체(deconstruction)
상징계	소속 지표	정당성 상실로 인한 저항	디코딩, 인코딩

표 7.2에서는 합병으로 인해 본사가 이전하게 되는 경우에 전형적으로 나타나는 반응의 유형을 구체적으로 보여준다. 이 경우에는 새로운 IT 환경을 구축하고 누구나 자유롭게 드나드는 오픈 스페이스로 업무 환경이 바뀐 케이스이다.

표 7.2 합병 시 나타나는 부정적인 반응

	변화에 대한 저항
실재의 피해	"사무실이 지금보다 20킬로미터나 더 멀어." "추가 업무가 발생해." "새로운 IT 툴을 활용할 능력이 없어." "그렇게 높은 층에서 일하려니 현기증이 나."(새로운 시설을 사용하는 데 있어서 물리적으로나 정신적으로 힘듦) "나는 편하기 때문에 이 회사에 들어왔는데. 집에서 회사가 가깝고 고객들도 가까이 있기 때문에……."
상상의 좌절	"새로 이전하는 그 동네는 사람이 살 곳이 못 돼." "비인간적으로 큰 건물이야." "오픈 스페이스면 내가 뭘 하는지 다 볼 텐데. 사생활 보장이 안 돼." "예전 내 사무실의 크기가 나의 직급을 나타내줬는데 오픈 스페이스로 옮겨갈 수 없어."
상징적 저항	"고객한테 응대하는 방식이 예전과 너무 달라." "문화적 배경이 다른 팀을 같은 공간에서 같은 프로세스 안으로 통합하려고 해(그러면 파벌 간의 전쟁이 생길 거야)."

처리

각 저항의 유형에 맞게 다루어야 한다.

실재 피해의 경우, 대부분 공식적이든 비공식적이든 회사와 직원의 관계에 대한 '계약상의' 측면을 다룬다. 역량과 임무를 수행하는 데 제시되는 광의의 자원, 직장생활과 개인생활 조절, 보상과 특혜 등과 관련이 된다.

이러한 손해를 다루기 위해서는 피고용인과 과거에 맺은 공식적 및 비공식적 계약을 재협상(혹은 손해배상)해야 한다.

상상의 좌절은, 실재 혹은 상징적 변화의 결과를 잘못 해석한 결과이다. 탄압받는다고 생각하고 남이 하지 않은 말을 했다고 생떼 쓰듯이 해석하는 이유는 회사에서 실제로 나타나는 정당한 변화를 이해하고 싶지 않아서이거나 주변 환경에 적응하기 위해 필요한 상징적 문화 변화를 인정하고 싶지 않아서이다. 이러한 오해 때문에 자존감을 잃었다는 느낌을 받고, 진정한 의미의 심리적인 '탈나르시스화'에 이르게 된다.

이런 종류의 저항은 결코 협상이나 설명 또는 합리화로 처리해서는 안 된다. 반드시 '해체'해서 어떤 '실재적 손실'이나 '상징적 저항'이 그 이면에 자리잡고 있는지를 파악해야만 한다. 그렇게 원인을 찾고 나면 '실재적 손실'이나 '상징적 저항'에 맞게 다루어야 한다.

상징적 저항의 경우 회사 기저문화의 한 요소가 변형되었을 때 나타난다. 회사의 소명(회사의 존재의 이유가 상당 부분 바뀌었을 때), 유형(학자형 회사가 정복자형 회사로 바뀌었을 때), 혹은 세 개의 기능집단의 힘이 이동했을 때가 여기에 해당된다.

이와 같은 저항을 다루기 위해서는 '상징적 애도'의 장치를 움직일 수 있게 하는 인류학적 접근이 필요하다. 실제로 새로운 '문화적 기본소'가

인코딩되기 위해서는 그전에 대체될 '과거의 기본소'를 규명하고 포기하는 작업이 선결되어야 한다. 그 다음에는 소크라테스 식의 산파술(maieutics)로 다룬다. 잘못된 신념을 계속 고집하는 것은 '객관적인 배신자'의 입장에 처하게 되는 것임을 인식시켜야 한다. 대부분 이와 같은 저항을 보이는 직원들은 회사에 '소속감'이 강한 사람들이다. 더 나아가서 이들은 심지어 조직문화를 위해서, 그리고 조직문화의 이름으로 이와 같이 저항하는 것이라고 스스로 믿고 있다. 따라서 문화 변화가 왜 정당한지 이들이 '보는 순간'을 경험하게 하는 것이 중요하다. 정당한 이유라 하면 임직원이 변화하지 않으면 조직이 사장될 수 있는 반면, 그 변화에 잘 동화되었을 때는 환경 변화에 적응하고 미래 발전을 도모할 수 있다는 정도를 말한다.

부타가스(Butagaz)의 사례가 이를 잘 보여준다(197페이지 참조).

■

8 장

고전적인 접근 방식에 대한 비판

지금까지 다룬 내용들은 변화 현상에 대한 우리의 접근 방식이 기업들에게 일반적으로 제시되는 접근 방식과 상당히 다르다는 것을 보여준다. 실제로 우리의 접근 방식이 각 기업이 가지고 있는 특수한 문화적 요소에 대한 사전적인 이해에 바탕을 두고 있다는 사실을 고려해볼 때 그리 놀랄 일도 아니다. 여타의 접근 방식에서는 문화적 요소에 대한 이해가 부족하여 문화관리에 영향력을 행사할 수 없었기 때문이다. 그래서 이들 접근 방식은 기업이라는 사회 집단을 설명하고 행동을 취하기 위해 다른 이론적 전제들을 고려한다.

어쨌든 이런 접근 방식들도 존재하는 것이 사실이고, 앞서 말했듯이 어떤 경우, 특히 특정한 기업 유형에서는 성과를 얻을 수도 있다. 예를 들어 변화를 위한 프로젝트가 창립형 회사의 문화적 기본소를 전혀 건드리지 않거나 소위 제국주의적 회사에서 도입될 때가 바로 그런 경우이다. 더 나아가 창립형 회사(정복자형 회사, 기업가형 회사, 학자형 회사)에서 문화적인 문제가 사전에 다뤄지고 해결되기만 한다면 이들 접근 방식도 얼마든지 효율성을 가질 수 있다고 본다. 따라서 여기서 이들 접근 방식을 건설적인 시각으로 검토할 필요가 있다.

변화에 관한 개입 방법을 뒷받침하는 주요 이론은 크게 세 가지 축으로 정리해 볼 수 있다. 이 세 가지 축은 때로는 암묵적이고 때로는 명시적인 근본 개념, 사회적 사실과 인간의 본성, 이들의 변천, 그리고 거기서 비롯되어 사회 집단의 역학을 구성하는 관계의 유형을 중심으로 구성된다.

우리가 어떤 이론적 전제에 따른 실행을 비난하려는 것은 결코 아니다. 다만 이 세 가지 개념의 기반과 변화에 당면하는 방식, 그리고 그 과정에서 부딪히는 장애물을 유추해냄으로써 우리가 제시하는 이론적 전제와 그로부터 도출되는 결과가 명확하게 대비되도록 하려는 것뿐이다. 독자 여러분도 얼마든지 각각의 축에 해당되는 이름, 이론이나 관행을 대입시켜볼 수 있다.

'공리주의'의 축

인간의 본성과 사회 현실에 대한 어떤 개념이 18세기에 나타났는데, 몇몇 저자들은 이를 '공리주의'[1]라고 부른다.

이 개념에 따르면 회사를 구성하는 개인은 그 무엇보다 그리고 오로지 경제의 주체이며 기술의 발전과 발전의 가속화를 의식하고 있는 존재로 간주된다. 그런데 이들은 행복을 향한 발전의 가도에서 서로 대립된 이해관계에 직면하게 된다. 갈등은 마르크스의 계급투쟁이 설명하듯 구조적인 것일 수도 있고, 에밀 뒤르켐의 사회학이 뒷받침하듯 경기적인 요소에

1 G. Donnadieu et G. Layole, *Essai d'interprétation symbolique systémique de la régulation sociale dans une organisation*, Cahier de recherche-GREGOR, IAE de Paris, 1995.

의한 것일 수도 있다. 후자의 경우 초기에는 발전을 향한 질주에 많은 인원이 동원되지만 어느 단계에 이르면 개인주의가 집단의 행복추구를 대체하게 된다고 주장한다. 즉 끊임없이 혁신을 추구하기보다는 각자 자신의 기득권을 지키는 데 급급하게 된다는 것이다. 이렇게 되면 혁신은 모든 걸 걸고라도 맞서 싸워야 할 위험요소가 되고, 불가피한 '아노미' 현상이 발전을 향한 질주의 장애물로 작용하게 된다. 이는 뒤르켐의 이론에 등장하는 분업으로 인한 사회적 분열과 중단 현상이다. 실제로 개인적인 역량들이 유기적인 협력을 이루게 하는 요소인 분업이 초기에는 유익을 가져오지만 후에는 이기적인 개인주의를 악화시켜 오히려 해를 끼치는 요인이 된다. 아노미란 서로 상충되는 개인의 이해관계를 극복하지 못하여 발전이 중단되는 상태를 말한다. 인간에게는 자신의 이기적인 기득권을 보호하려는 '유전적인' 경향이 있다는 암묵적인 가정을 뒷받침하는 그럴듯한 가설이다. 그런데 뒤르켐은 명시적으로 이와 반대되는 가설을 세웠다는 점에 주목할 필요가 있다. 그는 인간에게 서로 협력하게 하는 도덕적 경향이 있다고 믿었던 것이다!

이 같은 (사상적인) 순결주의와는 반대로 미셸 크로지에(Michel Crozier)나 에르하드 프리드버그(Erhard Friedberg)[2] 같은 몇몇 현대 작가들은 인간을 의식과 이성과 계산적인 머리를 가진 주체, 즉 초기 경제학자들이 말했던 것처럼 개인의 이익을 극대화하려는 경향을 가진 존재로 인식한다. 따라서 기업을 분쟁과 연대라는 두 가지 역학의 축을 중심으로 구성된 전략의 산물로 간주한다. 개인의 이런 전략이 목표하는 바는 자신의 자율적인 영역을 확장하는 것, 즉 '적'이 가진 악한 능력에 대한 불안감을

2 M. Crozier et E. Friedberg, *L'acteur et le système*, Paris, Seuil, 1992; M. Crozier, *Le phénomène bureaucratique*, Paris, Seuil, 1971.

해소하기 위해 스스로 힘을 키우는 것이다. 이 개념은 개인에게 동기를 부여하는 것은 소속감도, 기업의 이익에 대한 동조도 아니고 다만 자신의, 그것도 독점적인 자신만의 이익(급여, 고용보장, 커리어 등)을 최대한 보장받게 해주는 계약에 불과하다는 사실을 암시한다. 이 개념에 따르면 회사란 발전이라는 집단적 이익은 별 의미를 갖지 않는 끊임없는 격전의 장소이다.

따라서 이 이론의 옹호자들은 변화에 대한 저항이 경기적인 것이라기보다는 구조적인 것이라고 주장한다. 변화에 대한 저항은 경쟁하는 개인들의 충돌 속에서, 그리고 임시적인 연대 집단(반대의 연대)의 내부에서 발생한다. 그리고 그 결과로 저항이 나타난다. 그러므로 변화에 대한 저항을 해소하려면 주체들의 불안 요소를 제거하는 한편 세력 싸움을 진정시킬 수 있는 방법(조작의 방법?)을 동원해야 한다. 그래야만 변화를 위한 프로젝트가 성공적으로 추진될 확률이 높아진다.

• 공리주의의 첫 번째 개입 방법은 사회역학의 자원과 기술을 이용하는 것이다. 진정한 동조를 유도하려는 노력보다는 다원경쟁이 유발하는 징후와 기능장애에 대해 개입한다. 사회의 안정성과 그로부터 발생하는 동기 유발이 사회구성원의 상호작용에 의존하는 만큼, 해당 집단이 개인의 의지가 사라지는 혼돈의 역학에서 프로젝트 실행을 향한 역학으로 옮겨가도록 돕는 것이다. 이를 위해서는 프로젝트에 대한 반응의 유형을 분석하여 동질의 하위집단을 구성한다. 어떤 하위집단의 모든 구성원이 프로젝트에 관해 동일한 태도를 가질 때 이는 동질의 하위집단으로 간주된다. 이런 유사성이 하위집단 구성원 간에 유대를 형성하는 기초가 되는 것으로 보인다. 저항을 보이는 일부 하위집단이 프로젝트에 대해 이미 긍정적으로 반응하는 하위집단에 의거해 동참하게 하려면 어떤 방법을 사

용해야 할 것인지 판단하기 위해 초기의 하부집단들을 도표화한다. 여기서 사용하는 방법은 민감한 집단들을 상호 경쟁 및 대립 관계에 놓이게 하는 것이다. 이때 앞으로 얻게 될 이익과 줄어들 위험의 변증법을 명시적으로 사용함으로써 그 효과를 극대화한다. 이 기술을 사용할 때 사람들은 모든 과정이 의식의 수준에서, 그리고 어떤 면에서는 합리적인 수준에서 이루어져야 한다고 생각한다. 여기서 우리는 두 가지 공리주의(이기적 공리주의와 중립적 공리주의) 이론이 변화란 관리 가능한 요소이며 주체들의 이성과 합리적 지성, 그리고 그들의 이익에 호소한다고 간주한다는 사실을 분명히 알 수 있다.

• 두 번째 개입 방법은 좀 더 '순결주의'에 가까운 것으로, 변화에 대한 저항을 역시 이권분쟁의 맥락에서 이해하면서도 인간의 본성에 대해서는 다소 완화된 입장을 취한다. 이들은 인간의 본성이 선하지도 악하지도 않다고 믿거나, 또는 선한 면과 악한 면이 공존하지만 어쨌든 발전에 적응해나갈 수 있다고 믿는다. 어떤 일이든 위험과 같은 양의 기회를 동시에 내포하고 있다는 동양의 지혜를 빌려 어떤 변화든 기회와 위험의 대립이라는 보편적인 법칙을 따른다고 본다. 이런 관점에서 변화에 대한 저항은 변화된 상황이 개인에게 초래할 위험을 더 크게 받아들이기 때문이라고 설명할 수 있다. 이론적으로 이 상황을 타개할 방법은 간단하다. 적절한 논거와 설득 수단을 동원하여 위험은 최소화, 기회는 극대화함으로써 해당 집단의 구성원들이 기회를 활용하고 혁신에 필요한 새로운 데이터를 통합하는 메커니즘을 활성화하도록 유도하는 것이다. 이때 변화에 직면한 주체들은 기회와 위험을 인식하고 있거나, 적어도 변화가 가져올 기회와 위험을 작성해보도록 외부에서 일단 도와주면 이 두 가지 '유익' 사이에서 판단을 내릴 수 있을 것으로 간주된다. 다음 단계는 주체들이 기회와 위험을 머릿속에서 정리하고 서열화하여 미래에 펼쳐질 상황에 대해

객관적인 시각을 갖도록 도와주는 것이다. 마지막 단계는 변화가 치명적인 위험을 유발할 것으로 예상되는 경우 실제적인 위험을 제거하거나 적어도 축소하는 데 도움이 될 동반 조치들을 제시하는 것이다.

'정신분석'의 축

두 번째 축은 사회적 사실이 직장에서 나타나는 개인의 무의식적 반응에 의거한다고 보는 견해이다.

이 관점에서 볼 때 변화에 대한 저항이 나타나는 이유는 개인의 무의식적 반응이 복잡하게 뒤얽혀 상호작용을 하기 때문이다. 정신분석의 축에서는 프로이트 학파와 프로이트[3]의 이론에 근거하여 개인이 직장에서 변화를 거부한다면 이는 적응과 변화에 대한 본인의 자생적 능력을 저해하는 유아기의 충격이나 갈등 상황을 사회생활에 투영해서 바라보기 때문이라고 설명한다. 그런데 이와 같은 투사현상은 본인이 인식하지 못하는 사이에 일어난다. 마음의 문을 닫게 만든 유아기의 경험이 무엇인지 인식하지 못하기 때문에 당사자는 자신의 태도를 현재의 갈등 상황에 대한 잘못된 해석으로 설명하고 합리화하려는 경향을 보이게 된다. 그런데 이런 투사현상이 보편적으로 나타나기 때문에 각자 자기 직장에서 아이 같은 행동을 하게 된다는 것이다.

변화에 대한 저항을 바라보는 이 두 번째 견해는 '심리가족학'에 그 바탕을 두고 있다. 일반적인 사회생활, 특히 직장에서의 상호작용은 원가정에서 작용한 충동역학의 연장선상에 있다. 또한 사회조직의 출발점이 가

---

3 S. Freud, *Psychologie collective et analyse du moi*, Paris, Payot, 1962.

족이며, 따라서 가족의 상호작용 모델이 인류 공통의 사회조직 모델이라고 주장한다. 간단히 말해서 "내가 회사에서 바라는 변화를 고려하지 않는 이유는 부모님과 갈등이 생겼을 때(오이디푸스 신화에 나오는 분쟁처럼) 아버지에게 가졌던 반감을 내 직속 상사에게 되풀이하고 있기 때문이다!"라는 이야기이다.

이런 관점에서 변화에 대한 저항을 해소하기 위해 사용하는 기술은 어릴 때 경험한 충격이나 분쟁 상황 중 현재 직장에서 되풀이되고 있는 것이 무엇인지를 밝혀내는 것이다. 간단히 말해서 어릴 때 경험한 공교로운 반응들의 뿌리를 제거하여 자신의 적응력을 온전히 회복하도록 하는 것이다. 이런 기술은 교류 분석과 정신분석학의 사이코 드라마, 신경언어학의 프로그래밍과 30여 년 전에 전성기를 누린 '로저 식'[4]의 비지시적 상담기술과도 일맥상통한다.

우리가 볼 때 이런 유형의 문제는 기업 발전의 역사에서 '혼돈'의 시기를 지날 때 나타날 수 있다. 유아기의 경험이 투사되는 현상은 구조적이라기보다는 경기적인 성격이 강하며 다른 '기저문화적' 기능장애가 나타날 때 징후로서 발견된다. 물론 기업에서도 투사현상이 나타나지만, 더 중요한 것은 사회 현실이 가정에서와 똑같은 충동의 요소에 의해 조직된다는 사실이다. 그러니 그들은 우리와 입장이 조금 다른 셈이다.

'문화주의'라는 새로운 축

마지막으로 기업에서의 갈등 조정에 관하여 공리주의 개념과 확연히

---

4 C. R. Rogers, *Le développement de la personne*, Paris, Dunod, 1998.

대립되는 새로운 시도를 소개하겠다. 소위 '문화주의'[5]라고 하는 이론인데, 우리에게는 '정체성'의 축이라고 하는 편이 더 맞겠다.

세 번째 축인 문화주의를 주창한 르노 생소리유(Renaud Sainsaulieu)와 드니 세그레스탱(Denis Segrestin)[6]은 공리주의 모델의 제국주의적인 성격을 거부한다. 그들은 고유한 자립성과 효율성을 갖고 기능하는 회사에는 공리주의 차원을 넘어서는 특수한 차원이 존재한다고 주장한다. 그것이 바로 문화라는 것이다. 우리도 여기까지는 동의한다. 그런데 우리가 동의할 수 없는 부분은 그들이 내리는 문화에 대한 정의이다.

문화주의에서는 기업을 주요한 사회적 장소이자(우리도 동감하는 부분이다) 정체성을 생산해내는 현장으로 간주한다. 따라서 기업은 공리주의자들의 주장처럼 주체들이 작용하는 현장이 아니라 가치와 모델과 표상을 창출하는 장소이다. 다시 말해서 한 방향을 벡터로 집단적인 의미 창출이 이루어지는 곳이다.

르노 생소리유는 '제 몫 챙기기'라는 기업의 공리주의적 의미 축소에 대해 '여럿이 이루어가는 기업'이라는 비전을 대안으로 제시한다. 그는 기업 구성원 모두가 동의할 수 있는 의미로 채워진 상상의 요소들을 구성하는 것에 대해 이야기한다. 생소리유가 이론화한 것은 상징적인 소속감의 조건이 아니라(비록 이 단어가 그의 저서에 자주 등장하기는 하지만) 동조를 유발하는 정체성의 조건들이다. 이런 맥락에서 변화에 대한 저항의 이유는 '사회 집단의 더불어 사는 존재'를 지켜줄 수 있는 새로운 정체

---

5 M. Crozier et E. Friedberg, *L'acteur et le système*, Paris, Seuil, 1992; M. Crozier, *Le phénomène bureaucratique*, Paris, Seuil, 1971.

6 R. Sainseaulieu et D. Segrestin, "Vers une théorie sociologique de l'entreprise", *Sociologie du Travail*, No. 3, 1986.

성의 지표가 일시적으로 생성되지 않기 때문으로 설명할 수 있을 것이다. 따라서 여기서 변화에 대한 저항은 문제가 되지 않는다. 일상적인 인사관리 영역에 속할 뿐이다. 생소리유의 이론이 문화의 하부구조를 다루는 것이 아니라는 것을 이제 분명히 이해했을 것이다. 그가 이론화한 것은 정체성의 상부구조인 것이다.

앞서 말한 세 가지 이론 외에도, 제라르 도나디유(Gérard Donnadieu)와 제라르 레이욜(Gérard Layole) 같은 작가들은 서로 다른 이들 접근법에 대한 조직적인 해결책을 제시한다. 그들은 기업 내에서 공리주의와 정체성의 영역이 조직적으로 상호작용을 한다고 주장하면서(여기에 심리가족학의 영역을 추가할 수도 있을 것이다) 이들의 모델링을 제안한다. 우리도 서로 다른 영역들이 상호작용을 한다고 생각하고 그에 대한 공리화를 제안하지만, 그것은 '조직적'인 것이 아니라 구조적이며 소쉬르의 입장을 따르는 것이다.

적용범위와 한계

앞서 살펴본 여러 가지 사회조직 개념은 일견 서로 달라 보이지만 사회현실의 구성을 같은 방식으로 고려하고 있다. 사회생활을 개개인의 '자연스러운' 총합의 역학이 낳은 산물로 보는 것이다.

어떤 이들은 사회생활이 개인의 생존을 위한 이기적인 이권을 의식한 협상의 산물이라고 생각한다. 또 다른 이들은 어린 시절 가정에서 겪은 분쟁 경험이 끊임없이 재현되어 어른이 된 후 사회생활의 골조를 이루게 된 것이라고 생각한다. 한 가지 주목할 점은 르노 생소리유의 가설도 사회생활에 대한 이런 개념에서 크게 벗어나지 못하고 있다는 것이다. 공동의 가치와 표상을 중심으로 집단을 구성하게 하는 정체성 지표의 창출도 처음엔 개인적인 성격을 지니는 가치와 표상들을 마주하고, 암묵적 또는 명시적인 거래를 통해 이들 가치와 표상이 집단적인 근거를 가진 것으로 인정받아 채택되고 공유되는 과정을 통해 이루어진다. 여기서도 사회 현실은 여전히 개인성의 역학이 낳은 산물로 간주된다.

앞서 말한 이론 모두가 사회 현실에 대해 동일한 개념을 공유하는 것을 확인할 수 있다. 즉 사회 현실은 이권협상을 중심으로든, 반복의 마술 때문에 극복할 수 없게 된 어린 시절의 문제를 중심으로든, 상상의 지표 창출을 중심으로든, 집단을 이루게 된 개인성들이 역동적으로 작용한 결과라는 것이다. 다시 말해 인간의 사회 현실을 특수한 제도에 기반을 둔 것이 아니라 개인들의 충돌이 빚어낸 '자연적인' 결과로 본다는 사실이다. 인간의 사회조직이 사회적 또는 비사회적인 동물들이 조직을 구성하는 것과 다른 차별적인 특성을 가지고 있지 않다는 것이다. 공리주의자들은 인류 보존의 원리가 강자와 적자만이 살아남는 '생존경쟁'이라고 믿는다. 심리가족주의자들은 인류가 미숙한 채로 보존되는 원리가 유아기에 경험한 가족조직의 역학이 사회생활로 확장된 것이라고 본다. 이런 파생과정에서 사회관계가 구성된다는 것이다. 정체성 역학의 주창자들은 정체성의 지표를 집단적으로 창출함으로써 인간 집단의 안정성을 보장해주었기 때문에 인류가 보존될 수 있었다고 주장한다.

그런데 위의 이론들은 결론 부분인 변화에 대한 저항에 대해서 전혀 만족스러운 해석을 내놓지 못한다. 이들이 제시하는 해결책은 매력적일 만큼 간단해 보이지만 실제로 적용해보면 효력을 발휘하지 못한다. 그들의 처방은 명시적으로 드러나는 징후만을 다루며, 객관적이고 과학적인 근거를 제시하기보다는 인간의 사회화의 성격에 관한 이데올로기를 투사하는 것 같은 인과관계를 제시한다. 변화에 대한 저항이 일시적으로 완화되고 나면 동일한 프로젝트에 대해서든, 새로운 프로젝트에 대해서든, 사라졌던 징후들이 필연적으로 다시 나타난다는 사실이 경험을 통해 드러났다. 저항을 줄이기 위해 사용된 기술도 그 효과가 오래가지 않았다. 공리주의 이론에 등장하는 개인은 늘 속을까 봐 겁내는 심각한 편집증 환자 같고, 심리가족학 이론에 등장하는 개인은 끊임없이 어른이 되고 싶어 하는, 영원한 미숙아처럼 보인다. 다시 말해 인간은 늑대거나 자기가 감당할 수 없는 환영의 힘에 휘둘리는 영원한 아이인 것이다. 사회 현실과 이를 구성하는 개인에 대한 이런 류의 인식에 우리는 당연히 만족할 수 없다.

왜냐하면, 변이나 변화의 상황에서 개인이나 집단 간의 경쟁이 치열해지거나 '오이디푸스'적인 유아기 문제가 되살아나는 것은 인간이 근본적으로 편집증 환자거나 가족이 사회조직의 모태요, 기본요소이기 때문이 아니라, 집단의 상징적인 구조화가 더 이상 개인의 '적소'와 그에 따른 올바른 행동을 정의해줄 수 없기 때문이다.

반드시 기억해두자. 인간이란 정해진 생활환경에서 사회조직을 이루도록 유도하는 유전자 프로그램이 전혀 입력되어 있지 않다는 의미에서 '변성된' 동물들이라는 사실을. 인간을 변성된 동물이라고 하는 이유는 인간의 적응과 생존이 다른 모든 동물과는 달리 어디서든 정착하고 특정한 생활환경에 의존하지 않도록 해주는 특수한 '비자연적' 사회조직에 의존하기 때문이다. 본질적으로는 다른 생명체와 비슷하지만, 인간의 운명은 사전에 프로그래밍된 생물학적 조건에 더 이상 의존하지 않는다. 이렇게 변성된 인간은 당연한 논리적 귀결로 지구상에서 신속히 멸종되었어야 한다. 그러나 그렇게 되지 않았다. 왜냐하면 인간이 진화하면서 아마도 유전자 변이에 의해(네안데르탈인, 호모 사피엔스 사피엔스) 다른 동물에게는 찾아볼 수 없는, '상징적'이라고 할 수 있는 기능이 나타났기 때문이다. 아마도 이 같은 변이가 가져온 한 가지 결과는 현실을 이해하기 위한

'코드화' 능력이 생겼다는 사실일 것이다.[7]

이런 상징적인 기능은 '기호론적이고 무의식적인 지적' 능력에 그 기반을 두고 있다. '변성된' 인간은 기호론적인 존재이다. 이런 기호학적 능력이 가져온 두 번째 결과는 구술언어의 등장이다. 이 '의미론적'인 능력은 어떤 유전자 프로그램에도 구애받지 않는 사회조직을 이루게 한다. '상징적이고 의미론적인' 이 사회조직을 통해 인간은 뛰어난 적응력을 갖추고 모든 자연세계를 다스리게 될 것이다(마치 성경에서 인간의 타락 이후 자연을 다스리라고 명령했던 것처럼 말이다!).

---

7 Y. Coppens et P. Picq, *Aux origines de l'humanité*, Paris, Fayard, 2002.

실제 사례: 모델에서 실행으로

■

9 장

컨설팅이 요구되는 '주요 상황'

기업 인류학에서 문화는 회사 조직으로 하여금 모든 새로운 상황에 적응하도록 하는 기능을 우선적으로 갖는다. 이 새로운 상황이란 무엇일까? 구조 인류학에서는 성장, 역성장, 그리고 변형의 상황을 꼽는다.

회사 조직은 언젠가는 위 세 상황 중 하나 혹은 여러 개를 경험하기 마련이다. 이 책에서 성장과 역성장의 상황이라 함은 인간 조직에 급작스러운 영향을 미치는 상황을 말한다. 조직의 자연스러운 진화과정인 유기적 성장(organic growth) 및 역성장은 이에 해당하지 않는다. 여기서 성장이라 함은 외적 성장을 의미한다. 다른 기저문화를 갖는 조직 구성원이 급작스레 늘어나는 것이다. 역성장은 조직의 일부를 매각한다거나 구조조정을 계획하거나 파산하는 경우를 의미한다.[1]

---

1 세르주 라투슈(Serge Latouche)가 정의하는 역성장의 개념은 다른 성질의 것이다. 우리는 앞에 언급한 정의를 따르는 것으로 한다. 단 일반화된 역성장의 이론과 지속적인 성장신화가 조직에, 그리고 더 나아가서 직원들한테 미치는 영향이야말로 조직 내에서 사람들이 불편함을 느끼고 문화적인 무질서를 유발하고 조직이 원활하게 돌아가지 못하게 하는 원인이라는 사실 간에 서로 연결관계가 있다는 점은 흥미롭다.

앞서 봤듯이 시간을 무효화하는 신화가 칭송받는 현대사회에서 논리적인 시간을 존중하는 자연스러운 진화과정은 경제적인 이유로 수용되기 힘들다.

위의 세 가지 상황은 변화로 받아들여야 한다. 우리의 관점에서 봤을 때 성장이든, 역성장이든, 변형이든 모두 정상적인 것이며 대부분 회사와 그 구성원에게 필수적인 경우가 일반적이다. 따라서 연민의 시각으로, 도덕심리학적인 관점에서 판단해서는 안 될 것이다. 변화를 좋다, 나쁘다, 해롭다는 식으로 간주할 수는 없다. 반면에 회사의 생존과 발전을 위해 필요한 변화를 다루고 진행하는 방식에 있어서는 문화적 기준과 상징적 기준을 존중해야만 사람과도 같은 회사 조직이 고통당하거나 손해를 입지 않을 것이다.

■

10 장

개입 절차

앞서 봤듯이 기업 인류학의 우선적인 목적은 사회적 응집력을 강화하고 기업문화를 주변 환경에 적응할 수 있도록 해주는 것이다. 이를 위해서는 기저문화의 혼돈 상태를 규명할 수 있는 문화 진단을 먼저 내려야 한다.

문화 진단(cultural diagnostic)

특정 집단 혹은 기업의 문화적 지도를 이해하고 중요한 특징을 드러나게 하는 것이다. 이때 다음의 두 과정이 동시에 진행되어야 한다.

문화인류학적 조사(ethnographic survey)

첫 번째 단계는 일정 수의 정보원들이 회사, 회사의 역사, 중요 시기, 중요 인물, 중요 날짜에 대해, 사내에서 행동하는 방식, 어떻게 행동해야 하는지에 대해 이야기하도록 문화인류학자로서 이끌어내는 것이다. 여기에서 주목할 점은 문화인류학적 방법론에서는 통계학적인 정당화는 필요 없다는 것이다. 다시 말해 정보원의 수가 많지 않아도 경험상 이들이 하는 얘기는 서로 비슷한 점이 많기 때문에 사전 진단을 금방 내릴 수 있다.

정보원들은 대체로 조직 내에서 선정한다. 하지만 때에 따라서 외부의 사람들이 말하게 하는 것도 유용하다. 과거 어느 시점에 조직에 속했던 사람의 목소리를 듣고 싶거나 혹은 외부의 시각에서 기업문화에 대한 인식을 확인해볼 필요가 있을 때이다. 통합이 힘든 조직이거나 현장이 세워진 지역의 문화 영향력이 강할 때 유익한 방법이다.

이 방법론은 과학적인 관찰을 바탕으로 한다. 그리고 자연스럽게 관찰 대상의 변화를 이끌어낸다. 경험이 이론을 뒷받침해주었기에 우리는 회사에 대해 다른 방식으로 이야기해보고 생각해보는 것만으로도 정보원들에게 영향을 미친다고 할 수 있다. 따라서 진단의 이 단계는 전통적인 단순한 조사를 넘어서는 것이다.

문화인류학적 조사 단계에서 필요한 정보원을 선정하고 인터뷰하는 것만으로도 무언가가, 변화의 첫걸음이 시작되는 것이다.

마치 작은 (야생의) '사고' 씨앗을 하나씩 심는 것과도 같다. 그 씨앗은 그저 자라서 활짝 꽃 피우기만을 기다리고 있기 때문이다. 이것이 바로 첫 번째 통찰(insight), 즉 처음 '보는 순간'이다. 물론 이것만으로는 충분하지 않으나 적어도 변화 작업을 시작할 수 있게는 해준다.

문헌 조사(documentary survey)

이렇게 개별 또는 집단으로 진행되는 조사 방법과 병행하여 문헌 조사가 이루어져야 한다. 회사가 작성한, 혹은 회사 내에서 작성된 문서를 찾아서 분석하는 작업이다. 대상 집단의 초창기 문헌까지 거슬러 올라갈 수 있으면 가장 이상적이다. 물론 이 문서를 분석하는 틀은 역사적이면서도 기호론적, 의미론적, 다시 말해 인류학적이어야 하기 때문에 다분히 복합적인 것이라고 할 수 있겠다.

때에 따라서 회사에서 준비된 문서를 제공할 수도 있고 혹은 필요하다면 보관된 문서를 다 찾아서 정보를 검색하는 추가 작업을 해야 할 수도 있다. 어찌 됐든 그 두 방법론을 병행해야만 기업 인류학에서는 원하는 정보를 찾아내어 이를 제대로 조망할 수 있다.

기업의 문화적 특징 규명

이 과정을 거쳐야만 비로소 회사의 유형을 판단할 수 있다. 세 개의 변수인 사회적 응집력의 정도, 경영 유형, 교류에서 개방의 정도를 축으로 하는 표에 회사를 위치시킬 수 있는 것이다. 유형에 따라 기업은 그 기업 고유의 기회와 제약을 지니며 이것은 기업문화의 기반에 새겨진 문화 기본소에 따라 상당히 차이가 나기도 한다. 경영 방식, 조직, 마케팅과 홍보, 회사의 발전 혹은 동맹 방식에 따라서 차이가 나기 마련이다.

진단을 통해 창립 초기 시점부터 지금까지의 회사 발전과정을 유형으로 구분해볼 수 있으며 이를 바탕으로 여전히 민감한 장애를 발생시킬 수 있는 문화적 잔해에 대해 설명할 수 있다. 아울러 어느 유형으로 발전 가능성이 있는지 살펴볼 수 있으며 원치 않는 통제 불가능한 발전 방향이라면 어떤 행동으로 인한 것인지도 알 수 있게 된다. 회사가 오래되면 될수록 자기만의 세계에 갇혀서 변화하는 바깥 세상의 더 많은 교류와 개방에 대한 요구를 무시하기도 한다.

이렇듯 문화 진단을 통해 회사에서 모르던 많은 부분이 밝혀지게 된다. 우리가 기저문화라 부르는 요소들이 수면 위로 떠오르는 것이다. 창립신화가 대표적이라 할 수 있겠다.

전술했듯 창립신화는 기저문화의 초석으로서 회사의 역사와 인생을 결정짓는 것이다. 우리가 '창립신화를 밝힌다'고 표현하는 이유는 회사 내에서 전혀 알려져 있지 않았다거나 무의식에 자리잡고 있던 것이기 때문이다. 하지만 창립신화에 나타난 창립 행위야말로 기저문화의 모든 요소들을 유도해내는 것이다. 그 요소들을 우리는 질서체계라 부르는데 이는 특정 문화의 금기사항, 의무사항 혹은 용인되는 사항들을 일컫는 것이다.

선진 사회에서 이와 같은 질서체계는 비생산적인 행동과 태도를 통해 나타난다. 이는 의식이나 담론, 뜻(의미론적)의 배열, 기호, 건축학적 배열, 복장, 그래픽적 요소(기호론적)들이다.

질서체계의 요소들을 이해한다는 것은 경영진이 인지한 여러 장애 현상이 왜 문화적인 장애의 징후들인지를 설명해준다. 종종 장애가 발생하는 원인은 (내재적) 질서체계와 (외연화된) 규칙체계 간의 불일치 때문이다. 짐작할 수 있듯이 이를 해결하기 위해서는 두 체계를 일관성 있게 맞춰줘야 한다. 우선은 초기의 소명에서 유산으로 받은 의무사항부터 시작하여 이것이 세월이 흐르면서 변질되지 않았는지 살펴봐야 한다.

회사란 거대하면서도 복합적인 조직으로, 시공간 속에서 더 복잡해지고 이 과정에서 다른 회사와 손을 잡거나 다른 지리적 공간에서 다른 업종이 추가되는 방식으로 변화하기도 한다. 그러면서 사내에 부족들, 가령 전사, 성직자, 생산자의 씨족이 만들어지기도 한다. 어떤 경우에는 기업조직의 경제적 성과에 해가 될 수 있는 '주인' '계급'까지 등장하기도 한다. 프랑스에서는 종종 특정 그랑제꼴 출신들이 막강한 영향력을 행사하면서 이런 상황이 발생한다. 문화 진단은 이와 같은 문화적 하위집단의 존재를 확인시켜주고 이 하위집단들이 자신이 속해 있는 기업조직과 어떤 문화적 소속 행태를 보여주는지도 알려준다(그림 10. 1).

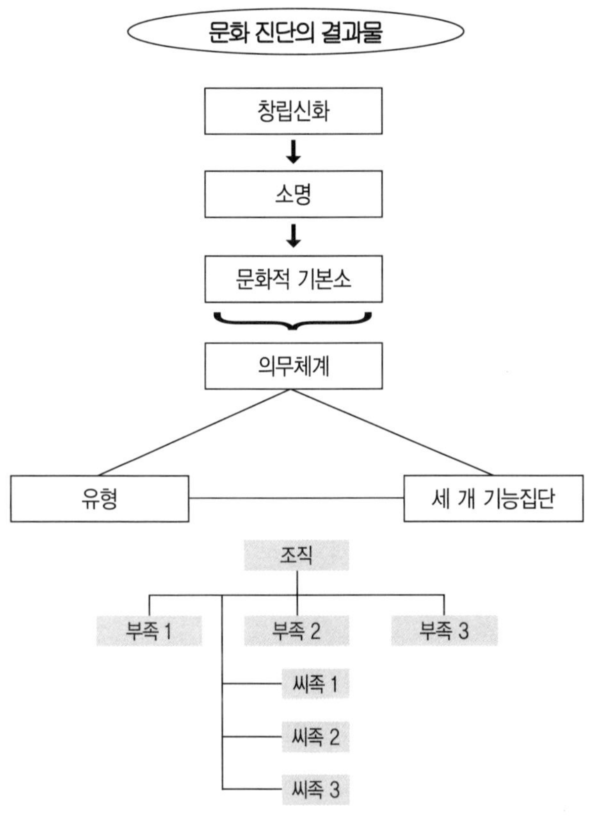

그림 10.1 문화 진단의 결과물

사실 회사가 살아가면서 자신도 모르게 응집력보다는 분열을 조장하는 부족들을 만들어내기도 한다. 그런 경우 무엇을 할지 결정하기 전에 면밀히 연구부터 해야 한다. 과연 흩어진 부족을 원래의 회사 조직으로 끌어올 것인지, 아니면 이들로 하여금 새로운 독립된 조직, 새로운 종족을 만들도록 할 것인지 말이다.

재구성, 첫 번째 '보는 순간'

진단 결과를 발표하는 시간은 그 자체로 경영진 및 임원들에게는 하나의 도구가 된다. 왜냐하면 새로운 각도에서 회사를 조망하고 조사 대상을 새로운 차원에서 입체적으로 살펴볼 수 있게 되기 때문이다. 그러나 문화적 요소가 전부는 아니다. 왜냐하면 문화와 교류는 분명 서로 뚜렷이 구분되는 요소로서 독립적으로 기능하기는 하지만 동시에 변증법적으로 작용하며, 두 세계를 제대로 알고 있어야만 전체를 통제할 수 있기 때문이다. 회사를 구성하는 교류의 요소(경제적, 영업적, 산업적, 인적 교류 등)들을 이해하고 다루는 것이 무엇보다 필요하다.

진단 후 결과 발표는 최고 경영진을 대상으로 진행된다. 왜냐하면 회사 전체에 영향을 미치는 문화변화 방법론에 대해서는 최고 경영진 혹은 때에 따라서 주주의 동의나 실제적인 헌신이 없이는 진행될 수 없기 때문이다.

진단을 재구성하는 결과 발표 단계는 경영진으로서는 첫 번째 '보는 순간'에 해당한다. 첫 번째 통찰의 순간이 후에 전략적인 제언에 귀를 기울이고 이를 체화하여 행동으로 옮기기 위한 결정을 내릴 수 있도록 해주는 것이다.

Baroco: 문화 진단을 위한 보완적인 도구

Baroco는 우리 모델 고유의 인류학적 분석 도구로 개발되었다. 전체 조직 구성원, 더 나아가서 모든 인간 집단을 대상으로 조사가 가능하도록 개발된 소프트웨어의 형태를 띤다.

온라인 설문조사 형태로 이루어진 Baroco 조사에서 응답자는 컴퓨터 화면에서 순차적으로 나열되는 약 150개의 단어에 응답하게 된다. 응답자는 매번 '이 단어가 우리 회사에 해당되는가?' 라는 질문에 대해 1점에서 10점까지의 점수를 주면 된다.

매우 간단하게 활용할 수 있는 이 조사 방법은 많은 사람들을 대상으로 하거나 서로 물리적으로 떨어져 있는 현장에 있는 사람들까지 포괄할 수 있다.

겉으로 드러내는 장치

사회학적인 조사가 결실을 맺지 못할 때 Baroco는 대상 단체의 상징적 조직이 지닌 '숨겨진 면'을 드러내는 데 성공한다.

Baroco를 통해 직접 만나서 진행하는 진단 결과들과 흡사한 결과를 얻을 수 있다.

- 대다수의 구성원에게 공통적으로 적용되는 의무체계와 금기체계에 대한 조직 구성원의 합의율 여부
- 집단이 기준으로 삼는 회사 유형에 대한 현상(現像)
- 세 개 기능집단의 거시조직. 이를 통해 각자가 공식적인 조직도에 나타나 있는 것처럼 과연 적소에 있는지 혹은 일부 특징들이 변질되었는지 확인할 수 있다.

요약해보면 Baroco를 통해 조직의 숨겨진 고리를 파악해볼 수 있다. 직접 진행되는 진단 방법론과 달리 Baroco에서는 세계적으로 흩어져 있는 더 큰 집단을 대상으로 할 수 있다. 복잡한 상황을 앞에 두고 현상에 대한 정보를 한 장의 사진을 보듯이 알고자 하는 경영진에게는 소중한 자료가 된다. Baroco를 통해 얻는 결과물은 현상에 대한 상당히 정확한 사진이기 때문이다. 반면에 창립신화나 문화적 기본소가 시공간 상에서 어떻게 발전해왔는지 알기 위해서는 직접 만나서 내리는 진단 방법이 유용할 것이다.

비유적으로 Baroco가 구글 어스(Google Earth) 형태의 위성사진이라면, 직접 대면해서 진행되는 조사 방법은 창립 이후 지금까지의 역사를 영화

와 같은 영상으로 보여주며 그 위성사진을 보완해주는 것이라 할 수 있다.

조직 구성원을 결속시켜주는 지렛대

도식을 통해 실제 상황과 이상적인 목표 상황 간의 괴리를 보여주게 되면 어느 결정권자든 직감적으로 느끼고는 있었지만 중장기적으로 더욱 심각하게 다가온 경제적 리스크에 대해 명백하게 인식하게 된다.

따라서 임원진이 재빨리 위험을 인식하고 회사에 맞는 방식으로 변화를 수행하도록 하기 위해 보여주는 이 방법은 상당히 효과적이다. 아울러 최적의 경로를 시각적으로 보여주기 때문에 모두가 손쉽게 이해할 수 있다.

또한 Baroco는 단어를 바탕으로 하는 것이기 때문에 조직원들을 결속시켜야 하는 시점에서는 매우 유익한 홍보 및 관리 장치로 활용될 수 있다.

따라서 Baroco는 다른 형태의 문화 진단 작업을 보완해주는 도구로 이해하면 되겠다.

심화 및 전개

'보는 순간'에 이어서 과정의 두 번째 단계인 심화 및 전개 단계가 진행된다.

이 두 번째 단계의 목표는 경영진으로 하여금 방법론에 대해 충분히 이해하고 다 함께 과거, 현재 그리고 미래의 구성요소에 대해 생각해볼 수 있는 기회를 제공하는 것이다. 앞서 언급했듯이 기업이 성공하기 위해서는 교류의 요소와 문화적 요소를 모두 고려해야 하므로 여기서 구성요소라 함은 양쪽 모두를 포함하는 것이다.

따라서 경영진을 대상으로 하는 세미나 형식으로 작업이 진행되며 세미나에서 참석자들은 진단의 결과를 확인하거나 필요하다면 이를 보완하게 된다. 그 후에는 함께 문화적 소명, 비즈니스의 비전, 그리고 문화 기본소를 바탕으로 하는 '미래의 전략'을 구축하게 된다. 이 종합 프로젝트로 목표로 삼는 기업 유형, 새로운 기능집단 그리고 새로운 규칙체계를 규정하게 된다.

이 단계의 가장 큰 의의는 책임자들이 회사의 미래에 대한 그들의 의지를 스스로 표현함으로써 조직 전체를 움직이는 결정을 내릴 때 그 동기를 정확히 알고 결정할 수 있다는 것이다. 또한 이런 방법론은 매우 건설적인 팀워크가 발휘되도록 하는데, 이는 경영진의 모범적인 태도가 성공의 핵심 열쇠로 작용하는 시스템에서 가장 우선되어야 할 의무사항이기도 하다.

마지막으로 이 단계에서 이 모델이 갖는 저력은 모든 결정, 전략이나 경영 행위에 대해 벡터의 역할을 할 수 있다는 것이다. 회사를 이해하고 수평적 결정을 내리도록 도와주는 일종의 매트릭스, 즉 조직 구성원 모두에게 해당되며 선험적으로는 선택을 돕고 후험적으로는 행동과 사람에 대한 평가를 돕는 도구가 마련된 것이다.

마침내 진단이 내려졌고 경영진에서는 교류의 요소와 문화적 요소를 긴밀히 연결하여 미래 계획을 세우는 작업을 진행했다. 회사를 구성하는 변수의 총체를 다 동원하기 위해 많은 성찰의 시간을 보냈다. 이와 같은 1차적 단계는 변화 컨설팅의 시작을 알리는 것이자 조직 구성원을 점차적으로 움직이게 하는 단계에 해당된다. 이 단계 역시 효과적으로 진행되려면 운영위원회에서 내린 결정사항을 실행에 옮길 수 있도록 경영진을 개입시켜야 한다. 따라서 이 '2차 서클'을 통해 다음 단계가 연결된다.

이 단계에서는 어떤 유형 혹은 변화를 추구하는가에 따라 방법론적 혹은 실제 운영적인 방법론이 달라질 수밖에 없다는 것을 쉽게 이해할 수 있다.

그뿐만 아니라 추후에 보겠지만 공장을 폐쇄하거나 정리해고를 할 때, 혹은 급작스러운 역성장의 상황에서 우리의 모델을 가지고 효율적으로 컨설팅할 수 있다. 이 경우 진단의 단계는 다른 색깔을 띠게 된다. 조직 구성원이 개별적 혹은 집단적으로 애도 작업을 진행해야 하는 문화적 요소가 무엇인지 이해하는 것을 목표로 하기 때문이다. 진단 후 전개 단계에서는 결정사항을 어떻게 전달할 것인지에 중점을 두고, 이어서 고유의 방법론을 도입하여 모두가 애도 작업에 참여하고 이를 통해 긍정적인 자세로 다음 단계를 맞이할 수 있도록 한다. 직책의 변화, 생산 현장의 변화, 업무의 변화, 직급의 변화 등.

그렇다면 회사가 직면하는 다양한 상황에 대해 어떻게 접근하고 다룰 것인가? 바로 그 질문에 답하기 위해 구체적인 사례를 살펴보려고 한다. 다시 한 번 강조하지만 우리는 변화의 상황을 세 가지로 분류한 바 있다. 즉 변형, 성장, 그리고 역성장의 상황이다.

사실 이 책에 구체적인 사례를 소개한 이유는 독자가 실제로 경험했거나 경험할 수도 있는 상황에서 어떤 진단 결과가 나왔는지 보여주기 위함이다. 그러면서 자신의 대응 방식과 비교해볼 수 있는 기회가 될 것이다.

비밀보장의 의무 때문에, 그리고 지면이 충분치 않기 때문에 언급된 사례에는 모든 내용이 실려 있지는 않다. 더 상세한 정보를 원한다면 우리의 홈페이지(www.acg-groupe.fr)를 방문해볼 것을 권한다.

■

11장

변형

적응을 위한 탈바꿈

공기업의 재창립: 국립 종마사육장이 전투적인 켄타우로스[1]에서 문명의 전도사 켄타우로스로 변형되기까지의 이야기

프랑스 국립 종마사육장(Haras Nationaux)은 루이 14세 재위 당시인 1663년에 창설된 왕립 종마사육장(Haras Royaux)과 1806년 나폴레옹이 설치한 종마목장을 그 전신으로 한다.

1999년에 창립된 종마사육장은 농림부 산하의 세 개 기구가 통합된 것이다. 그러나 행정상의 계획에 따라 형식적인 통합을 이루다 보니 실질적인 통합이 이루어지지 못했다.

종마사육장의 역사를 들여다보면 군사 모델의 흔적이 아직도 남아 있

---

1 (역주) 그리스 신화에 등장하는 반인반마의 괴물. 여기서는 국립 종마사육장을 비유적으로 표현.

다. 왜냐하면 루이 14세나 나폴레옹의 마필이 당연히 '전쟁의 도구'였던 만큼 그에 맞는 관리가 이루어져야 했기 때문이다. 한편 마필 관리를 농림부에서 관할하게 된 이유가 된 농경마의 경우도 21세기의 위상이 과거와 같을 수는 없다.

요컨대 2003년의 상황은 꽤나 복잡했던 셈이다!

최근에 임명된 국립 종마사육장의 신임 여사장은 감독기관들과 함께 작성한 계약상의 목표를 달성하고 개혁을 주도해야 하는 입장이었다.

이런 상황에서 우리가 해야 할 일은 무엇이었을까? 그것은 '통합된 세 개의 기구들이 본래 가지고 있던 소명을 고려하며 계약에 명시된 목표를 확실히 표명할 수 있는 새로운 조직을 구성하는 것'이었다.

게다가 개혁이 가져올 상당한 문화적 파급효과를 고려할 때 상황은 더더욱 좋지 않았다.

사실 우리가 추진할 개혁이란 한마디로, 지금까지 마필 부문에 관한 재정 공급을 책임지던 종마사육장이 국가 직속기관으로서의 권한과 재정적 권한을 상실하게 되리라는 사실을 공포하는 것이었다. 그렇게 되면 종마사육장의 확실한 권위와 자부심이 타격을 입게 될 것이다. 게다가 전국적으로 천 명 이상의 직원을 거느린 종마사육장이 개혁 일정상 30개월 내에 중개자 역할의 행정문화에서 중간 단계 없이 전적으로 성과를 책임지는 기관으로 탈바꿈해야 했다.

'문화적, 조직적인 변화'라는 컨설팅 의뢰서의 제목만 봐도 의심의 여지가 없었다. 그만큼 변화가 시급했던 것이다. 이어지는 이야기를 통해 종마사육장 경영진은 문화적인 측면이 얼마나 중요한 선결과제인지를 인식하게 된다.

문화적 기본소 분석

창립신화 다시 쓰기

고대부터 1914년까지 '전투마'에서 비롯된 종마사육장의 국가 직속기구로서의 정통성은 다양한 형태의 전투와 물자 및 인력 수송에 적합한 마필의 생산과 증식에 그 토대를 두고 있었다.

바로 이것을 우리는 전투적인 켄타우로스의 신화라고 부른다. 이런 창립신화의 요소들이 종마사육장의 일상 속에 그대로 배어 나오고 있었다. 관계중심적인 행동, 관리 방식, 모두의 유일한 관심사가 말이라는 사실, 종마사육장의 봉건적인 목장 관리, 유니폼, 외부 환경에 대한 개방 부진 등…….

이렇듯 창립신화의 효력이 여전히 작용하고 있기 때문에 진정한 변혁의 필요성이 확실히 대두되었다. 신화를 중심으로 조직을 재편하고 역사 속에서 조직의 뿌리를 찾되 말[2]의 역할에 대한 새로운 기대가 활발히 조성되고 있는 오늘날의 현대적인 필요와 요구에 부응할 수 있는 조직을 만들어야만 한다. 특히 다음과 같은 기대에 부응하려는 노력이 필요하다.

• 친환경 차원의 '생태적' 이용: 산간 및 산림 지역에서 농경의 목적으로 일부 마종을 다시 사용하려는 경향이 나타나고 있다.

• 여가와 스포츠를 위해 말을 찾는 사람들이 폭넓게 늘어나고 있다.

• 말은 또한 적응을 돕는 도구로 사용된다. 사회생활에 대한 적응을 돕고, 어려움을 겪고 있는 어린이들의 도우미로도 사용되고 있다(실제로 말

---

2 우리는 편의상 '말'이라는 용어를 사용했지만, 당연히 말과의 모든 종을 포함하는 개념이다.

도 돌고래처럼 자폐아 치료에 사용된다).

• 마지막으로 말을 찾는 여성들이 점점 늘고 있다.

이렇게 전투적인 켄타우로스가 거친 남성성을 벗어버리면서 문명의 전도사 켄타우로스로 변모하게 된다.

새 시대의 새로운 소명

창립신화가 변하니 당연히 새로운 소명이 생겨났다.

이제 말은 지속 가능한 개발의 한 축을 이루게 되었다. 말은 마사 제반에 걸쳐 경제발전에 참여하고 사회적응의 도우미로서, 또한 빈곤 지역에서 다양한 경험을 제공함으로써 사회 결속을 다지는 데 일조하고 있다.

이에 관한 연구보고서를 보면 종마사육장의 새로운 소명이 '자연'과 가까워지려는 집단의 욕구에 정확히 부합한다는 사실을 알 수 있다. 나라에서 이 방면으로 많은 노력을 기울이는 이유도 바로 거기에 있다.

그러니 이제 나폴레옹 시대의 전유물인 종마사육장을 21세기에 걸맞은 공기업으로 변신시키는 일, 다시 말해 시민들의 진정한 필요를 제대로 이해하고 종마사육장을 이에 부응하는 조직으로 발전시키는 일만 남았다. 이는 곧 개방의 문화를 도입하고 직원들의 뛰어난 역량을 모아 시민을 위해 봉사하는 것을 말한다.

그러려면 의무와 금기 체계를 대대적으로 수정하고 개방형 기업문화를 도입하며 전사, 성직자, 생산자라는 세 개의 기능집단 요소를 염두에 두는 조직을 조속히 마련해야만 한다.

이 재창립 작업은 문화적, 조직적인 진단 결과를 충분히 숙지한 조정위원회(steering committee)가 종마사육장이 원하는 변화의 단계에 이르기 위해 반드시 필요한 전략을 수립한다는 사명을 가지고 추진하였다. 재창립 작업의 성과는 다음과 같다.

재창립

목표하는 의무체계의 선택

진단 결과 네 가지의 변질된 '의무'가 확연히 드러났다. 따라서 직원들의 행동, 경영 방식, 전략적 결정과 실행 단계의 결정에 관한 분석 도표에서 이 네 가지 의무를 지워버리고 그 빈칸에 새로운 네 가지 의무를 채워 넣어야 했다.

표 11.1은 우리의 선택을 종합적으로 보여준다.

표 11.1 문화적 재창립, 또는 새 시대 종마사육장

변질된 의무	목표하는 의무
말에 대한 헌신	인간의 발전
'거세' 신화가 배경이 된 가족주의	개방
공짜, 경제적 안락	개인과 집단의 사회참여
냉정한 권위	존중과 평등

위의 표에 기술된 의무들은 특히 앞으로 습득해야 할 행동과 이제는 허용할 수 없는 행동들을 정의하는 데 사용될 것이다.

목표하는 기업 유형

기업 유형의 변질은 특히 주목할 만한 것이었다.

사실 종마사육장이 학자형 회사라는 것은 누구나 동의하는, 전혀 놀랍지 않은 고전적인 명제였던 반면, 우리는 이 기업 내부에서 두 가지 움직임이 나타나고 있음을 감지할 수 있었다.

• 한편에선 농림부 출신 팀의 일부가 똑똑하지만 세상 그리고 현실세계와 단절된 '자급자족형 공동체'로 변해가고 있었다

• 다른 한편에선 나머지 직원들이 소속감을 완전히 잃고 '분열'되고 있었다.

이렇게 기업 유형의 변질이 시작된 경우 예측이 불가능하고 따라서 통제도 불가능한 외부 요소가 개입되는 즉시 일사천리로 진행되기 때문에 신속한 조치를 취해야만 했다.

글자에 점 하나 더 찍는 것처럼 간단한 문제가 아닌 만큼 선택을 둘러싼 격론이 일어났다. 실제로 기업 유형의 목표를 선택하게 되면 조직, 매니지먼트, 마케팅과 커뮤니케이션 제반에 걸쳐 일련의 파급효과가 나타날 것이기 때문이다. 또한 기업 유형을 변경한다는 것은 어려운 작업일 뿐 아니라 경우에 따라 상당한 정신적, 상징적 고통이 수반되기도 한다.

그리하여 우리는 마침내 중간적 형태인 '정복자형 회사'를 거쳐 최종 목표인 '기업가형 회사'로 이행하기로 결정했다. 다소 역설적으로 보이는 이 과정은 자급자족형 공동체 같은 경향을 보였던 직원들을 '되찾고' 모든 직원들에게 강력한 혁신의 추진력을 보여주기 위해 반드시 필요한 과정으로 생각되었다.

세 개의 기능집단에 근거한 새로운 조직의 선택

종마사육장은 대주주인 국가와 맺은 계약상의 목표에 부응하는 조직을 마련해야만 했다. 또한 새로운 형태의 조직은 종마사육장의 문화적인 변화 의지를 강력하게 표명할 수 있는 것이어야 했다. 마지막으로 종마사육장이 새로운 임무를 달성하기 위해서는 신세대 종마사육장의 모든 역할이 다 필요하고 중요하며 가치 있는 것이라는 메시지를 분명하게 전달해

야 했다.

새로운 용어와 각자의 역할에 대한 새로운 상징적 비전을 도입한 세 개의 기능집단은 늘 그랬듯이 매우 효율적인 거시조직의 도구라는 사실이 증명되었다.

이 변화의 단계에서 종마사육장이 채택한 조직은 그림 11.1과 같다.

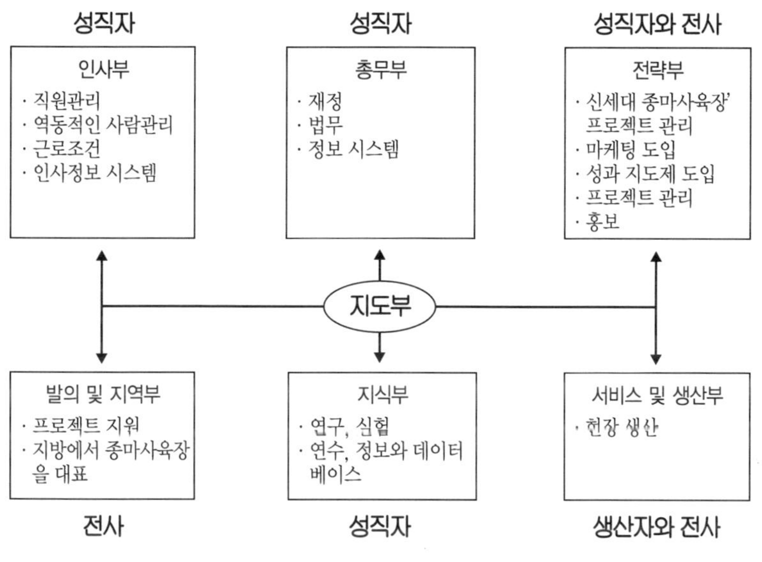

그림 11.1 종마사육장이 채택한 조직

미리 말해두지만, 어떤 조직이 2-3년이 소요되는 변화의 단계에서 이미 그 의의를 다하고 있다면 그 이후의 단계에서 결국 진화하게 되리라는 것을 알아야 한다. 특히 변화에 익숙하지 않은 분야라면 이런 이야기는 꺼내기도 쉽지 않고 듣고 있기도 불편하다. 걱정거리를 만드는 이야기니까. 그렇지만 이야말로 유일한 진실이자 효율적인 충고가 아닐 수 없다.

일단 기본소가 결정되고 작성되면 진정한 변화의 국면이 시작된다. 사실 지금까지의 이야기는 최고 경영진과 임원들에게만 국한된 '지적인 고찰'이었지만, 이제 이 '지적인 고찰'은 모두의 참여를 필요로 하는 결정적인 구체적 변화의 국면으로 나아가게 될 것이다.

전개

관리 개념 자체의 변화

전통적으로 종마사육장은 고립된 사장 1인 '더하기', 역시 자신의 성에 갇힌 채 홀로 조직을 이끌어 나가는 다수의 부서장 체제로 운영되었다. 이런 상황에서 실행위원회(Comex)가 탄생하고 사장의 주재 하에 정기적으로 정보와 결정사항들을 나누는 모임이 생겼으니 이는 그야말로 대사건이었다. 물론 처음에는 이런 시도에 대한 비난이 쏟아졌지만 곧 그 의의를 찾을 수 있었다.

그 후 목표, 지표, 계기판 등 다양한 관리의 도구들이 마련되었고 이는 회사의 일상업무에 진정한 변화를 가져왔다.

영역 논리의 변화

종마사육장의 관리직은 세 가지 업무로 분할되었다.

• 지역 대표들: 어떤 면에서 이들은 종마사육장 관리팀의 대사라고 할 수 있지만 해당 지자체에서 프로젝트 개발도 담당한다.

• 현장 책임자와 생산 책임자들: 사육자들을 직접 상대하는 역할이다. 공공 및 민간 분야의 고객들에게 서비스 정신을 발휘하기 위해 자신의 기술적 한계를 초월하기도 한다.

'지식부' 의 창설을 통한 마사 지식의 정통성 회복

21세기의 종마사육장에 적용되는 공공 서비스의 존재 이유를 확실히 표명하는 것으로, 이 지식부는 마사를 위한 혁신의 중심부가 되어야 할 것이다.

새로운 기본소와 새로운 변화들이 조직 내부로 스며들기 위해서는 직원들을 동원하는 '작업 현장'이 마련되어야 한다.

CI 디자인을 변신시킨 홍보 현장

CI 디자인의 변화는 중요한 상징적 조치여서 처음에는 반발이 심했다. 이는 변화에 있어서 상징적인 요소가 매우 중요한 의미를 가진다는 것과 '변화를 꺼리는 사람들'은 상징의 변화를 이미 돌이킬 수 없는 변화가 진행되고 있다는 '신호'로 받아들인다는 사실을 잘 보여준다.

어쨌든 이번에도 얼마 지나지 않아 아무 피해도 주지 않고 오히려 새 시대에 반드시 필요한 현대적인 감각을 가미한 새로운 CI에 모두가 익숙해졌다. 기호론적 요소와 동시에 의미론적 요소들도 변화하고 있었기 때문이다.

점차 그 중요성이 대두되는 지원부서들도 새로운 소명과 그 결과로 나타나는 새로운 제약에 맞게 발전해나가다

그 예로 마케팅팀이 새로 생겼고 인사부가 강화되면서 더 많은 임무를 맡게 되었다. 정보 시스템이 분권화되었고 회계팀에서는 예산에 관한 기본법(LOLF)을 고려하고 분석적인 회계방식을 개발하고 있다. 또한 전략적인 관리의 도구들이 점진적으로 마련되었다. 이런 요소들은 종마사육장이 외부 세계로 문호를 개방하는 동시에 주주이자 재원 조달자인 국가의 요구에 따라 '공공 서비스의 현대화'를 실천하는 데 기여하고 있다.

경영과 행동방식의 변화를 통한 인력 동원

부분적으로나마 이 과정에 대한 이해를 돕기 위해 표 11.2를 첨부하였다. 이 표에는 몇 가지 금기와 그에 해당하는 의무, 그리고 특히 새로운 의무사항을 구체화하고 개인의 실생활에 적용하기 위한 실행방안이 요약되어 있다.

표 11.2 경영의 변화

변화하기를 바라는 요소	실행되기를 바라는 요소	실행방안
말이 유일한 관심사	말에 대한 시각 확대 최대 관심사는 사람	새로운 제안과 목표의 공리화 대외 홍보 개발
종마사육장 내부의 분열 '독점사업'의 논리	종마사육장 내부의 응집력 강화	'전달집단' 구성 프로젝트 별 운영방식 마련
카테고리 별 구조 '계급제도'	카테고리 별 논리에서 업무별 논리로 전환	업무별 네트워크 구성
행동의 우선순위를 매기지 않으며 생각 없이 반복 일부 서비스는 무료	중간자의 논리에서 결과 중심의 논리로 전환	목표에 의한 경영(MBO)

여기서 우리는 실생활 속으로 들어가 목표하는 기본소와 실생활이 전체적으로 일관성을 갖게 하려는 종마사육장의 의지를 엿볼 수 있다. 지적인 과정이 근본적인 변화를 가져오고 성공적으로 기업을 움직이게 한다는 증거이기도 하다.

이 같은 방법을 통해 30개월로 예정된 종마사육장의 개혁 일정을 맞출 수 있었다. 종합평가 결과 직원의 80퍼센트가 '문화'가 변했고 이제는 변화가 두렵지 않다고 응답했다.

문화가 변하자 사람들의 개성과 재능도 드러나기 시작했다. 영원히 지속할 수 있을 것 같은 추진력이 생겼고 이는 감독기관과 이사회의 전폭적인 지지를 이끌어내고 있다.

문화적 기본소의 변형을 통한 공기업의 재창립: 단려왕 필리프 4세부터 2000년까지의 이야기

지금 소개하는 EPIC(공업 및 상업적 성격을 띠는 공공기관)은 프랑스 전역(해외 영토 포함)에 걸쳐 1만 2천여 명의 직원을 거느린 연 매출액 650만 유로 규모의 공기업이다.

이 회사는 기업 환경의 변화라는 문제에 직면하게 되었다. 교역의 세계화와 유럽 통합이라는 현실 속에서 핵심사업이 타격을 받고 국내 대기업 및 세계적인 민간기업들과 충돌하게 된 것이다. 또한 시민-소비자들의 행동양식이 변화함에 따라 공업에만 국한되었던 사업 분야를 서비스 분야로 확장하는 등 다양한 시도를 통해 미래에 대비해야만 한다.

너무 잘 알려진 이 회사는 급기야 존폐 위기를 맞게 된다. 그러자 공공서비스라는 기본 임무에 충실하면서도 경제교류에 열려 있는 개방형 기업으로 탈바꿈하기 위해 1999년 새로운 사장을 임명한다.

그가 도입하고자 한 전략의 중심 축은 다음과 같다.

• 행정관리 업무의 논리에서 고객 서비스를 겨냥한 행동으로의 전환(품질, 비용, 납기 등)

• 국가의 개혁의지를 보여주고 우체국(La Poste), 프랑스 텔레콤(France Telecom), 프랑스 전기 및 가스 공사(EDF-GDF)의 선례를 따라 개혁의 물결에 참여하기

• 정상적인 경제, 상업 논리를 따르며 상대적인 재정 자립 달성하기

얼마 지나지 않아 신임 사장은 15년 전부터 이 회사에서 다양한 고찰과 프로젝트를 진행, 작성 및 분석하고 아주 세밀한 부분까지 개발해왔다는

사실을 발견한다. 지적 능력, 전문 분야의 경험, 그리고 업무에 대한 열정까지 두루 갖춘 뛰어난 인재 풀의 힘으로 작성된 이들 문서에는 이 기업이 대주주인 국가가 바라는 방향으로 나아가기 위해 수행해야 할 작업의 구성요소들이 다 들어 있었다. 그런데 기업의 현대화를 생각하고, 공리화하고, 지적으로 이해했지만 이런 지적 시도를 행동으로 옮기는 것은 너무 어려웠다. 생존이 달린 문제임에도 말이다. 우리가 여기서 확인한 사실은 이 집단은 '행동으로 옮기는 것'이 불가능하다는 것이다.

문화적 진단

이 사실을 설명하기 위해 다음과 같은 단계를 거치는 문화적 진단 방법을 사용했다. 창립신화를 이해하고 공개하기, 기업 유형 분석하기, 조직을 부족과 씨족으로 쪼개어 그들 가운데 기업 유형의 변이가 나타나는지 분석하기.

분석 결과 다음과 같은 사실을 발견할 수 있었다.

- 이 회사의 창립신화는 강한 영향력을 가지는 동시에 매우 오래된 것이어서 기업 환경 및 현대사회의 요구와 기대에 부응하기 어렵다.
- 이 회사는 소위 '학자형 회사'에 속하며 따라서 '행동으로 옮기는 것'이 문화적으로 힘들다.
- 응집력이 있는 것처럼 보이지만 사실 그 뒤에는 엄청난 폭발의 위험이 숨겨져 있다.

이 회사의 창립신화는 외부 세계로의 개방을 완전히 차단하는 금기체계를 낳았다는 면에서 현대사회와 맞지 않는다. 이런 사실은 채용에서도('새로운 피'를 영입하는 것은 문화적으로 있을 수 없는 일이다), 연구에서도(다른 기관과 협력체제를 이루기가 너무 힘들다), 또한 영업에서도(혁신적인 시도에는 언제나 의혹의 눈빛이 따르고 결국엔 거부당한다) 나타난다. 교류 시스템이 매우 약한 반면에 응집력은 강한 것을 볼 때 이 기업은 '학자형 회사'로 분류할 수 있다.

학자형 회사에는 시간도 돈도 존재하지 않는다. 기업의 문을 걸어 잠그니 자연적으로 나타난 결과이다. 교류를 부정하고 환경의 존재 자체도 부정하기 때문이다. 지난 몇 년간 이 회사에서 어떤 일이 벌어졌을지 상상해볼 수 있을 것이다. 누군가 계약 상대방을 생각해서 회사의 현대화와 교류 촉진의 의지를 가지고 프로젝트를 구상한다. 그런데 위에서 설명한 문화적 요소에 부딪히자 '소속감' 유지를 위해 문화체계를 거스르지 않으면서도 회사의 현대화에 필수적인 이 프로젝트를 진행하기 위한 균형점을 모색한다. 그러나 균형점을 찾기가 거의 불가능해 보이므로 아예 손을 놓고 만다.

가장 위험한 것은 이런 모순적인 상황 때문에 직원들의 소속감에 대한 열망이 위축되고 사회적 응집력이 서서히 약화되다가 예측 불가능한, 따라서 통제 불가능한 외부 사건이 발생하면 폭발해버릴 수도 있다는 사실이다.

조직을 세우기 위한 재창립

이런 상황에서 재창립 과정을 거치지 않고 변화를 도입하면 오히려 변화에 대한 저항만 거세지고 회사의 분열을 초래할 수 있다. 그렇기 때문에 조직을 세우기 위한 재창립이 반드시 필요하다. 창립신화와 모순되지 않으면서 작금의 사회적, 경제적 제약들과 양립할 수 있는 확대된 새로운 비전을 제시하는 것이다. 이는 구체적으로 직원들이 더 이상 혼란스러운 모순 상황에 빠지지 않도록 새로운 응집력을 구축한다는 의미이다.

그러기 위해서는 기업의 문화적 기본소를 재검토할 필요가 있다. '긍정적'을 '부정적'으로, '부정적'을 '긍정적'으로 변환해보면서 새로운 네 가지 의무체계를 정의하다 보면 새로운 소명을 명확히 발견할 수 있을 것이다. 이 네 가지 의무는 앞으로 전개할 모든 변화 작업의 동반자가 될 것이다. 즉 경영에 관한 모든 결정의 기준으로 사용될 것이다. "지금 내가 내리려는 결정이 네 가지 의무, 또는 그 중 세 가지 이상에 부합하는가?"라는 질문을 누구든지 던지게 될 것이기 때문이다.

그림 11.2를 보면 지금까지 설명한 내용을 구체적으로 이해할 수 있을 것이다.

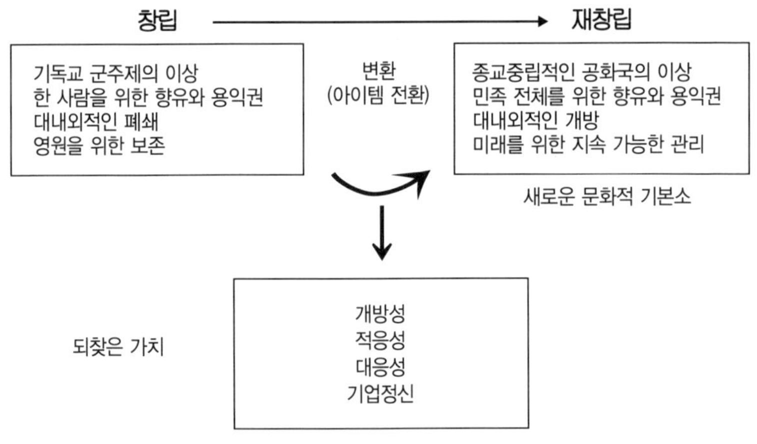

그림 11.2 구체적인 문화적 기본소의 재작성의 예

전개

인류학적 접근법이 제공하는 최고의 유익은 변화를 위한 프로젝트를 '정당화'해준다는 것이다. 다시 말해서 변화에 대한 저항의 부당성, 더 나아가 새로운 문화에 소속되지 않음으로써 객관적인 입장에 설 수 있는 계층에 속한다는 이유로 변화를 마다하는 사람들의 부당성까지 입증할 수 있다는 것이다. 이는 수많은 행정기관과 공기업에서 꾸준히 등장하는 화두이다. 우리는 초기 활동을 전개하기 위해 다음과 같은 세 가지 중심 축을 선택하였다.

회사를 위한 프로젝트 정의

이 프로젝트는 인류학적 분석을 통해 식별해낸 기업의 문화적 요소와 제약들(교류와 환경)을 연결하는 고리 역할을 한다. 소명, 창립과 연계된 문화적 의무, 그리고 경제적, 사회적 중대사안을 연결하는 고리이기도 하다. 또한 회사의 현대화를 위한 우선순위와 구체적인 방식을 정의하는 참고문서가 되는데, 회사를 지역적으로 재조직하는 것이 이 프로젝트의 가장 가시적이며 '파급 효과가 큰' 부분이라 하겠다.

현재 진행 중인 변화의 전략적 '벡터화'

우리는 재창립과 회사를 위한 프로젝트의 주요 내용을 확산시키기 위해 현재 진행 중인 조직상의 변화에 의지하기로 했다. 그렇게 해서 많은 인력을 동원하는 작업현장 간의 일관성을 확보할 수 있었다. 품질을 위한 노력, 정보 시스템 개혁, 신제품 개발, 고용의 도식화 등등…….

커뮤니케이션을 활동 전개의 벡터로 선택

위의 내용을 실행에 옮기고 지원하기 위해서 홍보팀을 활용하기로 했다. 이런 생각에서 우리는 홍보팀의 구조를 강화하고 지역 네트워크를 조직하였다. 지역 네트워크는 프로젝트 지원을 위한 홍보를 맡았고, 모든 홍보매체와 홍보 메시지도 재창립의 의무체계의 기준에 맞춰 다시 검토되었다. 새로운 의무체계를 보급하는 것 역시 홍보팀의 업무가 되었다.

회사의 현대화를 위한 야심찬 작업현장을 도입한 경영진이 회사를 떠날 무렵, 이미 다음과 같은 가시적인 성과가 나타나고 있었다.

• 조직의 개혁이 이루어져 23개 지역이 10개 지부로 편성되었다. 인증을 획득한 것으로 보아 품질 향상을 위한 노력도 막바지에 이르렀다.

• 마케팅 부문의 고찰에 힘입어 새로운 아이템들이 공리화 및 상품화되었다.

• 대내외 홍보의 효율성을 높인 지역 네트워크는 업무와 인간적인 측면에서 하나의 현실이 되었다.

또한 의지주의적인 일련의 과정이 마무리되자 대다수의 직원들은 문화적으로 정당성이 있으므로 오늘날 회사의 현대화가 가능하다는 생각을 공유하게 되었다.

> 창립신화와 이에 따라 수백 년간 형성된 문화적 금기들을 밝혀냄으로써 일련의 개혁이 시작되었다. 새로운 기능들을 갖추고 새로운 판로를 모색하며 기업의 문을 '개방'하기로 한 결정은 경영진과 일부 간부들이 문화적인 기준들을 이해하고 체득한 후에야 가능했다.

중기 전략 재수립을 위해 문화적 기본소 재발견하기: Popec이 전부다!

지금 소개할 사례는 상호저축은행의 성격을 지닌 지방은행으로, 직원이 2천 명에 달하고 4년 전 새로운 임원진이 구성된 이후 실적도 향상되고 있어 그룹 내에서도 가장 비중 있는 은행 중 하나이다.

그런데 이 은행의 행장과 인사부장은 점점 더 개방되고 경쟁이 치열해지는 환경의 변화에 조직체가 적응할 수 있을지 우려한다. 이들은 사회적 응집력이란 이제 표면적인 것에 불과할 뿐, 임원들이 강조하는 경제적 의무와 다수의 직원들이 토로하는 심리적 장벽 사이에 몰이해의 벽이 날로 높아지고 있다고 느낀다. 그러다 보니 노조와 갈등이 생기고 때로는 소모적인 대치 상황으로 치닫기도 한다.

그래서 이들은 우리에게 회사가 시장의 요구에 부응할 수 있도록, 또한 효율성과 경영의 가치를 강조할 수 있는 문화를 만들고 사회적 응집력의 재창조를 위해 직원들이 회사에 대한 자랑스러운 소속감을 가질 수 있도록 도와달라고 부탁했다.

이에 따라 우리는 사회적 응집력과 일관된 발전을 보장할 수 있는 새로운 문화의 세계를 건설하는 것을 작업의 목표로 삼았다.

문화적 진단

문화적 진단을 통해 우리는 이 회사가 몇 년 전부터 운영 방식의 변화를 꾀해왔고 그로 인해 일부 직원들이 소속감의 기준을 잃게 되면서 기능장애와 원망을 낳게 되었다는 사실을 발견하였다.

분열과 이기주의의 징후가 이미 눈에 띄게 나타나고 있었다. 따라서 어떤 기업 유형을 목표로 삼는 것이 바람직하며 가능한지 결정하고 또한 미래를 위해 장려해야 할 문화적 의무들을 정의하여 실행 프로젝트를 통해 회사 내에 새롭게 도입하는 것이 급선무였다.

이를 위해 조정위원회가 구성되었고 정기적으로 경영진에게 보고하였다. 가장 먼저 결정된 사항은 학자형 회사가 되어 분열 일로에 있는 은행을 기업가형 회사로 변모시키는 것이었다.

19세기에 작성된 텍스트들을 분석한 결과 우리는 이 은행의 창립신화를 발견하여 다음과 같이 작성할 수 있었다. "박애정신을 가지고 자선을 행하는 일부 귀족과 부르주아들이 노동자들에게 신분상승과 삶의 질 향상을 이룰 수 있는 저축의 개념을 가르쳐주려 한다." 즉 은행의 창립이념은 노동자 계층에게 인생의 돌발상황(위기상황, 질병, 실업 등)에 미리 대비하기 위해 저축이 필요함을 가르치는 것이다. 그런데 이러한 창립이념은 당시의 통념을 깨는 것으로 비춰졌다.

• 과거 귀족과 성직자의 전유물이었던 재산수익의 특권을 누구나 누릴 수 있다.

• 저축은 그날 벌어 그날 쓰는 생활방식에서 장기적인 안락을 보장하는 생활방식으로의 전환을 통해 평민들이 신분상승을 이루는 수단이 된다.

• 돈은 행복과 자유를 얻게 해준다(행복의 종교적 의미 퇴색, 행복을 안정적으로 확보).

• 부의 축적은 프랑스 혁명에서 유래한 '새로운 인간'의 출현을 촉진한다(교육을 통해 오래된 사고방식을 '디프로그래밍'하기 때문).

이 창립신화로부터 은행 본래의 의무체계를 다음과 같이 유추해볼 수 있었다. 적극적인 예금 유치, 모두를 위한 신분상승, 변화와 혁신을 가져오는 교육, 사회적 소속감, 그리고 개방.

그런데 문화적 진단을 통해 이 같은 본래의 기본소가 변질된 사실이 드러났다. 시간이 흐르면서 기업의 기본소는 조직 구성원들과 마찬가지로 조직상의 변화에 대한 몰이해와 미지의 세계에 대한 두려움 때문에 '위축'되고 그들만의 세계로 유폐되었다.

따라서 기본소의 변질을 확인하고, 상호저축은행이라는 회사의 기초에 뿌리를 두는 동시에 현대 세계에도 열려 있는 새로운 기본소를 제시하기 위한 고찰 작업이 이루어져야 했다.

조정위원회는 진단 단계를 마무리하며 다음과 같은 의무체계의 재구성을 제안하였다.

표 11.3 문화적 의무의 재구성

본래의 의무	변질된 의무	내일을 위한 의무	정의
적극적인 예금 유치	수동적인 자본 축적	적극적인 예금 유치	돈을 움직이게 하라! 저장→흐르게, '소외계층'→모두가, 평생 동안
모두를 위한 신분상승	내부자만의 신분상승	모두를 위한 신분상승	기회균등에 기여한다.
변화와 혁신을 가져오는 교육	돈이 들지 않는 보수적인 청취	변화와 혁신을 가져오는 교육	은행의 수익을 올리는 복합상품을 고객에게 판매하기 위해 그들의 금융문화를 개선한다.
현지에 대한 소속감	현지에 뿌리내리기	확대된 현지소속감 (지역적 소속감)	식별 가능하고 인정받는 대표적인 지역 경제주체가 된다.

이 같은 결정에 이어 몇 가지 원칙을 정의해보았다(표 11.4). 모든 항목의 저변에 깔려 있는 의무: 개방.

표 11.4 새로운 의무사항, 정의, 적용 범위

내일을 위한 의무	정의	도출된 원칙
적극적인 예금 유치	돈을 움직이게 하라! 저장→흐르게, '소외계층'→모두가, 평생 동안	고객들의 재산을 증식한다. 고객들이 우리 은행에 예금을 개설하고 모든 인생의 계획을 이루기 위한 원동력으로 만들도록 유도한다. 단골고객 확보를 통해 자금을 모으고 위험을 감수하도록 하기 위한 적극적이고 혁신적인 노력을 펼친다.
모두를 위한 신분상승	기회균등에 기여한다.	더 많은 고객에게 복합상품을 이용하도록 한다. 최고의 품질로 고객이 믿을 수 있는 맞춤형 풀서비스를 제공한다. 은행 내부의 역량을 강화하고 직원들의 능력 개발을 장려한다.
변화와 혁신을 가져오는 교육	은행의 수익을 올리는 복합상품을 고객에게 판매하기 위해 그들의 금융문화를 개선한다.	모든 고객을 위해 금전에 관한 교육을 확대한다. 금융지식에 관한 표준이 된다.
현지에 대한 소속감	식별 가능하고 인정받는 대표적인 지역 경제주체가 된다.	지역 활동과 그룹 소속에 대한 자긍심을 가진다. 근린 활동 및 경제, 사회 조직과의 협력 활동을 개발한다. 우리의 사회적 역할을 적극적으로 알린다.

새로운 의무들

그러므로 이제 홍보하고 실천에 옮겨야 할 다섯 가지 강력한 의무가 있는 셈이다.

직원들에게 이 다섯 가지 의무를 전달하기 위해서는 모두가 아는, 디코딩이 되어 있는 용어를 사용하여 쉽게 설명을 해야 한다. 조정위원회에 참여하는 몇몇 위원의 표현을 빌리면, 그렇게 할 경우 의미가 축소되고 '좌절감'을 느끼게 될 수도 있다. 그렇지만 실제로 해보니 직원 모두가 훨씬 더 효율적으로 의무사항을 체득할 수 있었다.

구체적으로 가치의 일람표 — 적절한 명칭이 아닐지 모르지만 누구나 부르기 좋은 이름이라서 — 라고 불리는 단순화된 도표를 다음과 같이 작성했다.

표 11.5 새로운 의무들을 제대로 알리기 위해 '가치'로 풀어 설명

문화적 의무	결합된 가치
적극적인 예금 유치	진취성
개방	개방
현지에 대한 소속감	근린
신분상승	평등
변화와 혁신을 가져오는 교육	신뢰

'Popec 일람표'라 불리는 위의 표는 교류에 관한 회사의 비전과 야망을 재검토하고 회사의 미래를 위한 기업 프로젝트의 기초를 마련하는 기준표가 되었다.

전개

이 작업의 전 과정은 문화적 재창립의 요소들을 가지고 회사 측에서 주도적으로 실행하였으며 모든 임원들에게 전달되었다.

다음 단계는 모든 임원들이 창립의 요소들과 Popec 일람표를 수용하고

통합하여 회사생활에 적용하도록 하는 단계이다. 이러한 '체득' 과정은 이론과 역할극으로 구성된 수차례에 걸친 그룹 활동을 통해 이루어진다.

이어서 핵심 임원진이 하루 일과 내내 '코칭'을 받게 되는데, 이는 그들이 일상 업무에서 문화적 기본소를 실천에 옮기는지 점검하고, 또한 부하 직원들도 그렇게 할 수 있도록 지도하고 도울 수 있도록 하려는 것이다.

최종 단계는 몇 달 후가 될 것인데, 이는 새로운 의무들, 즉 전략과 실행에 관한 결정의 도표에 변화를 가져온 것처럼 직원들의 행동에도 진정한 변화를 가져올 새로운 질서체계가 자리를 잡는 단계이다. 이 단계가 되면 5개년 기업 프로젝트를 수립하기 위한 작업현장이 마련될 것이다. 그리고 각 프로젝트 팀마다 프로젝트 내역서가 전달될 것이다. 여기에는 물론 교류에 관한 지시사항들이 담겨 있을 것이다. 하지만 이 외에 프로젝트 팀에서 어떤 제안을 할 때에는 회사의 문화적 가치에 부합하는지 반드시 사전 검사를 통과해야 한다는 내용도 포함될 것이다. 그렇게 해서 사내의 모든 행동 요소와 모든 기업 활동이 환경의 제약과 잠재력을 고려한 새로운 문화의 기준에 의해 인코딩될 것이다.

> 가장 직접적인 문제에 부딪힌, 더 나아가 회사의 분열이 초래한 노사분쟁에 직면한 당사자인 인사부장은 노조 대표들의 기본적인 입장은 지금도 그대로지만, 적어도 노사관계에 있어서 또 하나의 '세상에 대한 설명'에 대해 점점 더 개방적인 태도를 보이고 있다고 말한다. 모두가 회사의 창립 기본소가 어떻게 훼손되었는지를 이해하였고 경제적, 상업적인 경쟁의 요구에 부응하기 위해서는 반드시 이들 기본소를 새롭게 도입해야 한다는 사실을 깨달았다.

파리공항공사: "그 과거를 모르는 사람은 다시 한 번 겪게 되어 있다."

신임 파리공항공사(ADP: Aeroport de Paris) 사장은 2001년 말 부임하면서 10개년 개발 프로젝트를 시행하기 위한 심도 있는 고찰에 들어가기로 했다. 하지만 이것이 수월한 일이 아니라는 걸 모를 정도로 순진한 사람은 아니었다. 그의 선임자들도 그런 프로젝트를 계획했지만, 윤기가 흐르는 이 예쁜 팸플릿들은 결국 8천 명의 직원이 일하는 ADP의 지하창고 신세를 면치 못했던 것이다.

신임 사장은 실패의 원인에 대해 곰곰이 생각해보았다. 물론 변화란 원래 어렵다는 전통적인 해석으로 만족할 수도 있었다. 그러나 그것만으로는 호기심과 의지로 충전된 신임 사장을 만족시킬 수 없었을 뿐 아니라 효율성에 관한 어떤 대답도 줄 수 없었다. 돌려 말하면 그는 암묵적으로 다음의 두 가지 질문을 던지고 있었다. '왜 그런 문제가 나타났을까?'라는 것과 '어떻게 하면 이런 장애를 극복하여 최대한 함께 프로젝트를 정의하고 시행해나갈 수 있을까?'라는 것이다.

우리는 문제의 요인을 ADP의 문화적, 역사적 기원에서 찾을 수 있을 것으로 보고 우선적으로 창립에 관한 서류와 문서들을 분석하기 시작했다.

문화적 진단

진단 작업을 통해 우리는 수많은 놀라운 사실들을 발견했다.

먼저 우리는 파리에 대규모 공항을 설립하자는 아이디어가 한 사람의 머리에서 나왔고, 그가 자진해서 작성한 브로셔를 1944년 런던에 있던 드골 장군에게 전달한 사실을 발견했다. 그는 알랭 보젤(Alain Bozel)이라는 사람이었다. 그의 업적과 심지어는 그의 존재 자체도 우리의 기억 속에서, 특히 ADP의 기억 속에서 완전히 사라졌는데, 그 이유는 잠시 후면 이해할 수 있을 것이다. 알랭 보젤은 제2차 세계대전의 한복판에서 미래를 내다보는 기업가적 발걸음을 내디딘 것이다. 그럼 여기서 우리 눈앞에 있는 몇 가지 문서(ADP 전략본부의 문서보관실에 보관되어 있다)의 발췌문을 읽어보기로 하자.

그는 "파리와 가깝고, 세계의 모든 항공기를 설계, 유지보수 및 조작할 수 있고, 승객들을 최대한 신속하게 파리 한복판으로 수송할 수 있으며, 세계 전역에서 보내온 화물들을 신속하고 확실하게 취급, 분류, 발송 및 재발송할 수 있는"[3] 공항(비행장과 대비되는 개념으로)을 묘사한다.

비전을 제시하고 있기에 이것은 진정한 창립에 해당한다. 설계와 건설을 통해 '프랑스를 전쟁의 폐허에서 다시 일으킬' 이 이상적인 도시는 다음과 같을 것이다.

• 생명과 흐름이 있는 지역: 개척자들이 사는 '진정한 신도시'

• 진보의 장소: 어떤 움직임을 따라가거나 남의 발전에 내가 가진 수단을 맞추는 것으로는 충분하지 않다. 오히려 아주 크게 보고 미래를 위해 구상하며 실천해야 한다.

• '평화적인 상륙의 공항' : '대규모 항공 수송'을 위한 유럽의 관문

• '프랑스 국적기의 위신'을 보존하기 위한 수단: 사실 알랭 보젤은 프랑스가 국제적인 항공사나 항공기 제조업체를 갖지 못할 것으로 내다보았다. "가까운 미래에 우리 공중에서 노르망디 상륙작전을 다시 보지는 못할 것이다."

---

3 알랭 보젤의 창립 문서를 그대로 인용한 것이다.

• 애국적인 기술적 전시효과: '프랑스의 위신을 되찾고' '프랑스가 아직도 세계적으로 뛰어난 물질적 위업을 이룰 수 있다'는 사실을 증명하기 위한 '위대한 걸작품'

이 같은 완전한 창립은 주목할 필요가 있는 '대립항 시스템'에 속한다(그림 11.3 참조).

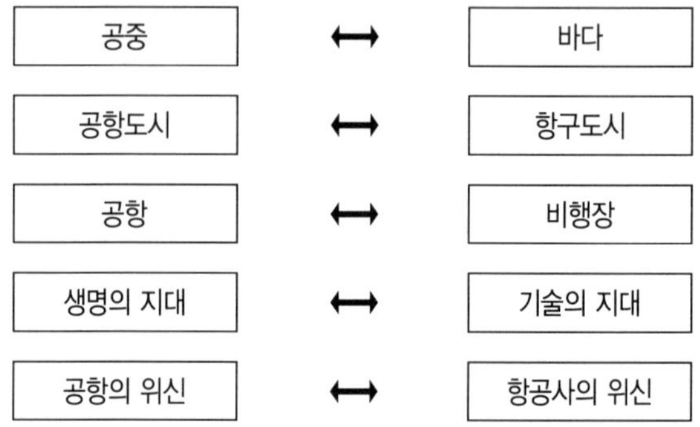

그림 11.3 ADP 알랭 보젤의 창립 대립항 시스템

창립신화

우리가 볼 때 ADP 본래의 창립신화는 진보의 신화로서 이 기술적 진보는 인류의 행복과 프랑스의 위신을 위해 봉사한다. 이카루스 신화가 아니라 진보의 신화라고 하자. 사실 이카루스 신화는 항공사들 특유의 신화로서 에어프랑스(Air France)도 물론 이에 포함된다. 이카루스 신화는 시공간 초월의 상징이기 때문이다. 그런데도 공항을 설계, 건축하는 이들은 암묵적으로 프로메테우스보다는 이카루스를 끌어들인다. 이런 문화적인 이유로 ADP와 고객인 공기업 에어프랑스가 견해차를 보이는 것일까? 이 이야기는 잠시 후 다시 다루기로 하자.

이 놀라운 설립에 대해 계속 접근해보자. 알랭 보젤의 머릿속에서 이 회사는 두 단계로 구성되어 있었다. 첫 번째 단계는 개척자들과 함께 미래지향적인 인프라를 구상 및 건축하는 것이고, 두 번째 단계는 이 인프라를 운용하는 것이다. 보젤은 인프라 운용의 필요성을 내다봤지만 구체적으로 설명하지는 않았다. 그는 "인프라 운용의 조건은 그 시대의 통념에 맞게 정해야 한다."고 적고 있다. 불행히도 그는 그 후속 내용을 쓰지 못하고 공항 프로젝트에서 손을 뗐다. 다시 말해서 ADP 창립자는 공항의 운용 측면에 공식적인 정당성을 부여하지 못했다.

세상의 역사는 점점 빠르게 돌아간다. 마침내 전쟁이 끝났다. 알랭 보젤의 위대한 프로젝트를 승인했던 드골 장군이 권좌에서 물러나고 공산주의자인 샤를르 티용 항공부 장관이 프로젝트를 맡게 되는데, ADP가 너무 부르주아적이라고 평가한 그는 1945년 10월 24일부로 프로젝트 수정에 관한 명령을 발표한다. 당시의 사회-공산주의 정부는 다음의 두 인용문에서 볼 수 있듯이 프로젝트에 대해 약간 미온적인 태도를 보인다. "처음부터 ADP는 기본적으로 자치기관에 대해 비호의적인 재무부의 환영을 받지 못했습니다. 민간항공총국에서조차 드러내놓고는 아니지만 다소 유보적인 입장을 보였구요……."[4] 그뿐이 아니다. "회장님, ADP는 한 사람(드골)을 위해 한 사람(보젤)이 구상한 작품일 뿐이고, 그 엄청난 비용을 대다가는 우리 예산부가 적자에 시달리게 될 겁니다. 그리고 쉽게 이룬 일은 쉽게 무너질 수 있음을 기억하십시오."[5]

그러나 최악의 상황은 그 후에 벌어졌다. 시행령이 1947년에야 조인된

4 전 ADP 사장 루이 레시외(Louis Lesieux)의 말.
5 ADP 초대 회장 루이 코슈(Louis Couhe)가 예산부 고위관료의 말을 인용함.

것이다. 당시 항공부는 사회당 출신의 쥘 모크가 이끄는 공공사업부 산하에 있었다. 그러다 보니 ADP 시행령은 알랭 보젤과 쥘 모크 장관의 절충안이 되었고 그 내용은 1945년 명령에 비해서도 더 축소되었다.

이때부터 조금씩 조직이 마련되기 시작했다. ADP 초기의 대표들은 거의가 도로 교량 엔지니어였다. 그러자 알랭 보젤은 앞으로 ADP를 맡게 될 후임 대표들도 사업 전반에 걸친 공공사업부의 감독에서 벗어날 수 없을 것이라 내다보았고, 미래에 대한 비전을 가지고 ADP를 창안했던 그는 결국 ADP 프로젝트를 떠나고 말았다.

두 가지 비전의 충돌

이 모든 일을 우리가 제시하는 문화 모델에서는 어떻게 설명할까? 프로젝트 본래의 기업가적, 산업적인 비전과 행정적, 이데올로기적인 비전이 충돌한 것으로 볼 수 있다. 초반부터 후자에게 밀려난 기업가적 비전은 앞서 말했듯이 수십 년간 '정치적으로 부적절'한 생각으로 버림받았으며 운영위원회에 직접 참여했던 사람들의 말처럼 '가족의 비밀'이 되어 버렸다.

가족의 비밀이란 것이 다 그렇듯이 프로젝트의 어려운 탄생 배경은 개발 단계에서도 부담으로 작용했다. 프로젝트의 지배적인 문화가 토목, 건축이다 보니 관심은 온통 건축적, 기술적으로 뛰어난 건물을 세우는 데 있었고, 건물 운영과 고객(항공사, 여행객, 입주 상인 등)에 대한 서비스라는 ADP의 존재 이유는 뒷전으로 밀려날 때가 많았다. 그러다 보니 운영위원회 내에서도 도로교량국과 연구사무소의 입김이 세졌다.

이런 '정신상태'가 낳은 하나의 결과는 에어프랑스와의 관계가 어려워졌다는 것이다. 앞서 설명했듯이 두 기업 간의 갈등은 모르는 사람이 없을 정도였다. 공항을 서비스 업체로, 자신은 고객으로 여기는 항공사와의 분쟁이라는 측면에서 바라볼 문제일까? 그럴지도 모른다. 그렇지만 우리는 여기서도 ADP의 창립 배경과 연관된 문화적 해석을 제시하려 한다.

알랭 보젤은 미래에 대한 비전을 가지고 있었지만 다음과 같은 문제도 있었다.

- 그는 ADP 프로젝트를 완성할 시간이 없었다. ADP의 기본소를 내세우며 자신의 정당성을 인정받으려는 사람들은 이를 문자적인 의미로만 해석하고 '인프라'의 측면은 고려하지 않았다.
- 또한 알랭 보젤의 예상은 한 가지 면에서 완전히 빗나갔다. 미국과 영국이 군용기 생산에 대대적인 산업투자를 하는 모습을 영국에서 바라보던 보젤은 전쟁이 끝나고 평화의 시대가 오면 이 두 나라만이 민간항공 분야의 양대 산맥이 될 것이라 예측했다. 그가 "우리는 아직 공중에서 노르망디 상륙작전을 다시 볼 준비가 되어 있지 않다"고 말하지 않았던가.

그는 프랑스가 더 이상 유력한 항공사를 가질 수 없을 것이고, 따라서 항공수송 부문에서 유럽의 대관문이 되는 것을 목표로 삼아야 하며 이는 전도유망한 사업이 되리라고 생각했다. 창립이념은 상징적으로 ADP의 지배적인 힘과 역할을 암시하고 있었다. 그런데 실상 프랑스도 대규모 자국 항공사를 통해 과거의 위용을 되찾을 수 있다는 사실이 증명되었고, 게다가 그 항공사의 규모는 공항의 규모를 웃도는 것이었다!

우리는 프랑스의 저력을 과소평가한 보젤의 대역죄가 본질적으로 파트너 관계에 있는 이 두 기업이 오랜 세월 갈등관계에 놓이게 된 원인을 상징적으로 제공하지 않았나 추론해본다. 아마 가족의 비밀이 밝혀졌기 때문인지 이제는 두 기업의 관계가 정상화된 것 같고 어쨌든 더 이상 그런 소문은 돌지 않고 있다.

재창립을 향하여

첫 번째 단계에서는 비전을 가진 사업가 보젤의 ADP 프로젝트에서 어떻게 '운용' 부문이 잘려 나가게 되었는지, 그리고 어쩌다가 행정적인 비전으로 궤도 변경이 이루어졌는지의 두 가지 측면을 살펴볼 것이다. 표 11.6에 전체적인 비전이 소개되어 있다.

표 11.6 본래의 창립이념과 행정적인 아바타

기업가적인 창립	행정적인 프로젝트
산업적인 비전	행적적인 비전
자치	국가가 관리
기업가들	공무원과 기술자들
현대성에 대한 개방	현대성에 대한 개방
인적 유동지대	기술적인 전시 장소
사장이 직접 관할	공공사업부의 전투조직

상징적인 질서체계 때문에 ADP는 바람직한 수준의 개방에 이르지 못했다. 이런 방식의 설명이 물론 충분조건은 아니지만 필요조건임에는 틀림없다. 왜냐하면 ADP의 개발이 가로막혔던 숨은 이유를 각자 인식하고 그 원인을 제공한 금기가 밝혀진 만큼 점차 '움직이는' 방향으로 입장을 전환할 수 있기 때문이다. 또한 창립 프로젝트를 전면적으로 밝혀내고, 은폐되었지만 오늘날에도 여전히 유효한 요소들을 근거로 삼을 수 있게 해주기 때문이다.

다음 단계는 수십 년간 ADP의 조화로운 발전을 가로막은 이 문화적인 못을 빼내기 위해 총력을 기울이는 것이다. ADP를 부분적으로라도 민영화하려는 계획이 진지하게 검토되었던 만큼 이 작업은 더욱 필수불가결한 것으로 드러났다. ADP는 그 어느 때보다도, 필요하다면 변형을 시켜서라도 1944년의 창립요소들을 다시 도입해야 했다. 여기서 알랭 보젤의 글을 한 단어씩 다시 한 번 짚어보자.

"…… 국가를 주주로 하고……

…… 국가의 통제나 참여로……

…… 재원 마련의 형태, 국가의 참여, 민간자본 더 나아가 외국자본의 개입 방식 등은 시대 상황과 사상에 따라 결정될 것이다……."

창립자 보젤의 산업적인 비전은 몇 가지 요점을 중심으로 구성된다.

• (ADP는) 자치가 이루어져야 한다: 민간기업의 성격과 고유한 예산, 그리고 폭넓은 권한이 보장되어야 한다. 제약이 없어야 한다. 행정기구 속에 있어서는 안 된다.

• 에너지가 넘치고 유능하며, 상상력이 풍부하고 창의력과 개성이 뚜렷한, 한마디로 진정한 개척자 정신을 지닌 사람들, 민간 대기업 출신 및 공공기관의 뛰어난 엔지니어들로 구성된다.

• 현대성에 대해 열려 있다: 힘 있고 지적이며 창조적 상상력이 풍부하다.

• 인적, 산업적, 상업적인 유동지대이다: 도시는 외부로부터 부의 흐름이 유입되는 곳에 발생한다.

여기서 우리는 창립 시점에 제시된 이 가이드라인이 향후 10년 간 기업 프로젝트에 얼마나 많은 영감을 주었는지 살펴볼 수 있다. 이 가이드라인에는 새로운 프로젝트를 성공적으로 이행하기 위해 ADP의 혁신된 문화 속에 아로새겨야 할 새로운 문화적 의무들이 그대로 담겨 있다.

• 대내외적 교류와 홍보를 최고 수준으로 끌어올림으로써 학자형 회사

인 ADP를 기업가형 회사로 탈바꿈시켜줄 개방성

• 제공되는 모든 서비스(사장의 바람은 화장실의 청결까지도 포함하는 것)의 품질을 보장하고, 그보다 먼저 '고객에게 봉사하는 소명'이라는 최우선 개념을 고려하는 서비스 품질 개념의 도입

요컨대 다음과 같은 작업이 이루어졌다.

• 이 '가족의 비밀'이 어떻게 현대적 대기업인 ADP의 정상적인 발전을 가로막았는지 이해하기
• '비밀 공개하기'의 요소들을 홍보에 활용하기
• 진정한 창업의 기본소에 의거하여 장기적인 프로젝트 다시 세우기
• 전 직원이 새로운 기본소와 새로운 전략적 결정 일람표를 체득하고 서로 도와 관리 차원의 행동과 기술적인 행동에 반영하기

이 모든 고찰과 행동을 통해 대내외적 환경의 요구에 부응하는 새로운 문화에 기반을 둔 야심찬 프로젝트에 대해 모두의 진정한 소속감을 이끌어낼 수 있었다. 이는 ADP가 앞으로 거치게 될 발전 단계의 성공을 보장하는 강력한 사회적 응집력을 다시 세우는 작업이었다.

종전 직후에 수많은 기업의 창립 또는 재창립이 있었지만 실패로 끝난 경우가 많았다(그 예로 르노와 건강보험공단을 들 수 있다). ADP의 경우는 놀라운 사례가 아닐 수 없다. 사장의 주도 하에 서비스 개념을 중심으로 재창립을 이뤄낸 ADP 신 정책은 진단을 통해 그 정당성이 확인되었다. 재창립 작업의 동반자였던 조직 재편과 동원 조치들을 통해 우리의 개입 시점에 예정되어 있던 ADP 민영화가 성공적으로 성사되었음은 모두가 아는 바이다.

생존을 위한 탈바꿈

살아남기 위해 세 가지 기능집단을 도입한 어느 공장의 이야기: 마피아 조직 또는 계급투쟁

지금 소개하려는 공장은 전자분야에서 세계로 진출한 프랑스 그룹의 공장으로 고용 전망이 극히 어두운 지역에 위치하고 있다. 이 공장에서 일하는 4백여 명의 근로자들은 대부분 직장생활을 시작한 이래 줄곧 여기서만 일한 사람들이고 임시직 근로자도 백 명 정도 있다. 현재 이 공장에서는 컴퓨터와 통신에 사용되는 복합 케이블을 생산하고 있다. 일반적인 기계공업과 플라스틱 공업 두 가지가 주 업종이다. 실적도 업계 기준치를 유지하고 있으며 그룹 내에서도 규모나 실적 양면에서 좋은 평가를 받고 있다.

비록 내세울 학위도, 자격증도 없는 사람들이지만 이 공장의 근로자들은 환경의 변화가 거세지자 뛰어난 적응 능력을 보여주었다. 이들은 모두 근면하고 진지하고 자율적인 근로자들이다. 그런데 바로 이들이(경영진과 현장 작업자 모두) 그 어떤 구조조정도, 그 어떤 업무의 변화도 받아들일 수 없다며 강경한 태도를 보였다. 그렇지만 생산과 조직, 인력과 관리 등 모든 측면에서 수많은 기능장애가 나타나고 있어 변화의 필요성과 정당성이 강력하게 대두되는 상황이었다.

우리가 개입한 시점은 3주에 걸친 강경한 파업에 이어 강도 높은 임원진 개편이 이루어진 후였다. 이 공장에서 나타나고 있는 문제점들을 분석한 결과 '어려운' 현황 보고를 작성할 수 있었다.

- 생산 측면: 최악의 설비 사용(고장, 기준의 부재, 정보 시스템이 부적

합하여 운영되지 않음)/ 끝없는 인터페이스의 문제(자재 흐름의 단절, 생산 정보 유실, 팀 교대의 부재)/ 지식경영의 부재

• 노사관계 측면: 험악한 불신 분위기(연대감 약화, 경쟁관계 심화)/ 커뮤니케이션의 부재, 소문만 무성/ 노조가 완전히 선점

• 인적 자원 측면: 열악한 직원 통합 정책(신입사원 방치, 의욕 저하, 불충분한 기술 전수)/ 일관성이 없어 인정받지 못하는 인사정책

• 행동 측면에서 강한 양면성을 보임: 문제가 생기면 항상 남의 탓/ "생각보다 훨씬 복잡해요."/각자 서로 모순되는 여러 가지 버전을 내놓음/ 혹시라도 문제가 해결되면 한 번에 대거 처리됨

결론적으로 산업생산과 노사관계 양면에서 공장의 생존이 위협받고 있었다. 주주 기업에서도 입장을 밝히고 공장의 생산성이 향상되지 않는 한 다른 도리가 없음을 분명히 경고했다. 어떻게 이 난국을 타개해나갈 것인가? 이번에도 역시 공장의 역사를 분석하고 문화적인 시각에서 이해하며 문제를 풀어나갈 것이다.

문화적 진단

원래 이 공장은 지하자원인 철과 불을 다스리는 산업시대의 불카누스[6]라고 불릴 법한 한 철공소장에 의해 1825년에 설립되었다. 1825년부터 1971년까지 회사 주인이 두 번 바뀌었지만 원자재를 시민사회의 안녕과 공동체의 즐거움을 위한 도구와 물체로 변환시키는 불카누스의 신화는 여전히 이어지고 있었다. 그러나 1971년에는 단절이 나타났다. 그것도 두

6 (역주) 그리스 신화에 등장하는 불의 신.

가지 면에서 말이다.

우선 신화의 단절이다. 불카누스가 더 이상 존재하지 않기 때문이다. 불도 대장간도 사라지고 이제는 기계로 가공한 철과 플라스틱밖에 없다. 애틋하고 친근한 물건들도 사라지고 없다. 공장은 이제 강철로 된 케이블을 생산하게 되었다. 또 다른 단절은 기업의 유형에서 나타났다. 실제로 성숙 단계에 이르렀을 때 이 공장은 온전한 하나의 '기업가형' 회사처럼 보였다. 1971년까지 주주 구성은 많이 바뀌었지만 공장은 자급자족형 '부족'의 성격을 보존하고 있었다. 그렇지만 이때부터 흔들리기 시작했다. 이제 공장은 생산자들의 '씨족'에 불과하다. 세 가지 기능집단 중 나머지 두 가지 요소는 사라진 것이다. 전사도 성직자도 거의 다 사라져버리고 말았다!

구체적으로 공장은 업종을 바꾸었고 이제는 극소수의 직원만 알고 있거나 의식하는 산업체의 일부분으로만 여겨진다. 공장은 이제 '용병'들의 생산기지가 되었다. 소속감과 사회적 응집력을 유발하는 기업으로서가 아니라, 자기 고장과 특권에 애착을 형성하고 심지어 뿌리를 내린 가족이라는 '씨족집단'[7]을 먹여 살리는 경제적인 장소로만 존재하게 된 것이다.

한편 전통적인 노동자 노조는 공장을 장악하고 노사관계의 관리 원칙을 선점했다. 열린 도시 같던 이 공장의 한 켠에는 가족들의 분쟁이, 다른 한 켠에는 노조단체들이 자리를 잡았다. 관리 측면에서 나타나는 기능장애의 징후들을 다시 한 번 살펴보면 마피아 성향을 가진 가족집단과 계급투쟁이라는 두 가지 시스템 사이에 상존하는 시계추 효과에서 그 문제들이 비롯되었음을 알 수 있다.

---

7 여기서 '씨족집단(clanic)'이라는 용어는 시칠리아에서 사용되는 파벌의 의미로 쓰였다.

이 두 가지 제약 사이에서 각자가 세워놓은 일상의 균형은 위태롭기 그지없었다. 어떤 결정을 내려도 경영진에게 골칫거리가 될 것이 분명했고 직원들은 그들 나름대로 변화에 대한 모든 제안을 위협으로 받아들이는 상황이었다.

그림 11.4는 두 가지 시스템 사이의 이런 모순을 그리고 있다.

이런 상황에서 어떻게 개입할 것인가?

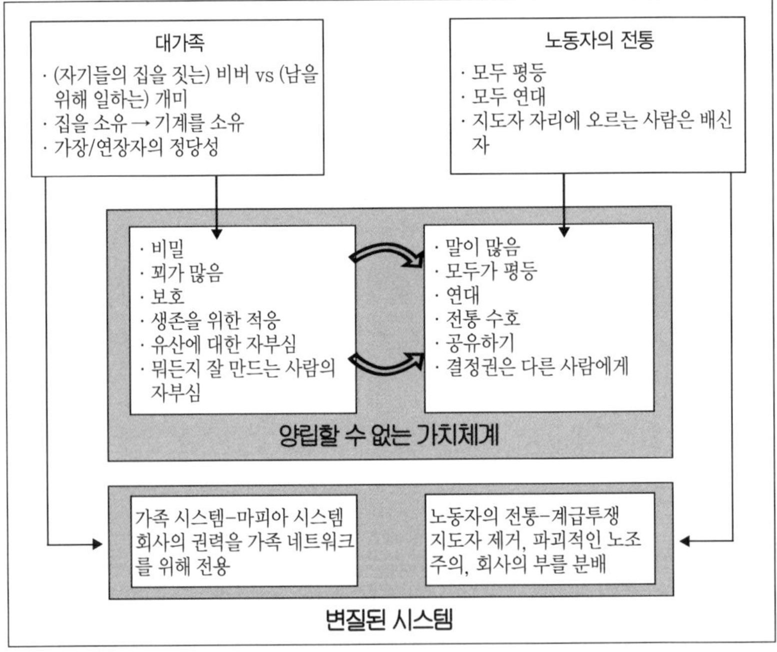

그림 11.4 모순되는 두 가지 문화 시스템

재창립에 입문하기

문제의 깊은 뿌리를 이해하고 설명할 수 있었다는 사실 자체가 중요한 진전이었고 공장장도 그렇게 받아들였다. 그가 크리스마스 전전날 조업을 중단하고 다 같이 모여서 진단 결과를 발표하고 임원과 노조뿐 아니라 모든 직원과 함께 나누기로 한 용감하고도 상징적인 행동을 취한 것을 볼 때 더더욱 중요한 진전이었다. 위험을 감수한 이런 시도는 이미 그 가치에 걸맞은 평가를 받았고, 앞으로의 작업들도 순조롭게 진행되도록 기여할 것이다.

이 단계는 재창립의 요소들을 찾아내어 소속감과 수십 년 전에 사라져버린 사회적 응집력을 재창조하는 작업이다. 그런데 바로 이 시점에서 경제환경과 주주인 대기업의 전략적인 선택이 획기적인 기회를 제공하였다. 설계와 실내장식이라는 핵심사업 분야를 중심으로 기업 재편을 꾀하던 주주 기업이 공장의 재창립을 위한 중대한 결정을 내린 것이다. 즉 기업 강화 차원에서 대부분의 제조업을 접고 동종의 사업들을 통합하여 세계적으로 더 경쟁력 있는 고수익 사업으로 발전시킨다는 결정이었다. 그렇게 해서 경영과 재정, 영업과 생산, 그리고 독특한 홍보조직까지 두루 갖춘 케이블 전문기업이 탄생하게 되었다.

이와 함께 공장에서도 세 가지 기능집단의 요소들을 다시 갖추게 되었다. 새로운 기업 구도에서는 생산자 곁에 (영업개발을 담당하는) 전사와 (행정, 재무, 경영을 담당하는) 성직자가 다시 등장해야 하기 때문이다.

이런 구도는 재정논리만 따르는 산업집중정책의 산물인 업종 중심의 구도와 비교해 볼 때 진정한 재창립으로 볼 수 있다. 이를 통해 공장은 과거에 소속되어 있던 전자, 컴퓨터 또는 통신 업계에 비해 그 위상이 훨씬 높아졌다. 또한 대표적인 케이블 사업체[8]가 된 새 그룹에도 진정한 자양분을 공급하고 있다.

---

8 알카텔(Alcatel) 그룹에서 태어난 넥산스(Nexans)의 탄생을 말한다.

전개

초기의 '보는 순간'을 말한다. 이 단계는 다음 세 가지 축을 중심으로 구성된다.

• 새롭게 태어난 주주 기업에 대한 충성관계 속에 진정한 '내면' 만들기(새로운 주주 기업에 진정한 창립신화가 있음을 의미함)

• 조직 전체를 대상으로 취하는 모든 행동에 의미와 미래의 전망 부여하기

• 사회구조를 존중하면서 단순화, 명료화를 실천하기

질서체계의 변화가 진행되고 있음을 인지할 기회인 초기의 '보는 순간'을 만들어낼 때 조직 전체가 움직이게 될 것이다.

> 기업이 진정한 조직 구성원과 진정한 문화에 대한 진정한 소속감을 가진 진정한 기업이 되려면 기업 내에 전사, 성직자, 생산자라는 세 개의 기능집단이 공존해야만 한다. 최소한 이 세 가지 중 두 가지는 있어야 한다. 그렇지 않으면 어떤 재창립도 이루어질 수 없다.
>
> 이번 사례가 주는 또 다른 교훈은 공장 근로자들에게 문화적 기본소를 세우고 이해시키는 것이 전적으로 가능하다는 것이다. 머리에서만이 아니라 '뱃속'으로까지 이해했기에 재창립 작업이 효율적으로 이루어질 수 있었다.[9]

---

9 2007년 현재 이 공장은 생산성 목표를 달성했을 뿐 아니라 다른 유럽 공장들이 속속 문을 닫는 상황에서 주주 기업이 공장의 확장을 결정했다는 사실을 덧붙여 말해둔다.

생산성 향상을 위한 문화적 재창립: 보석상자에서 알라딘의 램프까지

지금 소개하는 공장은 직원 350여 명을 고용하고 있으며 전문가용 및 일반 전자제품을 생산, 판매하는 대기업의 자회사이다. 이 공장의 특수성은 금속 케이스를 직접 제조하고 그 속에 장비(전기, 전산장비, 전자카드 등)를 삽입하여 완제품을 생산한다는 것이다. 금속 케이스는 회사에서 매년 자동화율을 높이고 있는 정밀 철판 작업장에서 생산되며 조립은 기존의 방식대로 대규모 수작업에 의존하고 있다. 그룹 내의 다른 공장들과 달리 이곳에는 자체적인 연구조사실과 개발팀, 마케팅팀, 영업팀이 있다. 또한 진정한 법적, 재정적 독립을 누리고 있다.

문화적 진단

신속한 문화 분석 결과 이 회사의 문화는 첫 번째 생산품목인 철판을 중심으로 형성되어 있음이 드러났다. 즉 금속 케이스 안에 들어 있는 (민감한) 기능들을 외부 요인(충격, 악천후, 침입, 해충 등)으로부터 보호하는 것이다. 따라서 이 회사의 중심요소, 즉 회사의 정당성과 노하우에 대한 자부심이 조립보다는 철판 쪽에 있다는 것을 확인할 수 있었다. 생산조직을 지속적으로 개선한 결과 조립보다 철판 제조 쪽의 어려움이 덜한 것 같았다.

또한 우리는 회사가 영업 부문에서 자신 있게 내놓는 것도 역시 이 철판 제조 노하우라는 것을 확인했다. 하지만 실상 이 공장 완제품의 부가가치와 차별성은 점점 더 복합적인 조립기술, 특히 주문 배달에서 드러나는 직원들의 적극적인 반응에서 나타나고 있었다. 게다가 완제품을 구매하는 고객들의 기술 지식 수준이 낮아지면서 제품과 함께 서비스를 요구하는 경우가 늘고 있었다.

재창립

이런 생각을 가지고 운영위원회와 함께 점진적인 재창립 작업을 추진하기 시작했다. 드러내놓고 말한 것은 아니지만 우리의 목표는 보석상자에서 알라딘의 램프로 넘어가는 것, 다시 말해서 보석(여기서는 전자제품의 기능)의 가치를 높여주는 포장재에서 놀라운 능력이 들어 있는 요술상자로 이행하는 것이다. 불카누스의 대장간에서 만들어진 금속 그릇과도 같은 정밀 철판 제조에서 프로메테우스의 신화로 넘어가게 되면 변화의 한복판에 있는 전자제품 시장의 현대적인 기대에 더 효율적으로 부응할 수 있을 것은 분명하다. 또한 그렇게 되면 공장의 위상도 노하우 제공업체에서 완제품 구매 고객들이 연구조사, 개발, 생산, 검사와 물류에 이르는 전 과정을 위탁할 수 있는 파트너 업체로 달라지게 될 것이다.

재창립은 문화의 차원과 교류의 차원을 포함하는 기업 프로젝트 실시에 근거를 두었다.

문화의 차원에서는 집단의 중요성에 대한 인식 제고와 소속감의 공동지표 마련을 통해 사회적 응집력을 강화하는 것을 목표로 하였다. 이를 위해 다음과 같은 노력이 이루어졌다.

• 학자형 회사에서 기업가형 회사로 전환하기 위한 (대내외적인) 개방 노력: 고객, 시장, 경쟁, 공급업체 및 최선의 관행에 대한 개방/ 오픈 데이, 회사의 노하우를 중심으로 하는 대외 홍보, 개인의 내부 기여도에 대한 이해

• (좀 억지 같지만) '가치'라고 부르게 될 새로운 문화적 요소의 강화 또는 전개:

– 발전과 혁신: 전자제품 시장이 갖는 고유한 시공간 초월 신화에 가담하기 / '멈춰진 시간'과 학자형 회사의 복잡성에서 벗어나기

– 전문성, 평등, 책임감: 노예는 없다. 생각하는 사람, 행동하는 사람이 따로 있는 게 아니라 각자에게 '적소'가 있을 뿐이다.

진정한 입문과정의 도입과 통합과정의 재검토, 신입사원을 위한 감독 및 멘토링 제도의 도입은 이러한 변화에 힘을 보태주었다.

교류의 차원에서 재창립은 다음의 요소들에 근거를 두었다.

• 재창립의 주요 축과 일관성을 유지하고 회사가 진정한 부족으로 기능하기 위해 회사 운영 방식을 재검토하기
• 전 직원을 위한 평가제도 마련
• 산업장비의 향상

성과

재창립 작업을 추진할 당시 전자제품 시장은 성장일로에 있었다. 공장이 소속된 그룹은 낙관적인 전망을 보이고 있었다. 그런데 재창립 작업이 시작된 지 1년이 지났을 때 전자제품 시장이 3개월 만에 폭락했다.

그러자 대부분의 전자제품 공장이 기술적인 실업 상태에 들어가거나 다른 회사로 넘어가거나 구조조정에 들어갔지만 이 회사는 물론 철판 제조와 직접적으로 관련된 것은 아니지만 위기를 오히려 기회로 활용했다. 생산라인을 재조직하고 생산품목을 전향하여 매출 감소의 30 퍼센트를 대체생산으로 보전할 수 있었던 것이다.

> 이 공장은 문화적 재창립을 통해 위기상황에 대처하는 데 필요한 예측과 적응 능력을 갖출 수 있었다.[10]

성장과 수익률 회복을 위한 창립의 부활: 어떻게 하면 미키 마우스에게 다시 생기를 불어넣을 수 있을까?

이번 사례는 문화적인 문제를 '신화'라는 단어의 두 가지 의미에서 다룬다는 점에서 특히 흥미롭다. 인류학적 의미에서의 창립신화, 그리고 디즈니가 우리의 상상의 세계 속에 존재하기 때문에 그 자체를 하나의 신화로 볼 수 있기 때문이다.

문제가 제기된 것은 파리 지역에 위치한 유명한 유럽의 놀이공원 파리 디즈니랜드가 입장객 감소와 그에 따른 당연한 결과인 수입 감소라는 위기에 직면한 시기였다.

당시의 경기 상황이 분명 디즈니랜드에게 호의적이지 않은 것은 사실이었지만, 운영부장인 얀 까이에르(Yann Caillere)[11]는 그것 말고도 분명 다른 이유가 있을 것이라 직감했다. 그는 회사 공동체 내에서, 심지어는 임원 조직 내에서도 무슨 일이 있는 게 확실하고 이 때문에 사람들이 사기가 떨어져 있다고 확신했다. 그의 생각에는 디즈니랜드의 실적이 저조해서 힘이 빠진 것이 아니라, 오히려 이런 사기 저하가 실적 저조의 추가적인 원인으로 작용하는 것이었다. 그는 모든 직원이 회사의 존재 이유를 다시 한 번 되새기고 이를 통해 에너지를 재충전해야 할 필요가 있다는 예감이 들었다. 1만 2천 명의 직원을 거느린 디즈니랜드의 영업 및 경제 실적을 효과적으로 되살리기 위해서는 이와 같은 긍정의 에너지가 반드시 필요했다.

---

10 이제서야 하는 얘기지만, 이 공장이 보여준 꾸준한 실적과 유연성 때문에 주주 기업은 모든 당사자들을 만족시키는 조건으로 금융투자가에게 공장을 넘겼다.

11 얀 까이에르는 현재 아코르(Accor) 그룹의 이사회(Comex) 위원이다.

디즈니의 기원으로

우리는 임원진과 함께 디즈니 사와 파리 디즈니랜드의 기원을 이해하기 위한 고찰 작업에 들어갔다. 이를 통해 조직 공동체와 회사의 상황을 이해하고 이 상황을 타개하기 위한 방향을 함께 모색하려는 것이었다.

이야기의 시작은 1920년대로 거슬러 올라간다. 월트 디즈니는 당시의 사회통념에 도전한다. 곧 설명하겠지만 사실 이 통념이란 것은 지금도 크게 변하지 않았다.

• 모든 물질주의적, 경제적 가치를 찬양하는 공리주의의 요구들

• 인간 고유의 특성은 노동이며(자유자본주의의 대환영을 받으며 재활용된 개념이기도 함) 황금기(비노동의 시간)는 계급투쟁이 끝나야만 도래할 것이라는 마르크스주의 개념들

• 천국이 죽음 이후에 있다고 주장하는 기독교 신앙

이런 사상들이 모든 삶의 요소를 합리화하려는 사회 전반에 깊이 침투해 있었다. 또 한 가지는 당시의 사회에서는 어린이의 세계에 대한 고려가 거의 이루어지지 않았다는 점이다.

이와 같은 통념 앞에서 월트 디즈니는 세 가지 핵심 개념을 제시한다.

• 인간을 위대하게 만드는 것은 창조적인 상상력이다.

• 이상적인 세상에 대한 비전을 실행에 옮기게 하는 것은 상상의 능력이다.

• 마지막으로 어린이는 현실을 벗어나는 '도피의 열쇠'를 쥐고 있다. 어린이는 미숙한 존재도, 난쟁이도 아니다.

정확히 말해서, 월트 디즈니가 이런 개념들을 분명하게 의식하고 있었던 것은 아니다. 그렇지만 그에게는 사회통념에 대한 도전을 뒷받침해준 무의식적인 확신이 있었다. 잠시 지나는 이야기지만, 거의 같은 시기에 파리에서 수천 킬로미터 떨어진 빈에서는 한 정신과 의사가 정신분석의 기초를 세우고 있었다는 사실은 참으로 흥미롭다. 돌이켜 생각해보면 프로이트는 월트 디즈니가 직관적으로 세우고 있었던 가설을 이론화해주었다. 실제로 이런 신념들을 어떻게 표현할 수 있을까? 우리는 다음과 같은 요소들을 제안한다.

• 인간의 창조적 기능은 주로 아동기에, 아이들이 공격적이고 무서운 이미지를 다스리고 세상과의 관계 속으로 들어가기 위해 그 이미지를 효율적으로 사용해야 할 때 발휘된다.

• 상상의 세계는 공포를 다스리고 조작하여 즐거움을 느끼는 단계에까지 도달하는 '또 다른 무대'를 창조하게 해준다.

• 이런 전환을 할 수 있다는 사실은 내가 '전능'하다는 몹시 즐거운 느낌을 준다.

• 인간의 이런 '전능'한 능력은 인간을 불멸에 이르게 한다.

월트 디즈니는 이런 메커니즘을 통해 우리를 죽음 및 죽음을 상기시키는 모든 것이 금지된 완전한 세상으로 들어가게 한다. 이런 요소들이 놀이공원에서는 어떻게 상징적으로 나타날까?

• 상상의 세계: 환상적인 상상 속의 상황이 마법처럼 현실에서 나타나게 할 수 있다.

• 불멸성: 상징적으로 노쇠나 노화를 떠오르게 하는 것은 무조건 금지

된다. 따라서 시설의 유지보수, 청결, 위생은 매우 중요한 요소가 된다.

• 전능성: 고객들, 손님들이 놀이공원에 들어서는 순간부터 완벽하게 평화롭고 안전한 환경에서 즐기도록 해야 한다. 따라서 가장 중요한 역할을 하는 모든 안전의 요소에 늘 신경을 쓴다.

세월의 흐름을 이겨내는 디즈니

이런 창립신화의 요소를 가지고 디즈니 사는 3단계로 발전해나간다. 여기서는 고전적인 형태의 영화는 잠시 접어두고 만화영화와 놀이공원 이야기만 다룰 것이다. 일반 영화는 우리의 주 관심사인 놀이공원과 직접적인 관계가 별로 없기 때문이다.

만화영화

만화영화는 두 가지 유익을 준다. 한 가지는 움직임을 통해 상상력을 가진 인간에게 삶에 대한 환상을 제공한다는 점이다. 그런데 아이들이 가장 많이 하는 질문이 바로 "아기는 어떻게 태어나요?" 아니던가. 이 질문은 "생명을 어떻게 창조해요?"라는 의문을 다른 방식으로 표현한 것이다. 만화영화는 인체의 기관(항문, 구강, 생식기)에서 그 기원을 찾을 수 있는 어린이의 부분적인 공포적 충동을 우의적으로 연출하게 해준다. 프로이트에게 감사할 일이다! 이와 관련하여 아직 미키 마우스라는 이름이 붙지 않았던 초기 시절, 그 조그만 생쥐가 어떻게 그려졌는지 떠올려보면 매우 흥미로운 사실을 발견하게 된다. 이 생쥐들은 정말 착각할 만큼 '발 달린 귀여운 똥 덩어리'같이 생겼던 것이다.

다른 한 가지는 만화영화가 영감을 제공한 설화나 전설을 계승하며, 청중의 이해를 돕는 '의미(의미론)'의 층위에서 관객의 동일시를 돕는 '보기(기호론)'의 층위로 넘어가면서 한 걸음 더 나가게 된다는 것이다.

놀이공원

영화와 마찬가지로 놀이공원도 두 가지 상징적인 기능을 가진다. 이미 말했듯이 공포를 다른 무대로 옮겨놓음으로써 어린이들이 공포를 다스리게 해준다. 그렇지만 놀이공원이 어른들에게도 어른이 되면서 포기했던 창조적인 상상력을 되찾게 해준다는 사실 또한 중요하다. 바로 이것이 피터팬 신화 또는 영원한 젊음의 신화이다.

우리가 책임감 있는 어른들로 구성된 운영위원회에서 이 같은 정보를 제공하는 순간에도 피터팬은 여전히 가장 잘 알려진 볼거리라는 사실과, 또한 녹초가 되어 회의실을 나서던 참석자 여럿이 기분 전환 겸 피터팬을 보러 가기로 했다는 사실은 우리에게 시사하는 바가 크다. 모든 게 끝난 건 아니다!

놀이공원은 그렇게 방문자들에게, 과거도 미래도 없다는 고유의 법칙을 가진 상상의 세계 속에서 자신을 동일시하고 잠시나마 살 수 있게 해준다. 사실 놀이공원은 유토피아를 실존하는 곳으로 변화시키는 것을 목표로 하는 '이상적인 도시' 프로젝트의 한 단계이다.

월트 디즈니는 자신이 펼치는 활동의 소명에 대해 뛰어난 직관이 있었다. 그렇지만 그가 세워야 하는 것은 진정한 회사였고, 문화적인 개념에만 의존하여 계속 성공할 수는 없었다. 문화적인 진단을 통해 우리는 디즈니 사가 처음부터 양두마차였다는 것을 이해할 수 있었다. 다시 말해서 디즈니 사에는 두 명의 창립자가 있었다. 미디어에 강하고 창조적인, 그리고 문화적 기본소를 가진 월트 디즈니와 교류의 요소와 경제적, '산업적' 비전을 가진 그의 형제 로이 디즈니가 바로 그 두 사람이다(그림 11.5 참조).

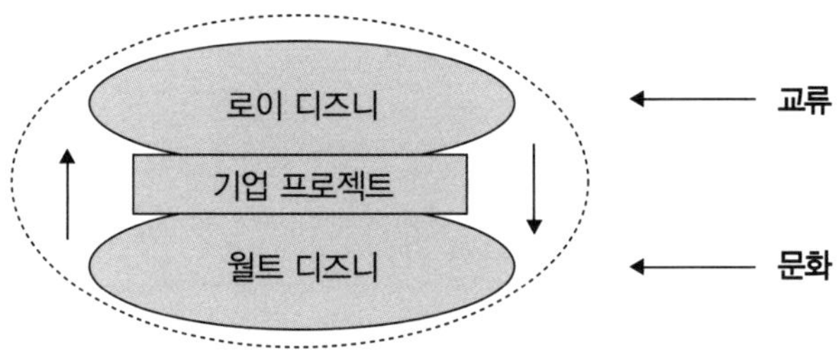

그림 11.5 디즈니 사의 효율적인 모델

또 한 가지 흥미로운 것은, 회의에 참석한 디즈니 측 대표들이 회사 창립 이래 이런 양두체제의 변증법이 작용한 시기는 항상 회사가 잘나가던 시기였다고 말하는 것이었다. 그런데 여기서 잠시 생각을 좀 해보자. 우리가 왜 디즈니의 창립요소인 기본소로 되돌아가야 하는가? 경제위기를 맞고 있는 디즈니의 경영진에게 이것이 어떤 중요성을 가지는가?

여기서 우리는 얀 까이에르가 직감한 핵심 요소들을 다루고 있는 것이다. 사실 진단을 위한 회의 중 우리는 디즈니 측 대표들에게 뭔가 불편한 게 있다는 것을 감지했다. 그것은 미국의 '문화적' 제국주의라느니, 우리 백인들을 세뇌시킨다느니 하는 주위의 이야기 때문에 생긴 오래된 불편함이었다. 계속 듣고, 읽고, 겪다 보니 이런 비아냥들이 결국 리더들과 대부분의 직원들의 사기를 꺾어놓은 것이다. 양심의 가책, 의혹, 대답하기 곤란함…… 이런 것들이 모든 기업, 특히 디즈니랜드 같은 대규모 놀이공원이 성공하는 데 반드시 필요한 '성화(聖火)'의 불씨를 꺼뜨리는 데 큰 몫을 하였다.

우리가 디즈니 창립의 기본소를 밝혀내고 이들 기본소가 인간적으로나 사회적으로 얼마나 가치 있고 유용한 것인지를 보여주려고 하는 이유는 다만 이처럼 특별한 디즈니의 창립을 부활시키고 이 성화의 불씨를 꺼뜨리지 않겠다는 의욕을 불러일으키려는 목적에서이다.

동시에 이는 보편적이고 국경이 없는, 주로 설화나 유럽 문화의 인물형에서 나타나는 문화적 기본소와 우리가 '이데올로기'라고 부르는, 그러나 실상은 깊은 파도 위에 떠다니는 잿빛 거품에 불과한 것을 구분짓는 작업이기도 하다. 이데올로기와 문화적 기본소의 관계는 마치 불량한 민속풍습과 전통적인 가치의 관계와도 같다. 이번 사례에서는 싸구려 미제라는 이미지가 두드러진 이데올로기가 알고 보면 그다지 교양도 없는 일부 인텔리에게 무자비한 공격을 감행할 구실을 제공했던 것이다.

창립신화, 즉 창립의 기본소를 밝혀내고 2인 창립 사실을 인식하게 된 이번 단계는 자기 제품과 회사 그리고 자기 업무에 대한 자긍심을 되찾아야 할 리더들에게 매우 바람직한 '보는 순간'을 제공해주었다.

그러나 아직도 우리에게는 그 자체가 하나의 실체요, 기업 인류학적 의미에서 하나의 창립인 파리 디즈니랜드의 문화적 특수성이 무엇인지 이해하는 일이 남아 있다.

파리 디즈니랜드

디즈니랜드의 물리적인 창립에 대한 우리의 진단은 다음의 세 가지 요소를 중심으로 이뤄진다.

• 실재에 대한 상상의 통제 불가능한 우위. 창립시기를 겪은 이들에게는 '멋진' 시기지만 '고삐 풀린' 시기라는 비난을 받기도 한다. 왜 그럴까? 창조/관리라는 마법 같은 디즈니 창립의 2항이 없기 때문이다. 아직까지도 그로 인한 경제적인 여파가 나타나고 있다.

• 문화적으로 일관성이 결여된 사업 개발자들의 태도. 그들은 보편적인 상상의 세계 속에서 유럽인들에게 믿음을 전해주려고 했다. 그것은 정

당한 바람이었다. 그러나 그들은 현지의 문화적 요소와 상관없는 기술적, 경제적 신념을 주입시키려 했다. 이런 의미에서 디즈니의 기본소에 대한 반역이 일어난 것이다. 물론 이런 반역은 의도한 것이 아니었고, 심지어는 무의식중에 일어난 것이다. 그렇지만 바로 이런 태도가 디즈니의 보편주의적 기본소가 갖는 메시지를 엉망으로 만들었고, 이 때문에 앞서 말한 것처럼 아직도 디즈니랜드가 '포위당한 요새'라는 '양심의 가책'에 시달리는 사람들이 있는 것이다.

• 낯선 두 '부족'으로 구성된 본래의 조직. 대규모 사업현장에서의 필요를 충족시키고 위급 상황의 제약을 고려하기 위해 놀이공원 자체를 위한 하나의 부족과 호텔 및 빌리지를 위한 또 하나의 부족이 구성되었다. 물론 각각의 부족 안에는 하위 집단인 씨족이 존재한다.

다른 사례와 마찬가지로 이번에도 창립의 순간에는 그 어떤 것도 막중한 책임에서 벗어날 없다는 사실이 증명되었다. 창립의 요소들이 지금까지도 사회적 응집력에 부담으로 작용하고 있고, 디즈니의 문화적 담론과 실행 조직 사이에 괴리가 나타나면서 이 집단이 폐쇄된 '학자형 회사'로 변질될 위험까지 생겨나게 되었기 때문이다. 디즈니 본래의 소명이자 개발 조건 자체가 외부 세계에 대한 개방이었는데도 말이다.

전개

향후 진행 방향에 대한 결정은 이제 정신을 차리고 문제 원인을 파악한 운영위원회의 몫이었다.

의욕을 회복한 운영팀은 기업 인류학 모델 중 '정복자형 회사'로 복귀하겠다는 의지를 표명했는데, 이는 강력한 사회적 응집력, 매우 높은 수준의 대내외적 교류, 그리고 유연한 조직을 의미하는 것이었다.

운영위원회는 목표하는 기업 유형을 정의하기로 했다. 위험군에 들어 있는 유형을 선택할 경우 잘못하면 회사 분열로 이어질 수 있으므로 그런 유형은 피하려고 노력했다. 한편 창립의 기본소, 즉 문화(월트 디즈니) 대 교류(로이 디즈니)의 변증법으로 표현되는 상상과 현실의 변증법으로 되돌아가자는 결정도 내려졌다. 이러한 의지를 바탕으로 디즈니라는 정복자형 회사가 최고 경영진과 중간 관리자의 운영, 조직, 인적 자원, 마케팅과 홍보를 어떻게 관리해야 할지 정의하기 위한 심도 높은 고찰 작업이 이루어졌다.

> 어떤 경영진에게도, 아무리 동기 부여가 잘된 팀이라 해도 의혹의 순간이 찾아올 수 있다. 이런 의혹은 무의식적인 동원 해제와 폭발의 위험으로까지 이어질 수 있다. 이때 의혹의 원인을 규명하고, 외부의 비난에 대한 답변을 준비하고, 문화적 기본소와 이데올로기를 혼동하지 않으며, 회사의 전성기 때 성공을 가져온 기준이 무엇이었는지 인식한다면 경제적 성공의 가장 중요한 요소인 사회적 응집력을 강화시킬 수 있다.

인사전략 재수립을 위한 문화적 기본소 되찾기: 젊은이들이 모두 용병은 아니다

이번에는 프랑스의 대규모 상호저축은행 그룹에 소속된 회사의 이야기를 소개하겠다. 이 회사는 19세기 당시 중산층의 대자본가들이 그들의 사업을 위해 설립한 산업은행의 혜택을 누리지 못하는 수공업자들과 상인들, 그리고 모든 소외된 사람들을 도울 목적으로 세워졌다.

이 은행 그룹에 소속된 지방은행인 이 회사는 다음과 같은 질문을 던지게 되었다. "대졸 신입사원들이 들어오면서 얼마 전부터 전례 없는 이직률이 발생하는데, 도대체 어떻게 된 일인가?"

인사부와 경영진에서 내놓은 첫 번째 가설은 중간 관리자들이 젊은 신입사원들의 야망과 행동을 제대로 관리하지 못하기 때문이라는 것이었다. 그들은 젊은 세대는 본질적으로 기성세대와 다르며 '용병' 같은 생각을 갖고 있다고 보았다. 이런 가설에 대해 경영진에서는 그렇다면 앞으로 어떤 형태의 관리가 이루어져야 하는가 고민하기 시작했다. 실제로 이런 현상이 유발한 경제적 비용도 만만치 않았지만, 이와 더불어 선배 직원들에게 발생한 '심리적 비용'과 창구를 찾은 고객들에게 미친 부정적인 효과도 결코 간과할 수 없었기 때문이다.

문화적 진단

문화적 진단은 재직 중인 직원들과 2년 정도 근무하다 회사를 떠난 직원들을 대상으로 이루어졌다. 진단 결과는 다음과 같다.

일반적인 측면에서

젊은 세대가 회사나 일에 대해 갖는 기대와 행동이 달라진 것은 분명하지만 그것만으로는 이 은행이 당면한 문제를 설명할 수 없다. 젊은 세대도 예전처럼 사람마다 다 특성이 다른 만큼, 이들을 복제된 용병 집단으로 볼 수는 없다.

반면 젊은 세대는 자신이 회사로부터 기대하는 것이 무엇인지 선배들보다 더 정확히 알고 있고, 어떻게 해서든 그것을 얻어낼 준비가 되어 있다는 것을 확인할 수 있었다. 물론 젊은이들 중에는 사회생활을 시작할 때 많이 배우고, 많이 벌고, 빨리 승진할 생각만으로 그런 필요를 채워줄 수 있을 것 같은 회사를 찾는 용병 같은 사람들도 있다. 그런 회사들은 대개 유능한 인재만 찾고 사회적 응집력에 대한 의지는 없는 제국주의적 회사들이다. 반면 사회적 응집력이 기업 성공의 중요한 열쇠라고 생각하므로 (물론 이런 생각은 어느 정도 겉으로 드러나기 마련이다!) 강력한 소속감을 제시하는 회사를 찾는 젊은이들도 있다. 이런 젊은이들은 직장을 구할 때 소속감을 얻고 그들이 '가치'라고 부르는 것들을 공유할 수 있기를 기대한다. 물론 이들이 평생 한 회사만을 위해 몸 바쳐 헌신하겠다는 것은 아니다. 그렇지만 서로 일체감을 느끼는 집단에서 오랫동안 일하고 싶다는 뜻이다.

젊은 구직자들의 상황은 이와 같다.

그렇다면 채용과정에 있는 기업은 이들에게 어떤 담화와 제안을 제시해야 하는가?

대부분의 기업에서는 빠른 성공, 공격성, 그리고 입사할 경우 얻게 될 이득을 모두 약속이라도 한 듯 똑같이 미끼상품으로 제시하고, 역시 거의 동일한 다양한 가치들에 대해 선전한다. 이는 사실 기업의 유형이나 사회적 응집력 및 소속감에 대한 의지 유무를 막론하고 어느 기업에게나 공통적으로 해당되는 사실이다. 마치 채용하려는 기업에서는 구직자들이 기대하는 것이 바로 이런 '번지르르한' 문구들이라 생각하여 그것만을 이야기하고, 취업을 원하는 젊은이들은 때론 진심으로, 때론 일단 속여서라도 취직을 하고 싶어서 회사에서 제시하는 내용을 정말 원하는 것처럼 연기하는 것 같다.

특히 우리 상호저축은행의 측면에서

분석 결과 10여 년 전 사임한 전 행장의 지휘 아래 상호저축은행의 소명을 가진 이 회사의 문화적 기본소가 왜곡되고, 그 결과 회사의 문화적 일관성이 사라지고 큰 혼돈상태에 빠지게 되었다는 사실이 드러났다.

구체적으로 1980년대 당시 상호저축은행이란 타이틀이 '시대에 맞지 않고' 가치가 떨어지는 것이라 판단한 전 행장은 고전적인 자본주의 은행으로 변신하기 위한 일체의 노력을 기울였다. 그러는 동안 문화적인 측면에서 회사의 기본소가 왜곡되었고 그가 주입하려는 규칙체계와 기저의 질서체계 사이에, 다시 말해 경제적, 인적 교류와 기저문화 사이에 심각한 불일치가 나타나게 되었다.

심각한 상황이었다. 새로운 임원진이 온갖 노력을 기울였음에도 회사는 천천히, 그러나 확실히 분열로 치닫고 있었다.

이직과 관련된 징후의 이면에는 생각보다 훨씬 더 복잡한 상황이 숨겨져 있었다. 사실 이 은행에 들어오려는 입사 후보생들은 상호저축은행의 문화에 대한 나름의 그림을 가지고 지원한 사람들이었다. 그들은 경쟁관계에 있는 다른 일반은행보다 수입은 좀 적겠지만, 그건 그들이 '가치'를 공유할 수 있을 것으로 기대한 회사에 소속되기 위해 치러야 할 대가라고 생각했다. 그러나 이들은 곧 '속았다'는 것을 깨닫게 된다. 말하자면 그들은 그들이 추구하기 위해 입사한 그 가치를 잃어버린 회사에 들어와 있는 것이었다. 그렇다고 자본주의적인 산업은행으로서의 정당성이 있는 것도 아니었다. 그저 흉내만 낼 뿐이고 급여도 다른 경쟁 은행에 비해 20-30퍼센트 정도 적었으니 말이다. 이런 상황에서 젊은 신입사원들은 당연히 용병의 자세를 취할 수밖에 없었다. 챙길 것만 챙기고(이 회사의 경우 직원의 기술교육이 수준급이었다) 2년 후에는 이곳에서 얻은 노하우와 에너지를 가지고 다른 곳으로 떠나는 것이다!

그러니 급한 불은 중간 관리자들의 문제가 아니었다.

가능한 해결책

이와 같은 진단 결과를 나눈 후 경영진에서는 프랑스 전역에 진출해 있는 이 은행 그룹이 성공하기 위해 반드시 필요한 사회적 응집력을 부활시키고 일관성이 사라진 부분에 일관성을 되살리기 위해서 기업문화의 전반적인 문제를 다시 다루고 싶어 했다.

그렇지만 사태가 시급한 만큼 우선 통합의 문제들을 살펴보고 인적 자원이란 지렛대를 사용하여 문제 전체를 움직여보기로 했다. 이를 위해 운영위원회에서는 문화 재건 작업(소명, 문화적 기본소)에 착수했는데, 이 기본요소들이 작성되자 이제는 입사 지원생들에게 일관성과 진정성을 갖춘 담화를 제공할 수 있었다.

얼마 지나지 않아 인사부에서는 소싱(sourcing), 지원자들의 잠재적인 소속감에 근거한 채용 방식과 기준, 질서체계에 대한 입문과정이 첨가되어야 할 직원 통합과정, 능력과 소속감이라는 두 가지 기준에 따른 커리어 변화 관리 등 모든 과정에 개입해야 할 때가 왔음을 깨달았다.

인사부장은 또한 채용과 관련된 모든 제도적 홍보를 동일한 기준에 맞추어 재검토하게 되었다.

> 이런 종류의 문제가 발생했을 때는 사회학적 분석으로 만족하거나 외부적인 원인에만 국한시켜서는 안 된다.
>
> 새로운 세대는 계속 등장하고 세대마다 다른 면도 있지만 공통된 가치를 추구하기도 한다. 젊은 세대 중에는 소속감을 추구하는 사람도, 용병처럼 살려는 사람도, 동참하기를 원하는 사람도 있다. 다만 통합성과 적응력을 가진 문화가 되려면 외부에서 이 집단의 진정한 의도에 대해 강력하게 질문할 위험이 없다는 사실을 빌미 삼아 그 정체를 감추려고 해서는 안 된다.

발전을 위한 탈바꿈

수준 높은 유기적 성장을 목표로 회사의 소명과 비전 작성하기: 아름다움을 통한 발전을 위해 봉사하는 어느 정복자형 회사의 이야기

이번에 소개할 사례는 한국 유수의 화장품 그룹의 유럽 법인이 겪은 이야기이다. 처음에 이 회사는 한국 시장에만 유통될 화장품 라인을 생산하기 위해 세워졌다. 그때까지 보호받고 있던 한국 화장품 시장은 개방과 더불어 서양 브랜드들과의 경쟁에 휩싸이게 되었고, 이 상황에서 그룹은 현지 시장의 기대에 부응하기 위해 한 제품라인에 명품과 우아함의 상징인 '메이드 인 프랑스(Made in France)' 라벨을 붙이기로 결정했다. 그리고 사업 개발에 착수하기 위해 공장을 인수하고 임원진과 기술진을 파견하였다. 이와 동시에 화장품과 향수 전문가인 최고급 국제고문을 외부에서 고용했다. 그가 맡은 첫 임무는 이 프로젝트를 감독하고 순조로운 진행을 돕는 것이었다. 한 가지 덧붙여둘 것은 생산기지로 프랑스를 선택한 것이 우연은 아니었다는 것이다. 프랑스가 우아함과 고가명품을 대표하는 나라인 것은 사실이지만, 이번 선택에는 이 회사의 창립자인 그룹 회장과 프랑스와의 특별한 인연도 긍정적으로 작용했다. 그는 과거에 프랑스의 화장품 대기업과 함께 일한 경험이 있었고, 그 기업에 대한 존경심이 아직도 마음속에 남아 있었기 때문이다.

고문의 발의 하에 창립주의 동의와 모기업의 자금지원을 얻어 첫 번째, 이어서 두 번째 향수가 출시되었다. 그런데 고문의 생각에는 이 사업이 대기업들이 진두지휘하는 수많은 '제품' 출시 물결에 향수 한두 개를 추가한 것 이상의 의미를 갖고 있었다. 그녀는 향수 제작에 관해 감각과 진정한 명품의 진실성에 근거한 도전적인 생각을 품고 있었다. 이런 생각은 분명 회사의 발전과정에 전환점을 제공해주었다. 모기업의 공급업체로 출발한 회사가 독특한 소명을 가진 진정한 창립의 주춧돌을 놓은 것이다. 새로운 사장이 선임되었고 고문이 부사장으로 임명되었다.

실험 단계를 넘어 진정한 회사로 발돋움하기 위해 경영진에서는 전략과 조직에 관한 컨설팅 사무소에 도움을 청했다. 그렇지만 경영진은 그 결과에 충분히 만족하지 못했다. 컨설팅 사무소에서 회사 발전을 위해 제안한 것은 그들의 열망에도, 비전에도 미치지 못했다. 회사에 대한 그들의 꿈을 제대로 이해하지 못하고 있었던 것이다. 경영진은 암묵적으로 그들이 세우고 발전시키고자 하는 회사에 대한 독특한 구상을 가지고 있었다. 컨설팅 회사에서는 조직과 교류의 최적화에 대한 유능한 답변을 내놓았지만 경영진이 정작 궁금했던 것은 어떤 기업문화를 조성해야 하는가, 어떤 역동성을 불어넣어야 하는가 하는 문제였다. 우리가 그들을 만난 것은 바로 이 시점에서였다.

우리에게 던져진 문제는 전형적인 것이었다. 어떻게 하면 처음 두 가지 향수를 출시했을 때 구체화되었던 정신을 그대로 간직하면서 자급자족형 공동체에서 정복자형 회사로 이행할 수 있을까? 즉 어떻게 실험 단계에서 진정한 산업체로 거듭날 것인가 하는 문제였다.

문화적 진단

우리는 우선 감사를 실시했는데, 그 결과는 심각해 보였다. 우리에게 맡겨진 회사는 이미 분열의 길에 들어선 자급자족형 공동체였다. 회사는 서로 대화가 없는 독립된 부분들로 구성된 모자이크 같았다.

첫 번째 이분법은 공장과 향수 브랜드들로 구성된 회사의 나머지 부분 사이에서 나타났다. 공장은 브랜드들의 '미움 받는 노예'였다. 그런데 또 하나의 이분법은 두 브랜드 사이에서 나타났다. 이 브랜드들은 특수한 컨

셉에서 탄생했기 때문이다. 마지막으로 각 브랜드 내부에서도, 예를 들어 영업팀과 마케팅팀 사이에도 분열이 나타나고 있었다. 에너지와 (숱하게 많은) 재능들을 결집하기 위한 공통의 소명도, 기본소도 없었다. 이런 문화적 상황은 각 브랜드는 금융지주회사가 소유하는 온전한 하나의 회사가 된다는 법적인 조직에 의해 더욱 악화되었다.

그뿐만 아니라 이 회사 직원들은 모기업의 문화, 기본소와 소명에 대해 전혀 모르고 있었다. 이들은 모기업을 그저 자회사의 사업자금 조달이나 투자, 심한 경우 손해 보전을 위해 존재하는 금융지주회사 정도로 생각하고 있었다. 프랑스 법인은 어느 날 갑자기 본사의 자금 지원이 끊겨서 파산하지 않을까 하는 기우에 시달렸다. 이런 기우는 프랑스 법인이 모기업에 대한 이탈과 '객관적인' 반역의 입장에 서 있다는 사실에 대한 반응으로 해석할 수 있다. 우리는 새로운 경영진이 상황을 이렇게 만드는 데 한몫 했다고 말할 수밖에 없다. 그들의 독특한 실험이 성공적으로 진행되려면 모회사와 거리를 두는 것이 좋다고 믿고 그렇게 한 것이다. 아마도 당시에는 그들의 이런 입장이 정당하게 보였을 것이다.

자회사와 모기업 화해시키기

이런 요소들 때문에 우리는 먼저 한국 본사의 기본소들을 발견 또는 재발견하여 유럽 자회사가 모기업에 대해 정당한 입장에 설 수 있도록 하라고 권고했다. 모기업은 진정한 창립을 이룬 회사이며 본국의 관례와 풍습에 강력하게 도전하는 회사인 것으로 드러났다.

창립자는 고국의 여성들에게 그들을 아름답게 만들고 그들의 건강을 개선시켜줄 제품을 제공해주기 원했다. 또한 우리 회사에서 생산되는 제품은 여성을 위해서 여성이 판매한다는 그의 결정은 여성의 역할에 대한 진정한 '명예회복'을 선언한 것이었다. 이 같은 직접 유통 방식을 통해 그는 여성들에게 건강과 아름다움뿐 아니라 경제력을 가질 수 있는 길까지 열어주었다. 이런 소명은 이 회사가 탄생한 방식에 의해 결정되었다. 창립주의 어머니가 손수 제품을 만들고, 아들이 그것을 내다 팔았던 것이다! 그룹의 '개화적인' 혁명이라는 소명은 창립 당시의 조직에서 유래한 것이다. 우연의 일치인지 몰라도 유럽 자회사도 한 여성(후에 부사장이 된 국제고문)이 모기업 본국 출신의 한 '지성인'을 만나게 되면서 그 역사가 시작되었다. 또한 모기업의 창설과 마찬가지로 여성 사장이 남성 사장보다 먼저 등장했다. (그런데 이 모든 게 정말 우연에 불과한 것일까?) 50년이 흐른 지금 돌아보면 그들은 결국 같은 소명을 가지고 있었다. 바로 '여성을 위해 창조하고, 그들이 진정한 기본소를 통해 해방되는 것을 돕는 여성들'이다.

마지막으로 우리는 모기업 본래의 기업 유형과 자회사 본래의 기업 유형이 동일하다는 점을 확인했다. 두 경우 모두 정복자형 회사를 꿈꾸는 창립된 자급자족형 공동체였다. 한 가지 사실은 모기업의 기업 유형이 궤도이탈을 했다는 것이다. 본국의 시대적인 조류를 따라 핵심 사업인 화장품 분야와 창립의 소명은 소홀히 한 채 다각적인 사업 확장에 매진한 결과 모기업은 한때 파산 위기까지 맞게 되었다. 이렇게 되자 창업주는 큰아들에게 화장품 이외의 사업을, 막내아들에게 화장품 사업을 맡겼다. 그때서야 드디어 올 것이 왔다. 막내아들이 그룹 본래의 기본소에 의거하여 기업을 재창립하였고 나머지 사업은 결국 다 매각되었다. 따라서 이제는 모기업과 자회사 사이에 어떤 '문화적' 반립도 존재하지 않는다. 같은 소명, 같은 기본소, 같은 기업 유형을 가지게 되었으니 말이다. 이런 긍정적인 현상에 힘을 얻은 자회사는 이런 문화적 상태를 명시적으로 드러내고 모기업과 양립할 뿐만 아니라 특히 전략적인 시각에서 상호 보완적인 산업 발전 비전을 도출해냈다.

재창립을 향하여

이 작업을 성공적으로 수행하기 위해 우리는 임원들에게 재무팀장과 생산팀장의 도움을 받아 회사의 재창립을 맡아서 추진하라고 제안했다. 이 일이 끝나자 임원진은 그들의 전략을 몇 가지 핵심 내용으로 압축할 수 있었다(그림 11.6).

문화	교류
소명 우리는 아름다움을 통한 인간의 발전을 믿는다.	**비전** 뷰티와 향수 사업을 그룹 발전의 중심축으로 삼아 다음을 가능케 한다: · 세계 진출의 기회를 제공할 브랜드 · 우리의 시장 지식과 국제 유통 지식
기본소 · 우수함에 대한 숭배: 모범적인 태도, 프랑스의 전문경험, 품질 · 창의성에 대한 숭배 · 문명 교화의 가치인 여성성에 대한 숭배 · 모든 기업활동에서 강직하고 투명하며 정지하게 행동한다는 약속에 대한 숭배 · 우리만의 시간에 대한 관계: 모든 발전 단계에 적용되는 '논리적 시간'	**야망** · 그룹의 재창립/변형을 위해 인정받는 지렛대가 된다: 특히 세계 진출을 위한 기업의 전략 수립에 접근 및 참여한다. · 그룹이 세계시장에서 비중 있는 규모를 달성하게 한다(10년 내에 15위 권으로 진입) · 모범적이고 재생 가능한 과정을 통해 증명한다.

그림 11.6 전체적인 전략의 예(교류+문화)

소명, 비전과 야망, 그리고 본래의 기업 유형이 정복자형 회사였다는 사실을 바탕으로 관리와 조직에 관한 몇 가지 결정이 '합리적으로' 내려졌다.

조직 측면에서 사장은 사업 전체를 하나로 통합하여 관할할 것을 결정했다. 자회사들을 흡수한 금융지주회사는 실제로 사업을 집행하는 모기업의 자회사가 되었고 세 개의 기능집단의 요소를 중심으로 편성되었다. 브랜드 관리를 중심으로 하는 '전사', 생산관리를 중심으로 하는 '생산자', 그리고 행정, 재무, 인사 관리를 중심으로 하는 '성직자'가 바로 그것이다. 또한 2인 지휘 체제가 채택되었다. 모기업에 대해 회사를 대표하는 사장과 브랜드 관리를 맡는 부사장 두 사람 모두 전략을 책임지게 된다. 관리 측면에서는 정복자형 회사의 구조에 맞게 마케팅 책임자와 브랜드 및 제품 개발을 위한 영업 책임자들로 구성된 참모부를 설치하기로 결정하였다. 이 참모부는 정복자형 회사의 2차 서클을 대표하며 기술적인 임무 외에 직원들에게 문화적 의무를 전수할 책임도 가진다. 직원들이 업무와 관련된 모든 행동 가운데 문화적 의무를 실천하여 사회적 응집력을 지키도록 해야 한다. 물론 이런 문화적 의무는 모든 참모부 멤버들에게 직업적인 전제를 정립하도록 해준다. 예를 들어 정복자형 회사의 마케팅은 공급의 마케팅이다. 영업 책임자에게 중간 고객과 최종 고객은 단순한 제품 소비자가 아니라 기본소의 열광적인 팬이 되어야 한다. 생산 책임자가 볼 때 공급업체의 회사에 대한 태도가 기본소에 부합되어야 한다. 모기업에 대한 이런 야심 찬 입장 재정립을 위해서는 사장의 설명 및 설득 작업이 필요했다.

우리 컨설팅 회사가 유럽 자회사에 개입하여 거둔 성과를 보고 이제 한국의 모기업도 우리와 함께 글로벌 발전을 위한 고찰 및 재창립 작업에 착수했다. 앞으로 유럽 자회사는 분명 모기업이 목표하는 기본소와 일관성 있는 입장을 재정립할 수 있을 것이다.

> 본래의 정신을 그대로 간직한 채 자급자족형 공동체에서 정복자형 회사로 이행할 수 있다. 또한 교류의 세계화를 추진하면서도 정복자형 회사의 지위를 지속적으로 유지할 수 있다. 도출된 문화적 의무를 모든 직원들의 행동 속에 적용시킬 수만 있다면 말이다.

■

12 장

성장

성공적인 합병의 지렛대로서의 문화적 재창립: 카리스마와 에너지만으로는 부족하다

지금 소개할 사례는 앞에서 이미 다루었던 프랑스 상호저축은행 그룹의 이야기이다. 프랑스 전국에 진출해 있는 이 대기업은 여러 지방은행으로 구성되어 있는데, 이들 지방은행은 같은 상호(접두사처럼 맨 앞에 같은 이름을 붙인다), 같은 문화적 기본소, 그리고 같은 운영규칙을 갖고 있지만 매우 자율적으로 운영된다.

이제는 전형적이라 할 수 있는 은행의 구조조정 차원에서 두 지방은행의 합병이 결정되었다. 합병은 아주 순조롭게 이루어질 것 같았다. 두 은행의 은행장은 서로 오래된 친구 사이고 선배 격인 은행장은 정년퇴직을 앞두고 있는 상황이어서, 두 사람이 함께 이번 합병을 제안하고 결정기관들의 동의를 얻어낸 것이었다. 참모진도 합병 계획을 호의적으로 받아들였고 두 은행장에게 신뢰감을 내보였다. 두 사람은 모든 것이 순조롭게 진행될 것이라 확신했다. 특히 '인수'하는 측 은행장은 자신의 카리스마와 에너지 그리고 사람을 이끄는 자신의 리더십을 믿었다. 그의 리더십은 특히 그가 이끄는 운영위원회를 포함해서 누구나 인정하는 사실이었다. 게다가 두 은행의 경제적 상황도 매우 건전했고 노사 분위기도 좋았다. 지리적인 요건까지 맞아떨어졌다. 하나는 파리 지역에(직원 1만 2천 명 규모), 다른 하나는 멀지 않은 서부 지역에(직원 8백 명 규모) 자리잡고 있었기 때문이다.

난관에 부딪히다

합병은행을 이끌게 될 신임 은행장이 합병과 함께 퇴임하는 선배 은행장의 후계자로 여겨졌기 때문에 임원들은 일단 조직체계만 일관성 있게 마련되면 모든 것이 순조롭게 진행될 것이라 진심으로 믿었다. 신임 은행장의 기업가적인 성향은 모든 직원들의 호감을 사고 설득력을 갖기에 충분해 보였다. 그가 이끄는 운영위원회의 역동성은 집단 전체의 정신을 '정복하게' 될 것이 분명했다. 그러나 초기의 이런 낙관적 예상은 복잡한 현실에 부딪혔고 합병 프로젝트가 완전히 무산될지도 모르는 상황에 직면했다.

도대체 무슨 일이 있었던 걸까?

근본적으로 두 회사는 각각 고유한 문화적 유형을 가지고 있었고, 바로 이런 이중성이 심각한 이해와 기능의 문제를 초래했다는 사실이 밝혀졌다.

기업의 유형으로 구분했을 때 상대적으로 규모가 작은 은행은 정복자형 회사였고, 큰 은행은 학자형 회사로 변모하여 이미 사회적 분열의 징후가 엿보이기 시작한 상황이었다. 이 두 회사는 같은 창립신화와 따라서 같은 문화적 기본소를 가지고 출발했지만 서로 다른 역사를 겪는 동안 기본소 또한 서로 다른 변이를 겪게 되었다. 정복자형 회사는 창립신화를 그대로 간직한 반면 학자형 회사는 일부 기본소를 왜곡하는 경향을 보였다.

첫 번째 문제는 합병을 주도하는 이들 스스로가 이런 요소들을 당연히 알지 못했다는 것이다. 이런 상황은 대개 공격성과 집착 그리고 불신으로 이어진다. 이런 징후들 때문에 합병 계획은 제대로 진행되지 못하고 있었다.

우리의 관심사인 이번 합병 프로젝트의 경우 정복자형 회사의 역동성이 문화적으로 위험에 처한 학자형 회사를 지배할 수 있을 것으로 생각했을 수도 있다. 그런데 얼마 지나지 않아 임원들은 오히려 학자형 회사의 수동성과 중압감이 합병된 새로운 은행의 발전을 저해하리라는 사실을 깨달았다. 신속한 대응이 필요한 상황이었다.

가능한 해결책

첫 번째 단계는 암묵적인 것을 명시적으로 드러내는 것이었다. 즉 통합된 운영위원회 위원들에게 문화적으로 어떤 일이 일어나고 있는지 분명하게 설명해주는 것이었다. 그들은 사내에 나타나고 있는 징후와 파급효과에 대해 명확하게 인지하고 있었지만 그 원인은 알지 못했다.

사실을 공개하는 이 단계는 매우 중요한 것으로 나타났다. 말 그대로 사실을 밝히는 것이기 때문이다. 개인적으로나 집단적으로나 무언가를 알게 된다는 것은 늘 긍정적인 효과를 가져온다. 한편 기업 인류학의 특징은 그 누구도 죄인으로 몰고 가지 않는다는 점이다. 문화적 요소들은 사람과 직무를 초월한다. 게다가 사람들은 지금까지 의식하지 못하고 있지 않았는가! 문화적 진단을 모두에게 공개하는 이 첫 단계를 통해 누구나 현 상황을 명확히 인식할 수 있었다.

두 번째 단계는 참모진에게 새로운 회사의 창립을 위한 수단을 제공해주었다. 실제로 두 은행의 기업 유형 중 어떤 것도 새로운 은행의 기업 유형이 될 수는 없으며 따라서 새로 태어난 문화적 기본소와 새로운 기업유형을 가지고 새로운 은행을 창조, 설립해야 한다는 사실이 분명하게 드러났다.

그러므로 운영위원회의 임무는 목표하는 비전을 다 같이 작성하는 것이었다. 직원들의 공통된 의지는 새로운 은행을 기업가형 회사로 변모시키는 것이었다. 이를 위해서는 두 은행 각자의 문화에서 상호 보완적인 요소들을 추출해내는 작업이 필요했고 또 가능할 것도 같았다. 예를 들어 학자형 회사에서는 조직의 구성을 위한 서면문화를, 정복자형 회사에서는 유연성과 반응성을 취사선택하는 것이다.

반년 정도 소요된 이 과정은 물론 운영위원회 전체의 철두철미한 작업과 신임 은행장의 불굴의 의지가 필요한 과정이었다. 투명하고 엄격하게 진행된 이 과정은 운영팀의 응집력을 강화시키고 회사 내에서 각자 자기 위치를 찾는 필수적인 작업에 큰 도움이 되었다. 이 과정에서 회사를 떠난 사람도 몇몇 있었다.

다음으로 이 생각을 행동으로 옮겨야 했다. 운영위원회 위원들은 1차 서클에 의존하기로 했다. 이 서클은 '실행위원회'라고 불렸다. 열 명으로 구성된 실행위원회에는 지방은행과 본사의 직원들, 두 은행에서 오랫동안 일해온 직원들, 남자 직원과 여자 직원이 고루 섞여 있었다. 이들은 외부 컨설턴트들의 도움을 받아 새로운 문화적 기본소, 새로운 질서체계와 새로운 규율체계를 완전히 익혔다.

실행위원회 위원들은 (3백 명 정도 되는) 임원 집단의 힘을 빌리지 않고는 성공할 수 없다는 것을 깨닫자 주어진 도구들을 이용해 자기들이 직접 임원들에게 인코딩 작업을 해주기로 결정했다. '새로운 문화의 체득' 작업은 완벽하게 이루어졌다. 경영진에서는 앞으로 2년 내에 합병 프로젝트를 완전히 마무리하기로 했다. 목표하는 조직이 마련되었을 뿐 아니라 프랑스에서 합병기업의 경제적 실적이 악화되지 않은 첫 번째 사례가 된 것을 보면 그 약속은 이미 지킨 것이나 다름이 없다. 더 나아가 합병된 새 은행의 실적이 과거 두 은행의 실적을 합한 것보다 더 향상되었다.

> 순조로운 합병, 더 나아가 모범적인 합병을 위한 객관적인 교류의 기준들이 다 준비된 경우에도 이런 문화적 요소들이 합병과정을 마비시킬 수 있음을 명심하자.
>
> 이번 사례에서는 공통된 기본소를 가지고 같은 그룹에 속해 있는 같은 업종의 두 회사가 서로 다른 기업유형에 따라 변이한 사실을 확인할 수 있었다. 임원들이 생각했던 것과는 달리 학자형 회사가 에너지 넘치고 카리스마 있는 정복자형 회사를 흡수, 잠식할 뻔했다. 그러니 언제나 확실한 것은 하나도 없다. 다만 인류학적 접근 방식을 통해 많은 실패 위기를 피해갈 수 있을 뿐이다.

■

13 장

역성장

역성장의 소식, 이를 거부한 조직 구성원의 연대기: 부타가스

부타가스(Butagaz)는 1932년 미국에서 여행과 공부를 마치고 돌아온 두 엔지니어가 통에 든 가스를 제품화하기로 결정하면서 설립되었다. 이 회사는 처음부터 백 퍼센트 쉘(Shell)그룹의 자회사였다. 흥미로운 사실은 매우 프랑스적인 회사이자 브랜드인 부타가스와 세계적인 석유기업 쉘과의 이런 모자관계를 아는 사람이 거의 없다는 것이다.

역사적으로 이 시장의 선두주자였던 부타가스는 시장점유율 25 퍼센트 수준을 기록하며 지금도 가스통 시장의 선두 자리를 지키고 있다. 게다가 푸른색 부탄 가스통과 프로판 가스통 및 가스탱크 시장의 경우 아주 최근까지 확장 추세에 있었다.

이렇듯 부타가스는 프랑스에서 높은 인지도를 확보했을 뿐 아니라 주주에게 고수익을 선사하는 효자 기업이다. 인심 좋은 주주 기업인 쉘은 부타가스에게 언제나 충분한 자율성을 보장해주었고 모든 직원들에게 편안한 생활환경과 근로조건을 제공해주었다. 적어도 본사 직원들과 부타가스에서 직접 봉급을 받는 직원들은 그랬다.

그런데 안타깝게도 좋은 일에는 늘 끝이 있기 마련이다. 이제 프랑스 가스통 시장에는 긴장감이 고조되고 있다.

• GDF(Gaz de France)가 점점 더 외진 산골마을까지 진출하고 요리 문화가 변하고 있으며(전자레인지의 사용) 에너지 절약을 실천하면서(주택의 단열재 개선) LPG 가스 시장은 축소되고 있다. 연간 3-4퍼센트 정도 감소하고 있으며 개선의 희망도 보이지 않는다.

• 다른 석유 그룹의 자회사나 독립된 회사인 경쟁업체들 역시 같은 문제를 겪고 있기 때문에 역사적인 선두기업 부타가스에 대한 정면승부에 나서고 있다.

• 마지막으로 가장 심각한 사실은 대규모 식품 유통업체들이 이 틈새 시장의 매력을 발견했다는 것이다. 마진도 높고 단골 고객 만들기도 쉬운 시장이라는 것이다. 유명 식품업체들의 대대적인 진출이 예고되고 있다.

결론적으로 전체적인 시장규모는 줄어들고 경쟁은 치열해지고 있으며 머지않아 마진율도 크게 감소할 것으로 예상된다.

이제는 기댈 곳이 하나도 없다. 물론 부타가스의 CEO도 이런 프랑스 시장 특유의 변수들을 의식하고 있다. 인사부장은 시장을 선점해야 한다는 것과 감원, 구조조정 등 시장의 구도 변화에 따른 조치가 취해져야 한다는 사실을 잘 알고 있다. 그런데 이들은 임원과 직원들의 전반적인 이해 부족이라는 상황에 직면해 있으며 그 원인이 부타가스의 매우 특수한 문화적 요소에 있다는 것을 이해하고 있다.

우리 컨설팅 회사는 이들로부터 지금 어떤 일이 일어나고 있는지 이해할 수 있도록, 또 가능하다면 사람들의 '생각을 움직일 수 있도록' 도와

달라는 요청을 받았다.

이해를 위한 문화적 진단

예화에 불과하지만 많은 것을 시사하는 이야기를 하나 적어본다. 우리 컨설턴트들이 '정보 제공자'들과 일대일 인터뷰를 시작한 지 얼마 안 되었을 때 다른 기업 사례에서는 거의 볼 수 없는 불신의 분위기가 느껴졌고 이를 인사부장에게 알려야겠다는 생각이 들었다. 종종 과격하게 표현되는 주요 임원들의 경영진에 대한 불신, 사람들 문제 삼기, 향후 몇 주간 예정되어 있던 임원회의에 대한 방해 협박 등. 임원회의를 두 달 뒤로 미루어야 할 정도였다. 그러면서 진단 결과를 알리고 운영위원회와 함께 전략적인 문서 작성 작업에 착수하였다.

그러나 대세는 이미 정해져 있었다. 회사를 위험으로 몰고 가는 움직임을 제거해야만 했다. 감원 계획이 공식적으로 추진 중인 만큼 더더욱 그랬다. 설상가상으로 같은 시기에 주주 기업이 부타가스가 상당한 실적을 올리고 있는 LPG 국제사업 부문을 매각한다는 소식을 주로 언론을 통해 모두가 듣게 되었다.

따라서 모두 진단 결과를 초조하게 기다리고 있었다. 여기서 몇 가지 핵심요소를 소개하겠다.

본래의 소명

"다른 현대적인 에너지의 혜택을 누리지 못하는 모든 사람들이 위험하고 폭발의 위험이 있는 에너지를 안전하고 편안하게 다룰 수 있도록 한다."

문화적 기본소

이 같은 소명으로부터 지난 수십 년간 기능해온 본래의 의무체계가 자연스럽게 도출되었다(표 13.1에 요약).

표 13.1 부타가스의 초기 문화적 기본소

본래의 기본소	정의, 의의
근린성	고객 및 수탁자 가까이 있기, 봉사하기 사람들과 함께 있는 기쁨, 따스함
안전	안전수칙 준수하기, 안전에 대해 신중하기 모두의 안전을 위해 위험 관리하기, 신뢰받을 만한 행동하기
발전	발전 가져오기, 프랑스 국민들이 변화하게 하기, 안락함 제공하기
투명성	'숨기는 게 하나도 없는' 대가족 이루기 말한 대로 행하고 행한 것을 말하기

그런데 이 의무체계는 1995년부터 조금씩 변질되기 시작했고 결국 표 13.2에 기록된 결과들이 나타나게 되었다.

표 13.2 초기 의무체계의 변질

초기 의무체계	변질된 의무체계
근린성	최종 고객과 멀어지고 연결고리 상실 내부 에서는 위장된 친밀성, 누군가에 대항하는 연대 형성
안전	제로 리스크 과잉 품질 추구 절차의 고도화
발전	최종 단계까지 이르는 혁신 적음 자기를 위한 물질적 발전
투명성	비밀보장 부족 오메르타(omerta: 동지적 연대) '다른 사람들을 위하는 척한다'

기업 유형 면에서도 동일한 현상을 목격하게 된다. 50년이란 긴 세월 동안 정복자형 회사였던 부타가스는 그 후 논리적인 귀결로 산업적, 사회적인 안정 국면에 접어든 기업가형 회사로 이행했지만 언젠가부터 심각한 사회적 분열 조짐이 나타나고 있다(그림 13.1).

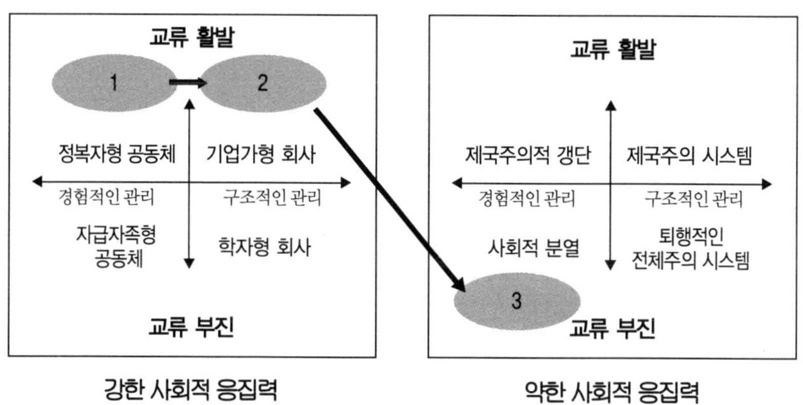

그림 13.1 부타가스에서 나타난 문화적 역학의 변이

부타가스의 경우 신기하게도 매우 위험한 사회적 분열이 세 가지 기능 집단의 놀라운 변이에 의해 일어난 것으로 설명된다.

첫 번째 '정복자형' 시기에는 모두 개발에만 관심을 집중한다. 두 번째 '기업가형' 단계에서는 '제후' 대접을 받는 일부 전사들이 스스로를 법 위에 있다고 치부하면서 체계의 변질이 시작된다. 그렇게 해서 이들은 다음과 같은 중요한 두 가지 본래의 의무를 훼손하는 데 일조하였다.

- (고객과의) 근린성은 일상적인 지방 출장으로 변질되었다.
- 발전 가져오기는 '자신의 안락함 개선'으로 변질되었다.

실체가 드러난 제후들은 쫓겨났다.

마지막 세 번째 단계에서는 정당성이 성직자 쪽에 있다. 감독, 안전, 재정, 품질 등.

그렇지만 좀 더 깊이 살펴보면 회사의 역사가 다음과 같은 상황으로 흘러가는 것을 발견할 수 있다. 각각의 계급은 씨족으로 이루어져 있다. 각각의 씨족은 그들만의 사회적 응집력을 가진다. 이들 씨족은 기능집단 유형표 상에서 그들의 정당성이 가장 강력했던 위치에 정착한다. 이 모든 것은 결국 기업의 사회적 분열로 이어진다. 각각의 씨족이 다른 씨족에 대항하는 그들만의 응집력을 갖고 있기 때문이다. 이런 상태는 그림 13.2에 잘 나타나 있다.

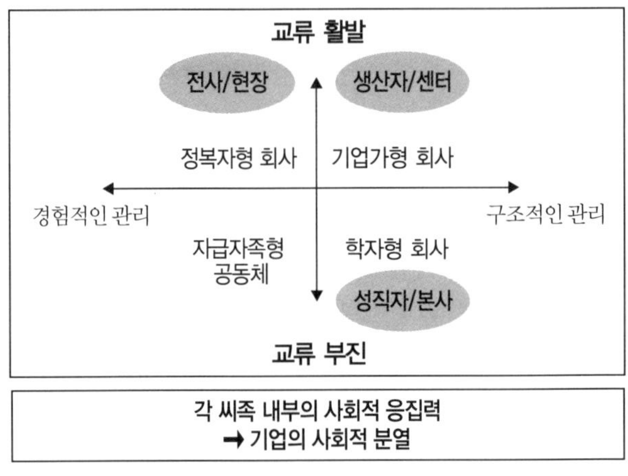

그림 13.2 씨족집단으로 인한 사회적 분열

이런 사회적 분열의 요소들은 다른 두 문화의 공존이라는 보완 요소에 의해 더욱 심화된다. 다국적 기업의 문화와 부타가스 문화의 공존은 일부는 모기업 출신, 일부는 순수한 부타가스 출신, 또 일부는 이중소속을 가진 임원들이 그 전달자가 될 때 종종 극도의 혼란을 초래하기도 한다. 이번 사례의 경우 두 문화가 모두 뛰어난 인코딩 능력을 가진 동시에 확연히 다른 소명과 기본소로부터 출발했기 때문에 더욱 그렇다. 이 내용은 표 13.3에 잘 정리되어 있다.

표 13.3 서로 다른 두 문화의 공존

모기업	부타가스
엘리트주의	경험과 현장 능력
합리성	직관
기술적인 사고	인간관계
엔지니어	상인, 영업사원
기술적인 역량	영업 역량 및 친화력
문자 문화	구술 문화
국제적	매우 프랑스적
업스트림	다운스트림

그만큼 심각한 혼란 상황이었다. 앞서 말한 과격한 반응이 나타난 것도 바로 이 때문이었다.

요컨대 지금까지 설명한 모든 이유들 때문에 운영위원회는 직원들과 단절되어 있었다. 모기업의 문화만 전달하는 사람, 동시에 시장의 악재를 전하는 사람, 따라서 믿을 수 없고 경청해줄 수 없는 사람으로 인식되었기 때문이다.

특히 모기업 출신의 일부 핵심 임원들은 '순수한 부타가스' 직원들에게 정당성을 인정받지 못하고 있었다. 그런데 이들은 그들 역시 듣고 싶지 않은 소식을 전하는 운영위원회를 신뢰하지 못하고 있었다. 한편 '순수한 부타가스' 직원들은 시장의 악재와 부타가스의 자랑이었던 기본소의 변질이라는 이중고를 겪고 있었다.

이 모든 상황 때문에 부타가스의 CEO는 직원들에게 그들이 당면한 현실과 시장의 악재 그리고 그것이 회사와 그의 리더십 및 생활에 미치는 영향을 알리고 그들의 이해를 구하는 데 애를 먹고 있었다.

그의 어려움은 다음과 같은 요소들 때문에 더욱 가중되었다.

• 아직은 우수한 브랜드의 경제 실적

• 직원들의 개인적인 상황에 타격이 없는 것으로 보인다는 사실(급여, 보너스, 기타 혜택 등)

• LPG 부문에 대한 매각 결정은 모기업이 부타가스를 인수자의 좋은 표적으로 간주한다는 증거라는 생각

• 인지도 높은 회사 및 브랜드 역사와 연계된, 부타가스가 전능하고 불멸하리라는 전반적인 느낌

전반적인 불안감 속에서 다음과 같은 세 가지 반응이 나타났다.

• 믿을 수 없다: 부정

• 그 이야기는 하고 싶지도 않다: 금기

• 회사가 쓰러져가는 것을 앉아서 보기만 할 것이 아니라 우리가 나서서 막아보자.

그러므로 적절한 전략적 해법을 제시함으로써 이 복잡한 상황을 타개해나가야 한다.

사람들의 생각을 움직이기 위한 전략적 고찰

사회적 응집력과 동원이라는 목표를 성공적으로 달성하기 위해서는 서로 최소한의 신뢰와 응집력을 회복하고 현실적이면서도 야심 찬 전략적 비전을 작성해야 했다.

첫 번째 단계

모든 운영위원회 위원들이 정기적으로, 또 체계적으로 일하도록 하고

그것을 알리는 단계이다.

CEO에 대한 신뢰도 위태로웠다. 앵글로색슨 혈통에, 모기업 문화밖에 모르고, 까다로우며 직설적인 사람으로 비춰진 CEO는 이들에게 어떤 식으로 접근해야 할지 몰랐다.

어쨌든 운영위원회의 작업을 통해 우리가 제시한 시나리오 중 하나가 과감하게 선택되었다. 사실 부타가스를 모기업의 한 '부서'로 만들고 실력행사를 해서라도 주주의 기본소를 받아들이도록 하는 비전을 선택할 수도 있었다. 그러나 결국 '부타가스의 문화를 시장의 조건에 맞게 변화시키기'로 결정함에 따라 이 과정은 용기와 이성의 승리로 끝났다. 이 시나리오는 모기업이 매각할 경우 부타가스의 선한 의도를 증명할 것이고, 매각을 포기하는 경우에도 역시 효과가 있으리라는 장점이 있었다. 어쨌든 경영진은 경제적, 사회적으로 회사를 정상화시켜야 했다.

이어서 그들은 새로운 시장환경과 경쟁조건에 부합하는 경제적 비전과 소명 마련에 착수했다. 이 과정에서 변질된 기본소, 특히 심하게 훼손된 의무와 금기를 포기하고 새로운 기본소와 새로운 운영방식을 존중하는 작업도 함께 이루어졌다. 모든 과정이 일정대로 진행되었으며 이 작업들 덕분에 보이콧 협박을 받았던 세미나에서 임원들과의 신뢰를 회복하고 두 번째 단계를 시작할 수 있었다.

두 번째 단계

이 단계에서는 최고 경영진 직속에 있는 임원 25명이 참여하는 리더십 팀이 발족되었는데, 이들에게는 프로젝트에 '승차'하라, 자기 일처럼 하라, 전사적으로 알려라, 그리고 프로젝트의 전체적인 성공을 위한 조건들을 마련하라는 임무가 주어졌다.

적응과 전개 과정 동안 리더십 팀은 컨설턴트들의 도움을 받았다. 그렇지만 팀원들이 시장의 지각변동을 현실로 받아들이고 건설적인 작업에 참여하도록 유도하는 데 오랜 시간이 걸렸다는 사실을 밝혀둔다. 우리가 속한 문화에서 성장이 지속되지 못한다는 사실을 받아들이기가 그만큼 힘들다는 뜻이다. 또한 시장의 구조적인 역성장을 고려하면서 선두자리를 유지할 수 있는 야심 찬 계획을 만들어내는 것은 결코 쉬운 일이 아니었다.

이런 어려움에도 불구하고 그들은 상황을 인식하고 전개 작업을 추진하였다.

주주 기업은 결국 부타가스를 매각하지 않았다. 그러자 경영진은 주주들에 대해서도, 회사 내부적으로도 정당성을 부여해준 그들의 계획을 실행하기로 했다.

이와 관련하여 피플 서베이(People Survey)가 실시하는 노사환경 정기 실태조사에서 2006년 말 부타가스는 매우 긍정적인 평가를 받았다. 2005년에 실시한 인원 감축과 2005-2006년 사이에 이루어진 모든 구조조정에도 불구하고 선전한 것은 주목할 만한 일이다. 조직 구성원들이 성인으로서 자신들의 미래를 스스로 책임지기로 한 증거임에 틀림 없다.

분리를 통한 창립의 포기: 공장의 양도

재창립이 수반되지 않은 변화의 실패

프랑스의 자동차 그룹은 강철, 알루미늄 주조 등 일부 부품 공장을 정리하기로 결정한다. 이 회사는 노르망디에 기계와 알루미늄 주조를 겸하는 중요한 공장을 가지고 있다. 오랜 협상 끝에 주조업계의 세계적 리더인 이탈리아 인수업체를 만났고 이 업체를 인수 파트너로 선정했다. '알루미늄 주조' 부문은 계열사로 분리되어 주식회사가 되었고 주조 부문 책임자가 이 회사의 CEO로 임명되었다. 바로 이 회사가 1999년 이탈리아 그룹에 인수된 회사이다.

350명을 고용하고 있는 이 알루미늄 주조 공장(총 직원 5천 명 규모의 공장단지에서)은 크랭크 덮개와 기어박스 부품을 생산하여 연간 9천만 유로의 매출을 올리고 있다. 주조 분야에서 실적이 가장 뛰어난 공장 중의 하나로 인수기업에서는 이 공장을 동종 부품 전체의 개발을 위한 플랫폼으로 만들려는 계획을 갖고 있다. 인수 직후 새로운 주주는 1천 5백만 유로를 투자하고 30여 명을 신규 채용했으며 다수의 현지 임원이 국제적인 연구 및 활동 기구에 참여해달라는 부탁을 받기도 했다.

모든 것이 최고의 환경에서 최선을 향해 가고 있는 줄 알았는데…….

문제제기

변화를 위한 모든 동반작업이 완벽하게 진행되었으며 임원과 노조 양측에서 뛰어난 커뮤니케이션과 동원 실력을 보여주었다. 처음 몇 달 동안은 모두들 인수작업이 성공적으로 이루어졌다고 입을 모았다.

그런데 몇 달이 지나자 환상은 깨졌고 노사환경에 대한 감사에서 다음과 같은 심각한 징후와 기능장애들이 드러났다.

- 물리적인 지표들이 악화됨: 품질 저하, 잦은 결근, 산업재해 등
- 뚜렷한 이유 없이 노조활동이 재개되거나 증가함
- 상상의 전통이 등장함: "우리는 예술적인 주조공이었다."
- 신입사원의 적응이 어려움
- 이탈리아 본사를 헤게모니로 보고 본사의 결정이라면 무조건 편집증

적인 반응을 보임

• (이미 규칙이 있는데도) 대중 없이 '규칙'을 요구함

• 경영진의 의심과 방황이 경영진의 응집력 약화, 심한 경우 운영위원회 내부의 불신으로 이어짐

겉으로 보기엔 모든 것이 '교과서적으로' 이루어졌는데, 도대체 무슨 일이 있었던 것일까?

설명을 위한 열쇠

기업에 소속된 생산조직에서 독립된 계열사로의 위상 변경

조직과 법률상의 분리는 일어났지만 공장 고유의 기저문화 요소를 마련하는 데 필요한 문화적 분리는 일어나지 않았다. 문화적으로 봤을 때 생산조직은 생산자들로 구성된 하나의 씨족이다. 더구나 오늘 이야기에 등장하는 씨족은 물리적으로나 인간적으로나 기호론적으로 대기업 및 대형 브랜드에 속한 넓은 생산단지의 일부였다. 역으로 독립된 계열사라면 생산분야도 마찬가지로 하나의 부족을 이루어야 한다. 즉 조직 내에 전사, 성직자, 생산자라는 세 개의 기능집단을 포함하고 있어야 한다. 그런데 이번 사례에서는 씨족에서 부족으로의 이행이 이루어지지 못했고 결국 문화적으로 '미숙한' 조직이 양도되었던 것이다.

이런 문화적 변형의 부재가 앞서 설명한 문제들을 초래한 주범이었다.

주어진 문화에서 다른 문화로 이행하기

이 주조공장은 소속감이 강하고, 소속감이 언제나 가장 큰 관심사인 기업가형 문화환경 속에 있었다. 한편 새로운 주주 그룹은 현지의 특수성을

존중, 유지하고 가능한 한 경영에 개입하지 않으려는 경향이 있다. 리포팅의 요소들만 적합하다면 그룹은 개입하지 않는다. 문화적으로 봤을 때 이는 그룹이 명시적으로든 암묵적으로든 소속감의 이전을 도와줄 기저문화를 제시하지 않는다는 것을 의미한다. 주조공장의 조직 구성원들은 준비도 못하고 누군가의 도움도 받지 못한 채 그들의 역사적인 문화를 애도할 수밖에 없었던 셈이다. 게다가 그들이 느끼는 소속의 필요를 다른 곳(예를 들어 그들 고유의 프로젝트나 아니면 이탈리아 모기업)에 쏟을 수도 없었다.

현재 상황

산업적, 경제적, 문화적인 문제들이 쌓여가고 국제시장의 수요까지 감소하면서 위에서 설명한 징후들이 더욱 악화되었다.

먼저 이탈리아 인수업체가 취한 제국주의적 조치들 때문에 CEO와 임원의 상당수가 회사를 떠났다. 그 후 회사는 자산에 대한 필요 때문에 2002년 8월 미국 업체에게 다시 매각되었다. 이번에는 인수에 필요한 공식적인 동반작업을 신경 쓰는 사람이 아무도 없었다.

현재 공장은 문화적인 방황을 겪고 있다. 우리 생각이 과연 틀리지 않았다. 이런 상황은 산업적, 경제적, 사회적 그리고 인간적인 파급효과를 가져온다.

> 변화를 위한 동반작업이 성공적으로 이루어진 것처럼 보였지만 문화적인 준비가 전혀 없었기 때문에 모든 노력이 부메랑처럼 되돌아왔다. 재창립의 과정을 거치지 않고 생산자 조직이 완전한 사회조직으로 탈바꿈할 수는 없다. 또한 상징적인 새로운 질서가 명시적으로 나타나지 않을 때 문화적인 방황은 연이은 실패를 초래한다.

지금까지 소개한 실패 사례는 안타깝게도 문화적인 애도와 재프로그래밍 작업이 이루어지지 않는 한 긍정적인 의미의 '변화'를 논할 수 없다는 것을 잘 보여주는 증거라 할 수 있다.

공장의 양도: 두 가지 문화체계 사이에서 외줄타기를 하는 어느 집단의 이야기

프랑스 공업 그룹에 속한 어느 회사의 미가공 부품제조 공장에 관한 이야기를 들어보자. 20여 년 전에 세워진 이 공장은 실업률이 높은 오래된 철강산업 지대에 위치하고 있으며 직원은 4백 명 규모이다. 정부와 지자체에서는 이 지역에 대한 기업들의 투자 및 고용 창출을 유도하기 위해 다양한 지원체계를 마련하였다. 사실 그룹에서 이 공장을 설립할 때도 해외 경쟁업체의 프랑스 진출을 막기 위해 정부가 협상에 나섰다. 이곳에서 사용되는 기술은 수요가 늘고 있는 전도유망한 분야의 기술이다.

몇 년 전부터 그룹은 높은 성장률을 기록하고 있고 성장세를 유지하기 위해 투자조정을 해야 했다. 결국 그룹에서는 이 분야의 활동을 일부 정리하기로 했다. 그리고 산업은행의 중재 하에 인수 파트너를 찾기 위한 전형적인 협의과정에 돌입했다.

기업 인류학의 차원에서 공장은 생산자들로 구성된 씨족이다. 한편 그룹의 문화는 생산자는 생산에만 신경 쓰게 한다는 문화이다. 공장의 매니저들이 생산활동의 결과들을 이해하기에 충분한 경제적 문화를 가지고 있다 해도 그들의 목표는 주로 관리적인 차원(노사환경, 특히 노사간의 평화)과 산업적인 차원(품질과 부품의 가용성)에 국한되어 있다. 생산성은 예산표에 의거하여 판단되고 연차적인 발전계획 수립능력은 그룹이 세워놓은 기준에 의거하여 판단된다. 공장에도 이른바 '지원'기능들이 대부분 마련되어 있지만 사실 이들은 그룹 차원에서 전략을 수립하는 중앙 부서 또는 분과의 대리기능에 지나지 않는다. 유기적인 보완성이 없는, 공장의 업무효율을 높이기 위한 보조장치에 불과한 것이다.

그룹은 강력한 문화를 가진 기업가형 회사인 반면 생산부서 내에서는 학자형 회사로 폐쇄되는 (전형적인) 경향을 보이고 있었다. 일반적으로 직원들은 이 공장을 평생직장으로 생각하고 있었다.

공장은 다음 두 가지 측면에서 그들만의 세계로 유폐되고 있었다.

- 어떤 질문도 없이 그룹에 대한 소속감이 제공하는 안락함 속에서 살고 있다. 고객들의 유사성(고객들이 모두 같은 그룹에 속한 다른 가공 공장들이므로)과 지원 업무(제품을 개발하고, 제품 출시를 기획하고, 같은 제품을 제조하는 여러 공장 사이에서 조정하는 업무)의 상시 제공, 그리고 중앙화된 업무량 조절이라는 요소들 때문에 공장의 책임감이 줄어들 수밖에 없다. 더구나 발전 속도가 가장 빠른 기술을 사용하는 공장이다 보니 더욱 그렇다.
- 정치적인 이유로 설립된 이 공장은 지역의 노하우나 지리적인 조건, 그룹과의 인접성 또는 산업 시스템 내부의 논리 등 어떤 면에서도 정당성을 갖지 못한다. 어떻게 보면 공장은 늘 '갖다 붙인 조각'처럼 여겨졌고, 다른 공장들과 같은 대우를 받지만 투자에 있어서는 그룹의 역사적인 생산기지에 위치한 비슷한 공장들에게 늘 밀렸다. 그래서 현지 매니저들은 늘 스스로를 '유격대'에 비유했다. 자신들이 가진 수단을 이용해서 뚝딱뚝딱 만드는 능력을 개발하고 사람들의 기지를 중시하는 유격대 말이다.

그런데도 이 회사는 강력한 사회적 응집력을 가졌다. 또한 이 공장을 이끄는 공장장은 호기심 많고 전략적인 비전이 뛰어난 젊은 사람이다. 마지막으로 일부 매니저들은 이 공장에 오기 전 다른 분야에서 경험을 쌓은 사람들이다.

그룹은 몇 달 만에 드디어 찾아낸 파트너에게 공장을 넘겨 주었다. 인수업체는 아직도 설립 단계에 있는 '신생' 기업으로 아마도 유럽 지역의 하청을 맡을 목적으로 이 공장을 키우려는 회사였다.

그룹에서는 이미지 관리 차원에서(이런 대규모 양도는 처음이었다) 또한 기업가적인 역동성에 힘입어 공장의 성공을 최대한 보장하기 위한 동반작업에 참여하기로 했다.

징후들

공장이 인수된 지 얼마 지나지 않아 원기업 직원들과 공장 직원들 사이에 가격과 품질 문제를 둘러싼 첫 번째 위기가 발생했다. 공장 직원들은 오랜 세월 같이 일했던 옛 이웃이 이제 '고객'으로 변했고 자신은 '내부자'에서 '외부자'로 신분이 바뀌었다는 사실을 돌연 깨달았다. 그렇다고 아직 인수기업의 새로운 문화에 적응하지도 못했는데 말이다.

전부터 독립된 회사로 여겨졌던 공장이지만 막상 매각이 되자 직원들은 그룹에서 쫓겨났다는 생각이 들기 시작했다. 그러나 진정한 혼란의 징후는 한참 후인 이듬해 연말에 가서야 나타났다.

• 인수업체 사람들과 공장 매니저들 사이에, 특히 '우리들/저 사람들' 식의 화법을 통해 오해가 나타나기 시작했다. "X그룹 사람들은 예의가 없어. 인사도 안 한다니까."라든지, "우리도 품질이 뭔지 안다는 걸 보여주자고."라든지, "Y공장 사람들은 기고만장하다니까."라는 식이었다.

• 그룹 대표의 개인적인 스타일(개성이 강하고 직관적이며 성격이 급하고 모든 일을 직접 챙기는 스타일)이 문화적인 변화와 적응 문제의 상

징이 되었다. "업종에 대한 정당성이 없다." "뭐든지 끝까지 가는 게 없다." 등등. 운영팀 내에서도 리더가 자기들과는 '출신'이 다르다는 사실을 받아들이기 어려웠다.

• 재정적인 압박과 비용절감 계획이 끝없는 걱정거리로 대두되었다. 인수 전에도 판매 감소를 보전하거나 유난히 어려웠던 한 해를 마무리하기 위해 정기적으로 비용절감을 실시했지만, 그때는 모두가 이를 당연하게 받아들이고 문제 삼지 않았다.

• 공장에서 훈련 받은 기술자들이 구조적으로도 위험하고 안정된 미래가 보장되지도 않는 다른 직장으로 떠났다. 이직의 유일한 동기는 급여의 차이로 보인다.

• 행동계획이 동원력을 발휘하여 효율적으로 실행되는 데 몇 가지 어려움이 따른다.

한편 이제는 배타적인 계약에 의해 원기업과 상업적으로 연결되어 있지 않지만 그래도 공장 측에서는 원기업의 경쟁업체들에게 부품을 판매하기 위한 접촉을 피하고 있다. 고객 개발 작업은 인수업체의 몫이 되었다.

문화적 진단

인수과정에서 나타나는 전형적인 징후들이지만 이번 경우는 다음과 같은 특성을 띠고 있었다.

• 강력한 문화를 가진 그룹에서 아직 설립 단계라 확실히 드러나지는 않지만 제국주의 문화로 보이는 신생기업으로의 이전

• 강력한 사회 응집력을 가지고 학자형 회사처럼 기능하는 생산자 씨

족의 이전. 그러다 보니 개방성은 약할 수밖에 없다.

첫 번째 징후는 소속감에 대한 애도에서 나타났다. 조직 구성원들은 공장의 매각을 마치 그룹에서 쫓겨난 것으로 여기고 있었고, 따라서 인수업체의 새로운 문화를 받아들이기를 거부하고 있었다.

이런 이행과정은 정상적인 것이지만 너무 오래 지속되면 안 된다. 강력한 문화를 중심으로 형성된 사회적 응집력을 토대로 이루어낸 생산성과가 저하되고, 소속감의 상실이 버림받았다는 감정으로 변형될 위험이 있기 때문이다.

따라서 매니저들이 인수업체의 새로운 문화에 적응하고 부하직원들과도 공유하기 위해 필요한 노력들이 이루어져야 했다. 변화과정 중에 있는 새 주인의 문화가 대단한 호소력을 가진 것은 아니었지만 오해의 소지를 줄이기 위해 충성심을 보여주고, 또 한편으로는 조직 구성원들의 기본적인 소속의 욕구를 충족시켜줄 필요가 있었다.

한편 생산자들의 씨족으로 구성된 공장의 구조 자체가 새로운 현실에 적합하지 않았다. 실제로 기계적인 연대를 중심으로 조직된 씨족이란 고유한 문화 메커니즘을 생성해내기 어렵기 때문에 조직의 문화 메커니즘을 계승해나가야 한다. 다른 한편 인수기업의 조직 속으로 통합되고 정상적으로 기능하기 위해서는 공장이 인수기업 내에서 자신의 역할을 수행할 수 있는 부족으로 탈바꿈해야 한다.

이런 징후들이 나타날 수 있음을 예고했는데도 불구하고 직원들에게 매각 소식을 발표하는 데만 정신이 팔려 있던 경영진은 그 심각성을 과소평가하였다. 수차례 경고했지만 매니저들도 소속감의 애도라는 난제와 고군분투하느라 문화적인 차원까지 신경 쓰지 못했다. 그러나 이런 징후들이 중첩되면서 마침내 의식의 제고가 일어났고 문화적인 차원의 작업도 성공적으로 이루어졌다.

> 핵심사업을 중심으로 구조 개편을 단행하는 대기업이 공장을 매각할 때 발생하는 전형적인 문제제기가 나타난 사례이다.
>
> 정의상 공장은 단순한 생산자들의 씨족으로 기능하는 경우가 많다. 이는 전사(영업)가 빠져 있는 구조의 '폐쇄성' 때문에 공장이 새로운 고객 확보에 나서기를 당연히 바라는 새로운 주주들의 요구에 부응하기가 어렵다는 것을 의미한다.
>
> 따라서 사회적 응집력의 약화로 경제적 기능장애가 유발되는 것을 막기 위해서 가능한 한 빨리 이 같은 문화적 제약을 고려하는 것이 매우 중요하다. 그뿐만 아니라 이런 상황에서는 새로운 인수 후보업체의 지시를 기다릴 것 없이 공장 지도부에서 자체적인 프로젝트를 마련하는 것이 반드시 필요한 것으로 보인다. 그렇지 않을 경우 인수업체와의 오해가 그들에게 치명적인 위험으로 다가올 수 있기 때문이다.

부득이한 창립문화 포기를 위한 동반작업: 강력한 지역문화가 보여준 영향력

지금 소개하는 사례는 두 공업기업[1] 사이에서 태어난 합작회사에 관한 이야기이다. 옛 광산지대[2]에 세워진 이 공장은 광산의 업종 전환 시 수반되는 고용문제를 해결할 목적으로 국가와 지역과 두 기업이라는 여러 파트너의 추진력에 힘입어 설립되었다.

회사는 매우 다양한 산업분야에 걸쳐 수천 명의 직원을 고용하고 있다.

---

1 PSA와 르노(Renault).

2 파드칼레(Le Pas-de-Calais) 지역.

이 회사의 특징은 두 기업의 산업조직에 완전히 통합되어 있지 않다는 것이다.

우리는 총 5천 명 규모의 생산단지에서 8백여 명을 고용하고 있는 한 작업장의 폐쇄를 준비하던 중 이곳의 문화 역동성 상태를 살펴보게 되었다. 사실 기술적인 변화 추세와 설비구조를 볼 때 이 작업장이 유럽에서 경쟁력을 갖기는 힘들어 보였다.[3] 이런 상황을 겪지 않기 위해서 기업가형 회사인 두 파트너 그룹은 사회적 응집력을 위협하지 않는 점진적인 조업 중단을 미리 계획하고 실행에 옮기기로 결정했다. 인력 감축 없이 3년에 걸쳐 점진적인 인력 재배치를 실시하기로 한 것이다.

이 계획에는 특히 조업 중단 결정으로 직장을 잃게 될 직원 전원이 다른 곳으로 전직할 수 있도록 다른 분야의 생산을 추가적으로 늘리는 조치도 포함되어 있었다. 직원들의 조화로운 재배치를 위한 기획안이 마련되었고 재정과 교육 측면에서 이들을 돕기 위한 동반작업도 충분히 예정되었다.

문화적 진단

이번 사례는 문서상으로 볼 때 '전형적인' 업종 전환 프로젝트로서 기업가적인 방식으로 모든 물리적인 요소들을 완벽하게 예측하고 준비한 프로젝트였다. 그런데 문화 역동성의 현황에 관한 인류학적 분석 결과 이 회사는 창립된 회사가 아니라는 사실이 곧 드러났다. 회사는 창립신화를 중심으로 설립되지 않았고 두 파트너 그룹의 문화를 계승하지도 않았다. 실제로 회사 설립이 (경제적, 산업적, 정치적인) '프로젝트형' 회사의 조건에서 이루어졌고 프로젝트가 진정한 창립으로 이어지지 못했던 것이다.

---

3 주물공장(Fonderie de fonte)을 말한다.

그래도 회사는 강력한 사회적 응집력을 가지고 있었다. 사회적 응집력이 기업의 요소에 기반을 두지 않는 아주 특별한 케이스였다. 회사의 응집력은 이 회사가 위치한 옛 광산지대에서 강하게 나타나는 지역적 응집력의 부분집합이었다. 이 지역과 회사의 관계는 회사 설립의 모체인 프로젝트에 의해 형성되었고 이 관계는 아직도 광산 폐쇄로 타격을 입게 될 이 지역을 구하러 달려온 유모 같은 역할을 하고 있다. 회사의 응집력은 대규모 고용 창출을 통해서든, 경제적인 유도 효과를 통해서든 이 지역을 '먹여 살리는 데' 기여하는 한 위협받지 않는다. 예를 들어 직원들이 생각하는 이상적인 시나리오는 가족들을 회사에 들어가게 하는 것이다.

더 심각한 것은 회사의 문화적 유전인자가 무엇이 될 수 있을지 관심을 갖고 살펴보니 의무와 금기 체계에 있어서 '우리는 A그룹도 B그룹도 아니다'라는 생각이 만연해 있음을 발견할 수 있었다는 점이다. 회사의 응집력이 지역적 응집력에 의존할 뿐 아니라 '반대 연대'라는 숨겨진 구조에 의해 더 강화되고 있었던 것이다.

창립의 시작이 발견된 유일한 곳은 다름 아닌 조업 중단이 예정된 작업장이었다. 이 작업장이 상징적으로 기업의 '주춧돌'이 될 수 있을지도 몰랐다. 이곳에서 이루어지는 기본적인 작업이 비교적 광업과 가까운 만큼 지역적인 응집력이 회사와 상징적인 관계를 형성할 수 있을지도 모르는 일이었다.

그런데 조업 중단 계획을 발표할 경우 계획의 성격상 중대한 결정이 현지에서 내려지지 않는다는 사실을 확인하는 사건으로 해석될 위험이 컸다. 이에 대한 직원들의 반발로 뿌리 깊은 '반대 연대'가 더욱 심화되고 두 주주 기업에 대한 부정적인 태도를 유발할 수도 있었다.

마지막으로 광업지대의 역사에 대한 인류학적 연구 결과 몇 가지 중요한 요소들이 드러났다. 20세기 초 광부 집단은 다양한 유럽 지역 출신의 이민자들로 주로 구성되었다. 용감하고 효율적인 광부 집단은 한 가지 치명적인 단점을 갖고 있었다. 그것은 이들이 다른 업종이나 다른 지역으로 또다시 옮겨갈 위험이 있다는 것이었고, 이런 불안정한 상황은 광산업체들에게 부담으로 작용했다. 그래서 광산업체들은 광산도시를 만들어 이들을 정착시키기로 했다. 그 조직을 보면 미쉐린이나 푸조 또는 다소에서 개발한 노동자 도시와 닮은 점이 없잖아 있다. 그런데 이들 노동자 단지는 사회적인 혁신 차원에서 근로자들에게 더 나은 생활환경을 제공하기 위해 개발되었던 반면 광산도시는 직원들의 이동을 막기 위한 방어적인 대책에 불과했다. 광산도시에서 태어나 살고, 공부하고, 일하고, 죽으라는 것이었다. 심지어는 이런 제도를 보강하기 위해 부모님을 따라 광산에서 일하지 않거나 지역을 떠나는 아이들을 공동체에 대한 반역자로 몰아세웠다.

이 지역의 이런 역사적인 구조는 오늘날 지역적인 응집력의 문화 유전인자에서 이동의 금기라는 형태로 발견된다. 즉 물리적인 이동이나 직업의 변화가 매우 강력한 트라우마로 간주된다는 것이다.

한편 광산지대의 경험을 되돌아보면 가장 이상적인 업종 전환이 이루어진 곳은 작업 내용과 기술이 상당히 유사한 건축토목 분야도, 아직 활동 중인 다른 광산지대도 아니었다. 당사자들의 말에 따르면 이상적인 업종 전환은 문화적인 통합과정(기업의 기본소 전수를 포함하는 통합과정)이 강도 높게 그리고 생산의 장소와 다른 곳에서 이루어진 EDF-GDF에서 나타났다고 한다. 이렇듯 광산업의 업종 전환과 광산문화에 대한 애도작업은 다른 문화로 통합되면서 탄력을 받았다.

사람들과 함께하는 동반작업

문화적 진단 결과를 고려하여 소속감의 애도를 준비하고 관리하는 중요한 작업을 실시하기로 했다. 이와 더불어 전직을 위한 '전형적인' 교육 장치가 마련되었고 다양한 부서의 통합제도도 다시 검토되었다. 직원들의 반응을 보면 얼마나 잘한 결정이었는지 알 수 있다.

조업 중단 결정이 발표되고 그 충격이 가시고 난 후, 그리고 사회적인 혜택 및 일자리에 관한 요구와 질문들이 제시되기 훨씬 전 가장 먼저 거론된 문제는 해당 작업장에 대한 소속감과 관련된 것들이었다. 예를 들어 업종 특별수당이 기본급에 포함될 것인가 하는 문제("그 수당은 제 몸속에 들어 있는 거예요!"라며 자신의 배를 치는 기사도 있었다), 작업장의 미래에 관한 문제("이 작업장은 어떻게 되나요? 철거될까요?") 등이었다.[4]

그러고 나서 완전한 동반작업이 마련되기 전에 인사이동 대상인 20여 명의 직원 중 두 명이 병가를 내는데, 그 중 한 사람은 우울증이 원인이었다. 새로 배치되는 자리가 있고 모두의 시선이 집중된 1차 이동인 만큼 최대한 배려를 받았는데도 말이다.

> 이번 사례는 인류학적 분석이 업종 간의 이전을 물질적, 심리적인 측면에서만 바라보지 않고 진정한 소속감의 애도를 다루는 과정을 통해 어떻게 위험요소를 연구하고 적절한 업종 전환 방식을 마련할 수 있는지 잘 보여준다.

4 실제로 주물공장은 '마지막 주조' 때 철거되었다. 물론 공장장은 용광로 앞에서 고별행사를 준비했다. 그러나 그는 이 철거 의식에 여직원들은 초대하지 않았다. "남자들이 여직원들 앞에서 우는 모습을 보여주기 싫었습니다."라면서.

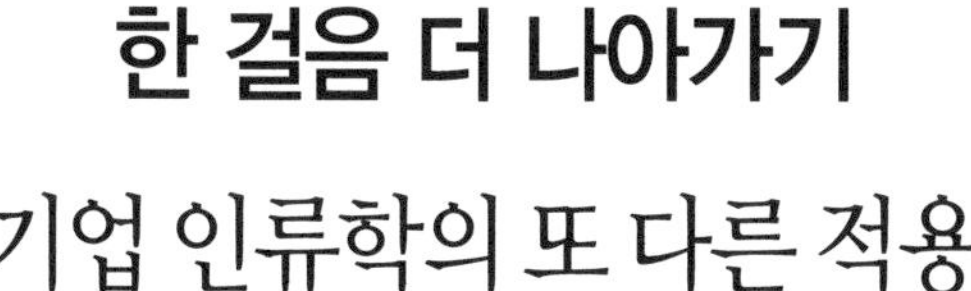

한 걸음 더 나아가기

기업 인류학의 또 다른 적용

기업 인류학 모델을 사용하면 기업 특유의 다른 문제들도 적절하게 다룰 수 있다. 이 책에서는 기저문화의 인식을 통해 기업의 생산성과 발전을 보장해주는 사회적 응집력을 관리하는 측면만을 다루었다. 그런데 회사에서 일어나는 상호작용들이 체계적이라고 간주한다면 기저문화는 이 같은 전략적인 차원을 넘어 인간관계와 직접 관련되지 않은 다른 영역에서도 영향력을 행사한다. 특히 대내외 차원의 커뮤니케이션이 그러하다. 기저문화는 기업 유형에 맞는 방식으로 무엇을 시장과 파트너들에게 홍보할 것인지 결정하게 해준다.

예를 들어 기업 유형이 정복자형 회사라면 기업가형 회사나 제국주의적 회사와는 홍보 양상이 달라야 한다. 기저문화는 또한 마케팅 및 영업 전략을 결정짓는 핵심 요소가 될 것이다. 즉 창립형 회사가 성공하기 위해서는 그 회사가 제시하는 상품이 문화적 기본소와 반드시 일관성을 가져야 한다. 제품이 시장에서 신뢰를 얻으려면 그 제품이 대표하는 브랜드의 기본소에 대해 정당성을 가져야 한다. 그보다 먼저 제품을 보증하는 브랜드 자체가 자신의 문화적 기본소와 일관성을 가져야 하고, 더 나아가 소비자들에게 문화적 기본소를 대표할 수 있어야 한다.

한편 기업은 유리병 안에 갇혀 있는 조직이 아니다. 학자형 회사처럼 유폐되는 경향을 보이는 기업은 완전히 사라질 수도 있다. 기업은 두 가지 차원에서 열려 있는 시스템이다. 한 가지는 문화의 차원이고 다른 한 가지는 교류의 차원이다. 열린 시스템으로서 기업은 자신이 정착한 지역에 통합되어야 한다. 그런데 지역도 역시 하나의 창립된 문화적 구조이자 경제적 교류의 공간이다. 기업이 현지 환경에 적응하기 위해서는 지역의 기본소와 양립할 수 있어야 한다. 그래야 지역통합에 대한 저항이 발생하지 않는다. 또한 기업과 지역 간의 교류에는 형평성이 있어야 한다. 경제적인 통합만으로는 기업의 지역통합을 위한 충분조건이 되지 못한다. 문화적인 통합, 다시 말해서 기업의 기본소와 지역적인 (또는 향토적인) 기본소 간에 긍정적인 변증법이 작용해야 한다. 가까운 곳이든 먼 곳이든 기업이 어떤 지역에 성공적으로 정착하기 위해서 반드시 치러야 할 대가인 셈이다. 이 두 가지 조건이 충족될 때 기업과 지역의 발전을 동시에 기대할 수 있다.

이번 개정판에서는 '지역적인' 차원은 다루지 않을 것이다. 이 문제에 대해서는 기업뿐 아니라 지자체와 지방의 정치, 경제 책임자들을 대상으로 하는 별도의 연구가 이루어질 것이다.

반면 이 책에서는 기업 인류학이 홍보와 마케팅이라는 기업관리 부문에서 어떻게 사용될 수 있는지 몇 가지 적용 방법을 살펴보기로 하겠다.

■

14 장

브랜드 홍보의 문화적 접근

홍보의 세계에 대해 논할 때 비유적으로 거론되기도 하지만 대개는 브랜드 영역의 정의에서 문화적, 상징적인 차원이 빠져 있는 경우가 많다. (장 노엘 케퍼러(Jean-Nöel Kapferer)에 의하면) 일반적으로 브랜드는 다음의 다섯 가지 결정인자로 이루어진다고 한다.

- 속성의 총체
- 장점의 총체
- 가치의 총체
- 개성
- 사용자의 유형

이것은 기껏해야 운영상의 정의라는 평가를 내릴 수밖에 없을 것 같다. 이런 브랜드 정의는 중요하긴 하지만 일관성이 없는, 서열화되지 않은 이질적인 요소들을 목록화하고 있다. 이런 무작위적인 프레베르 식 목록의 장점은 실용적이고 운영적이라는 것이다. 물론 홍보의 영역은 이 다섯 가지 요소를 고려해야 할 것이다. 또한 '개성'이라는 인자를 통해 문화적인 차원이 어느 정도 전달될 수도 있을 것이다.

홍보(브랜드의 내용을 정의하는)의 영역을 바라보는 또 하나의 방법은 기업의 삶을 정의하고 구조화하는 두 가지 차원, 즉 기업문화와 교류의 차원으로 나누어서 생각하는 것이다. 홍보의 영역은 이 두 가지 축에서 발생하는 전략들로부터 도출된다고 볼 수 있다. 바꿔 말하면 기업의 홍보 영역은 기업의 산업적인 비전과 문화적인 소명에 의해 그 범위가 정해진다는 것이다. 그리고 두 가지 차원이 만나는 곳에서 기업이 홍보해야 할 야망이 결정된다(그림 14.1).

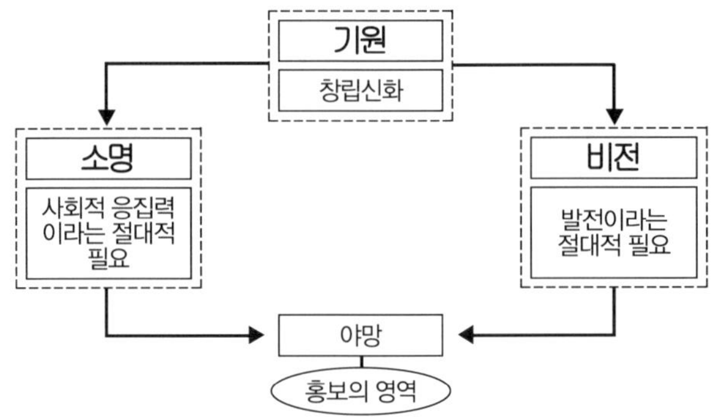

그림 14.1 브랜드 홍보의 문화적인 접근

이와 같은 시각에서 홍보의 사명은 기업의 기본소, 소명, 그리고 비전을 토대로 한 프로젝트와 특수한 산업 프로젝트에 대한 동조를 통해 대내외적으로 회사의 문화에 대한 소속감을 창출해내는 것이다. 우리는 홍보의 세계를 이렇게 두 가지로 정의한다. 하나는 상징의 세계로서 브랜드가 업무 과정에서 만나는 모든 대상(고객, 주주, 공급업체, 직원 등)과 스스로에게 제시하는 의무체계를 말한다. 다른 하나는 실재의 세계로서 회사가 시장에서 고객에게 내놓기 위해 개발하는 상품과 서비스의 세계를 말한다.

홍보에 있어서 상징의 세계는 기업의 개성을 구체적으로 보여주는 문화적 의무들을 이해하도록 하는 표현의 층위라고 할 수 있다. 그리고 상징의 세계와 보완관계에 있는 실재의 세계는 고객과 사용자들이 기업이 제시하는 상품과 서비스에서 기대할 수 있는 기능성과 실용적인 유익들을 보여주는 표현의 층위라고 할 수 있다. 그런데 이 두 가지 층위가 매우 중요하기는 하지만 브랜드의 모든 표현 수단을 포괄할 수는 없다. 상징의 세계는 홍보 대상자의 야생의 사고에 호소한다. 반면 실재의 세계는 그들의 합리적인 반성적 사고에 호소한다. 엄격하고 구속력 있는 이 두 가지 표현의 층위는 꿈꾸게 해주지는 못한다. 그렇기 때문에 인간에게 매우 중요한 의미와 신념의 필요에 호소하는 제3의 층위를 추가해야 할 필요가 있다. 이것이 바로 기업이 제시하고자 하는 상징적인 제약과 실제적인 유익을 무대 위에 올리게 해주는 상상의 층위이다. 상상의 층위는 감수성과 감각기관의 느낌에 호소한다. 그리고 동조의 조건을 결정짓는다. 따라서 홍보 영역에 맡겨진 임무는 다음 세 가지로 정리할 수 있다.

알게 한다 → 반성적인 층위 → 합리적
소속되게 한다 → 상징적인 층위 → 규범적
동조하게 한다 → 상상적인 층위 → 감정적

이 세 가지 표현의 층위로부터 기업의 고유한 서술적 담화와 기호론적인 코드를 작성할 수 있으며 목표하는 홍보 대상자에게 가장 적합한 메시지를 전달하기 위해 각 요소들의 함량을 조절할 수 있을 것이다. 또한 이 세 가지 층위로부터 대상집단에게 원하는 메시지를 전달하기 위해 사용해야 할 가장 적합한 매체를 선택할 수 있을 것이다. 홍보의 영역은 그림 14.2에 잘 표현되어 있다.

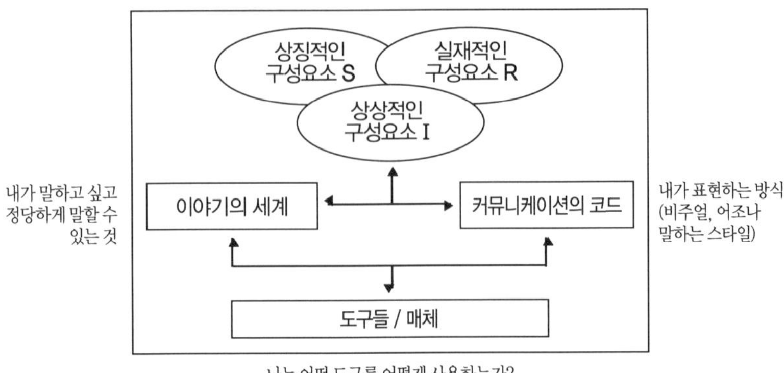

그림 14.2 홍보의 문화적 영역

그러므로 기업의 브랜드 영역은 기업의 소명과 시장에서 기업이 갖는 산업적인 비전을 기준으로 그 위치를 표시해볼 수 있다(그림 14.3).

이와 같은 브랜드 홍보의 정의를 통해 선전 대신 광고라는 말을 쓰기 시작한 시절 이래 한 번도 업데이트가 안 된 고전적인 접근 방식들과 화해하고 그 한계를 극복할 수 있을 것이다. 사실 이 문제를 둘러싸고 두 가지 학파가 맞서고 있다. 소위 'P&G 세제' 파에서는 홍보를 상품의 경쟁적인 장점을 부각시키는 역할에만 국한시킨다. 이 경우 홍보는 실재의 세계라는 합리적인 층위에서만 전개된다. 이와 대립하는 학파는 '창조적'인 홍보업자들인데, 이들은 상상의 세계를 자극하는 측면에서만 홍보(와 광고)에 접근한다. 가장 대표적인 인물로는 한창 때 '스타 전략'을 통해 어떤 브랜드든 모두가 부러워하는 스타로 만들 수 있다고 공언했던 자크 세겔라(Jacques Séguéla)를 들 수 있다. 하지만 그러다 보면 문화적인 기본소가 무시되고 감정의 층위만 비대해지기 쉽다. 한편 이 두 학파 사이에 '이형적인' 홍보주의자들이 있었는데, 이런 '이원성'으로는 홍보의 세계를 충분히 정의할 수 없다고 생각한 이들은 공리주의와 감정주의 사이

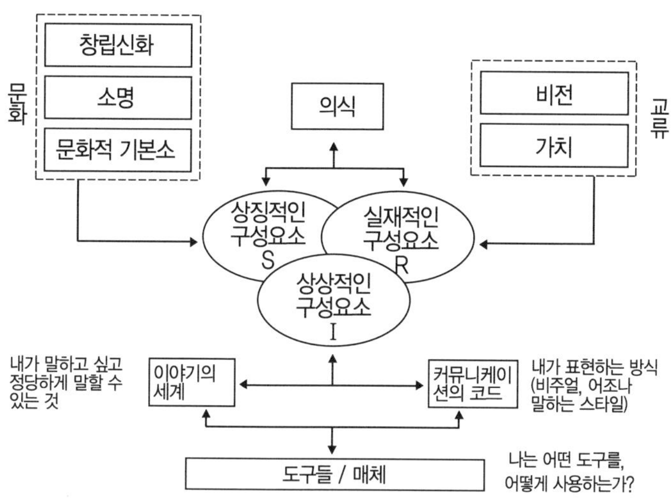

그림 14.3 브랜드의 영역, 소명과 비전의 종합

에 제3의 길이 있을 것이라 믿었다. 혼란스럽게도 이들은 기업이 수호하는 '진정한 가치'들에 호소하였다. 그러나 그들이 호소하는 기업의 '도덕' 또는 '윤리'의 낙인이 찍힌 가치들은 결국 상상의 층위에서 떨어져 나온 것이었다. 이들의 가설에서 기업은 마치 언젠가는 착하고 의로운 사람이 될 것이라고 상상하는 어린아이같이 행동한다. 실제로 이런 가치들은 기업의 마음속에 고이 간직한 고귀한 열망일 뿐이다. 이상적인 자아상이라고나 할까. 이 같은 개념을 훌륭하게 소화한 인물로는 필립 미셸(Philippe Michel)을 들 수 있다. 그 훨씬 전에 활약한 로베르 델피르(Robert Delpire)도 빼놓을 수 없다. 우리는 공동변수로 작용하는 이 세 가지 층위를 정의함으로써 '실재의 세계' 대 '상상의 세계'라는 영원한 대립에서 벗어날 수 있으며 적절한 메시지를 적절한 사람에게, 적절한 매체를 사용하여, 적절한 시점에 확실히 전달할 수 있을 것이라 믿는다.

그림 14.3에서는 기업의 홍보 영역에서 이 세 가지 층위가 같은 비중으

로 그려지고 있다. 그러나 홍보할 대상집단에 따라 또한 기업의 유형에 따라 얼마든지 그 비중을 조절하여 사용할 수 있다. 예를 들어 정복자형 회사가 상징의 층위, 상상의 층위, 실재의 층위를 사용하는 비중은 기업가형 회사나 제국주의적 회사와는 당연히 다를 것이다.

대내외 양면에서 적극적인 전도 활동과 마니아 형성을 중심으로 기능하는 정복자형 회사는 실재 층위는 조금 소홀하더라도 상징적인 층위에서의 홍보에 주력할 것이다(애플 사가 이 경우에 해당된다).

반면 기업가형 회사라면 홍보 의도와 대상집단에 따라 이 세 가지 층위를 균형 있게 사용하려 할 것이다.

또한 제국주의형 회사는 두 가지 홍보 유형 중에 하나를 선택하게 될 것이다. 즉 기업의 진정한 야망에는 조금 소홀하더라도 상상의 층위를 집중 공략하거나(장 마리 메시에 시절의 비방디 유니버설(Vivendi Universal)을 그 예로 들 수 있다) 아니면 P&G 식으로 실재의 층위를 집중 공략하는 것이다(그림 14.4 참조).

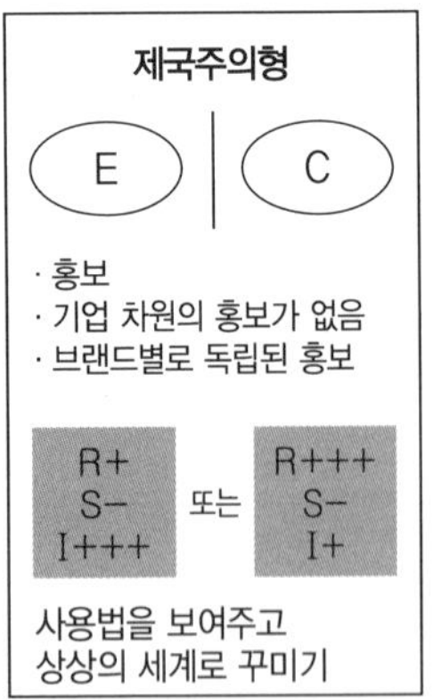

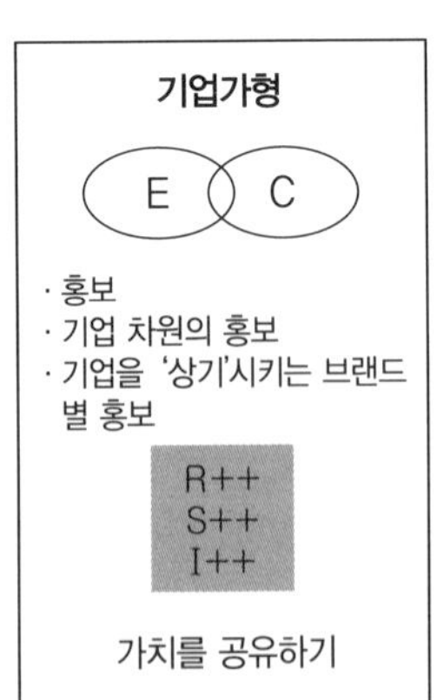

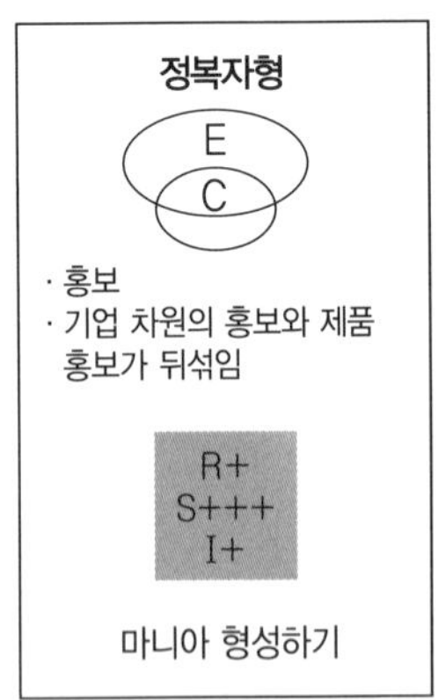

E는 기업, C는 고객을 의미한다.

그림 14.4 기업의 유형과 홍보

■

15 장

마케팅의 문화적 접근

마케팅 전략도 마찬가지로 기업(과/또는 브랜드)의 유형을 고려해야 한다. 실제로 기업가형, 정복자형, 학자형 같은 '창립형 브랜드'는 제국주의적 회사나 제국주의적 갱단처럼 창립이 이루어지지 않은 회사와는 다른 방식으로 시장을 구조화한다.

창립형 브랜드의 경우 시장을 세분화할 때 이질적인 개인들(예를 들어 '50세 이하의 주부')을 규합하여 동질화하는 사회-경제적 유형에 의거할 뿐 아니라 기업의 기본소와 소명도 함께 고려한다.

이와는 반대로 고객의 경제적인 동기만을 고려하는 제국주의적 회사나 제국주의적 갱단의 경우는 계속해서 사회-경제적인 기준만 가지고 시장을 세분화할 수 있다.

창립형 브랜드

창립형 브랜드는 브랜드의 소명과 기본소에 대한 고객들의 반응을 통해 잠재적인 고객을 식별할 수 있다. 그림에서 보듯이 고객의 반응은 여섯 가지로 분류할 수 있다(그림 15.1).

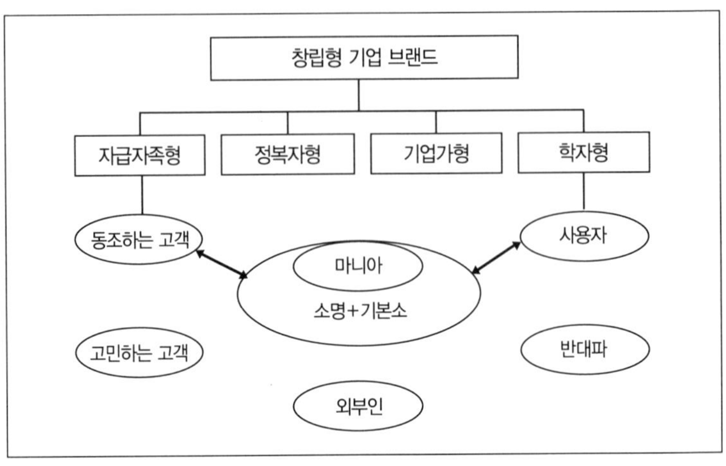

그림 15.1 기업의 유형과 마케팅

• 해당 브랜드와 그 브랜드 상품이나 서비스만을 이용하는 마니아(신도) 고객

• 마니아는 아니지만 해당 브랜드에 동조하여 그 브랜드만 고집하지는 않더라도 선호하는 고객

• 해당 브랜드의 제품만 고집하지도 않고 브랜드에 동조하지도 않는, 브랜드의 기본소나 서비스, 소명의 마니아도 아닌 '사용자' 고객

• 브랜드를 지지하지도 않고 제품을 사용하지도 않는 '외부인' 고객

• 브랜드의 기본소와 소명을 공유하지 않으며 제품이나 서비스를 사용하지 않는 '반대파' 고객

• 브랜드의 소명과 기본소를 지지하지만 제품이나 서비스를 구매할 수 없는 '고민하는' 고객

창립형 브랜드들은 각자의 기업 유형에 따라 결정된, 제국주의적 회사나 제국주의적 갱단 브랜드와는 근본적으로 다른 상품전략을 갖게 될 것이다. 기업가형 회사의 경우 고객들과 기본소를 부분적으로 공유하기 때문에 그들이 제공하는 상품에 일관성이 있어야 하고(흔히 '주 업종'이라는 용어가 붙음) 따라서 주 업종(예를 들어 라파즈 그룹의 건축자재, 미쉐린의 타이어, 다농의 건강식품 등)과 거리가 먼 과다한 품목을 생산해서는 안 된다. 제품이 기업의 소명에 확실히 그 뿌리를 둘 때에만 정당성을 가질 수 있기 때문이다. 특히 정복자형 회사의 경우 제품은 회사의 신조가 물질로 구현된 것으로 간주되므로 더욱 그렇다. 너무 다양한 제품을 생산할 경우 기업의 신조가 그 힘을 잃게 될 수도 있다(코카콜라나 애플의 경험 참조). 이들의 제품이 정당성을 부여 받기 위해서는 기업의 모든 소명을 철저하게 구현해야 한다.

제국주의적 회사

반면 제국주의적 회사는 고객에 대해서 경제적인 태도로만 일관한다(제국주의적 갱단의 경우는 그렇지 않다). 이들은 고객을 가격대비 품질로 요약되는 기준에 따라 구매를 결정하는 경제적인 존재로 바라본다. 기업의 기본소(만약 있다고 해도)를 고객들과 전혀 공유하지 않으며 고객들과 철저히 공리주의적인 관계를 갖는다.

따라서 제국주의적 회사는 수직적인 통합이나 수평적인 통합의 논리 혹은 금융재벌의 논리(GE와 자본 참여 회사들의 경우) 등을 따라 얼마든지 여러 시장에 진출할 수 있다. 이런 기업은 확실히 매스 마켓이나 생필품 시장에서 이상적인 위치를 점할 수 있다. 그러나 고가명품에 가깝거나 사회참여를 암시하는 강력한 문화적 부가가치를 가진 제품일수록 제국주의적 회사의 효율성은 감소한다. 하지만 마치 바람막이처럼 '정복자형 회사들(의상, 액세서리, 향수)'을 소유하고 관리하는 제국주의적 명품 그룹이 탄생하기도 한다. 이런 제국주의 그룹이 성공하기 위해서는 그들의 힘과 효율의 원천인 경제적인 원칙과 관리의 원칙이 '정복자형 회사들'의 기본소와 소명을 '사장'시키거나 심하게 충돌해서는 안 된다. 창조적인 정복자형 회사들을 끊임없이 사들이고, 흡수하고, 먹어 치우는 방식으로만 성장하는 몇몇 커뮤니케이션 대기업처럼 몰록[1]의 전략을 갖고 있지 않다면 말이다. 그림 15.2는 가장 흔히 볼 수 있는 기업의 문화적 유형이 얼마만큼의 자유를 누리는지 요약적으로 보여주고 있다.

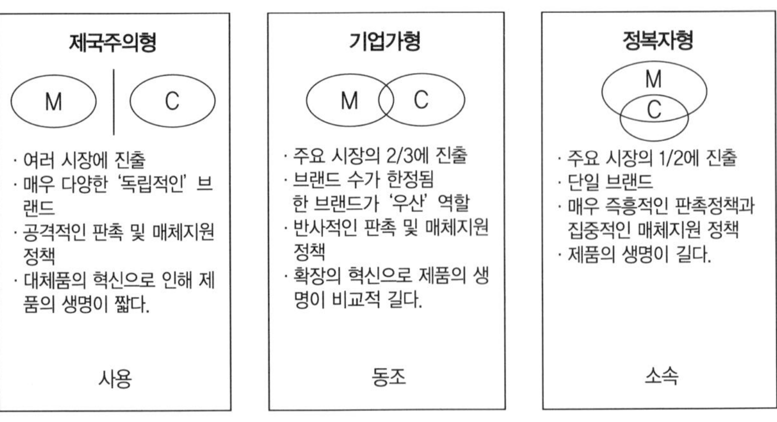

그림 15.2 기업 유형이 마케팅에 미치는 효과

---

1 (역주) 몰록(Moloch): 고대 중동 전역에서 유아 희생 제물을 받는 불의 신.

결론

사회적 응집력과 지속 가능한 개발

우리가 거의 의식하지 못하는 사이에 기저문화가 개인의 삶과 기업, 그리고 시민사회에서 얼마나 중요한 역할을 하고 있는지 이 책을 통해 인식하게 되었기를 바란다.

오늘날 기업과 도시의 한복판에서 지속 가능한 개발을 둘러싼 논의가 일어나고 있다. 그런데 새로운 논의들이 발생할 때 주의할 점은, 세계 각처에서 의견들이 수집되다 보니 조심하지 않으면 사회적으로 진지한 고찰이 이루어지고 지속 가능한 결실을 맺기도 전에 문제의 본질이 왜곡될 수 있다는 것이다. 그래서 우리는 이 주제를 둘러싼 수많은 이야기들을 듣고 또 읽어 보았다. 그러자 기초적인 환경보호라는 본래의 영역에서 도시생활의 주요한 주체인 기업으로 그 논의의 중심이 이동한 것을 확실히 볼 수 있었다. 이런 관점에서 우리는 두 가지 제안을 통해 지속 가능한 개발에 관한 우리의 입장을 표명하려고 한다. 첫 번째는 기업에서 지속 가능한 관리의 질을 판단하는 평가기준을 제한하자는 것이다. 평가기준이 과다하게 늘어나고 그래서 복잡한 양상을 띠게 되면 제대로 된 평가를 할 수 없게 되기 때문이다. 모든 것을 한 번에 다 바꾸려고 하면 아무것도 바꿀 수 없는 것처럼 말이다! 두 번째는 선택된 평가기준 가운데 사회적 응집력이라는 기준에 힘을 실어주자는 것이다. 사회적 응집력을 수용하고 유지한다면 이는 지속적인 교류의 질을 보장하는 열쇠가 될 것이다. 그 자체가 지속 가능한 개발의 주요 기준인 경제적인 교류, 그리고 기업과 더 나아가 도시생활에서 진정한 관계의 네트워크와 사회적인 연결고리를 재창조하기 위한 필수요건인 인적 교류 양면에서 말이다.

기업의 '문화 부통령'을 위하여

우리는 독자 여러분이 이 책을 읽으면서 문화적 기본소를 배우고 다스리는 능력이 매우 중요하다는 것과, 모든 기업이 기본소를 현실에 맞게 꾸준히 변화시켜서 기업의 경영전략과 행동의 통로로 보존해야 한다는 사실을 깨닫게 되었기를 바란다.

기본소의 이런 전략적인 역할이 기업의 운영위원회나 전략위원회 차원에서 제도화되고 구현될 수 있다는 사실은 매우 중요하다. 역사적으로 생산/제조, 관리/재무, 법무/행정이 고귀한 기능으로 간주되었다. 그러다가 영업기능이 차츰 인정을 받게 되었고, 그 후 하부기능인 인사기능이 인사부라는 이름으로 불리면서 운영위원회에서도 정당성을 인정받게 되었다. 이와 동시에 광고기능이 홍보부로 변신하면서 그 위상이 한 단계 제고되었다.

최근 들어 대규모 조직체에서는 지속 가능한 개발부를 설치하고 있다. 이에 대해 우리는 '문화 부통령' 제도를 당당하게 주장한다.

우리가 주장하는 것은 다른 부서들처럼 집행력을 가진 별도의 부서를 설치하자는 것이 아니라, 조직 상부에 정치적 기능을 마련하여 기업에서 내려지는 모든 전략과 경영 차원의 결정이 언제나 문화적 기본소와 일관성을 유지하도록 하자는 것이다. 문화적인 데이터와 교류의 제약 사이에서 적절한 균형을 유지하기 위한 문화 부통령 정책은 기업의 사회적 응집력 수준과 지속 가능한 개발의 질을 보장하는 역할을 할 것이다.

특히 대기업이 이런 기능을 마련하고 알리는 것은 중대한 상징적 결정이 될 것이며 기업계에서도 의미심장한 진화의 신호로 받아들여질 것이 분명하다. 이미 눈치챘겠지만 '진화'라는 용어는 우리의 염원을 담아 사용한 것이다. 이런 진화가 이루어지기 위해서는 이 책에 소개된 개념들을 이해하고 적용하기 위한 광범위한 노력이 추진되어야 한다.

우선 미디어의 노력이 필요하다. 인류학적 접근에 대해 많은 기자들이 관심을 표명했지만, 언론에서 이 주제를 다루고 의견을 제시하는 것이 반드시 필요할 것으로 본다.

또한 정치, 경제계 고위 결정권자들의 노력이 필요하다. '사회 분열' 문제는 일시적인 선거용 테마였고, '가치의 존중' 문제는 기업인들의 하루 토론거리에 지나지 않았다.[1] 용어만 존재할 뿐 심도 있는 고찰이나 장기적인 검토, 구체적인 실행으로 이어지지 않기 때문에 실질적인 개선의 조짐이나 결과물이 나타나지 않는 것이다. 반면 우리가 제시하는 문화 모델은 시간과 인내가 필요한 작업인 만큼 우리의 운명을 결정짓는 지도자들에게 매우 효율적인 사고와 행동의 도구를 제공할 수 있을 것으로 기대한다.

이와 더불어 학교의 노력이 필요하다. 중고등학생들이 상징적인 세계

1 2001년 8월 주앙조사(Jouy-en-Josas)에서 개최된 프랑스 경제인연합회(Medef)의 세미나.

의 역할을 인식하고 상징의 세계가 그들의 일상생활에 어떤 영향력을 행사하는지 깨닫도록 돕는 것이다. 또한 아직도 경영이 문화적 구분 없이 어디서나 적용할 수 있는 기술과 방법의 총체라고 가르치고 노사관계의 개념을 계급투쟁에 빗대어 설명하는 그랑제꼴의 노력도 필요하다. 우리는 문화의 개념을 교육과 훈련의 과정에 도입하는 것이 확실히 필요한 동시에 비교적 용이한 작업이라고 생각한다. 물론 교원들의 긍정적인 반응이 따라준다면 말이다.

하지만 다른 일과 마찬가지로 일단은 아주 작은 일부터 시작해보자. 세상을 조금씩 변화시켜가는 정복자형 회사처럼 말이다. 인류의 역사는 이미 그런 경험을 가지고 있다. 가끔은 그러다 가장 멋진 일이 생기지 않았던가!

용어 설명

이 장은 독자들이 우리가 기업 인류학 모델에 사용한 핵심 용어의 개념을 이해하고 일반 기호학 이론에 입문할 수 있도록 마련된 것이다. 기술한 정의 중에는 일반 사전이나 전문 사전에 그대로 나와 있는 전통적인 정의도 있지만 대부분 우리의 접근 방법 고유의 정의들을 실었다. 이들은 서로 긴밀히 연결되어 일관성 있는 의미론적 총체를 이룬다. 이 정의는 우리가 사용하는 개념에 대한 외연화된 설명이다. 모든 개념이 그렇듯 이는 기업문화의 특수한 기능을 기술하고 설명하기 위한 것이다. 이를 바탕으로 우리 컨설팅의 논리와 방법이 구축된다.

가치(values)

가치는 기업이나 사회적 또는 사회적이고 경제적인 프로젝트를 가진 집단 본래의 포지셔닝을 종합적으로 정의하는 확인된 명시적인 의미의 단위이다. 가치는 기저문화와 정체성 사이의 인터페이스인 '소명'을 전문적인 용어로 표현한다.

가치의 정의가 갖는 특수성을 보존하기 위해서 가치는 규범화된 불변의 용어와 문법적인 표현으로 작성된다. 다시 말해서 가치는 내재적인 특성의 표현인 동시에 그것을 규정하고 기업 고유의 언어로 변환시키는 특수한 방식을 말한다. 모든 가치를 합하면 기업 내외의 대중이 사용할 가치 헌장이 된다. 내부적으로 가치 헌장의 목적은 기업 프로젝트의 정당성에 대한 믿음을 주는 것이다. 헌장은 필요한 행동에 대한 동조를 유도하고 정당하거나 부당한 선택과 행동을 분별할 수 있는 기준을 제시한다. 일종의 신념인 셈이다. 외부적으로 가치 헌장은 기업이나 집단의 평판을 구성하는 데 기여한다. 사람들이 기업에 대해 갖고 있는 믿음의 근거에 대해 정당성을 부여해준다. 일종의 보증이자 약속인 셈이다.

변화 관리에 있어서 소명이 바뀌었다면 가치 헌장 또한 외부 환경의 변화(사회학적 변화와 경제적 변화)에 맞게 바뀌어야 한다. 소명의 내용과 표현이 상이하므로 가치체계도 다시 정의되고 공리화되어야 할 것이다.

인간 집단이나 기업의 역사는 소명과 그것을 표현하는 가치체계의 순차적인 연쇄현상이 이루어가는 과정으로 간주된다. 역사란 일관되고 합리적인 방식으로 표현되고 정당화되는 소명과 가치들(그리고 그로 인한 결과들)의 연속인 셈이다.

객관적인 반역자(objective traitor)

기업 인류학 이론에서 객관적인 반역자는 일체의 가치판단이나 해를 입히고자 하는 의도가 들어 있지 않은 개념이다. 그러므로 이 용어를 당파적 또는 사회적인 전체주의적 시스템에서 가질 수 있는 의미로 이해해서는 안 된다. 객관적인 반역자는 개인이나 개인의 집단이 이전에 동조했던 기저문화에 의해 결정된 사회적 응집력에 더 이상 동의할 수 없을 때 나타나는 객관적인 행동을 말한다. 여기서 동의할 수 없는 요소에는 소명, 기업 프로젝트 그리고 문화의 기초까지 포함된다.

고립된 개인이 동의할 수 없는 경우는 다음과 같다.

- 초공동체 집단에서만 정체성을 갖고 그런 집단에만 동조하는 경우. 이런 개인은 특정한 회사 공동체에 통합될 수 없다(대신 공무원, 컨설턴트, 자영업자나 프리랜서 등이 될 수 있을 것이다).
- 자신의 업무를 수행함에 있어 다른 창립신화에 기반한 다른 회사에서 일하는 것이 더 잘 맞을 것이라고 생각하는 경우
- 새로운 창립신화를 가지고 자신의 고유한 공동체를 창립 중인 경우. 이 창립신화로부터 자급자족형 공동체, 이어서 정복자형 회사, 그리고 잘 풀릴 경우 기업가형 회사가 탄생하게 될 것이다.

따라서 객관적인 반역자는 개인적인 목적을 달성하기 위해 남을 해치려는 정신병자나 패륜아가 아니다. 다만 지금까지 몸 담아온 공동체의 기저문화에 대한 소속의 욕구가 사라진 개인을 말하는 것이다.

개인의 집단이 객관적인 반역자가 되는 동기는 다음과 같다.

• 창립신화(또는 그 변형)가 더 이상 초공동체의 구조와 일치하지 않는다고 생각하는 경우. 새로운 변형을 이루기 위해 이들이 집단 내부에서 일종의 정복자형 회사를 조직할 수 있다.

• 창립신화가 이제 아무런 매력도, 소속감도 주지 못한다고 생각하는 경우. 이들에게 충분한 매력을 선사하는 기저문화를 가진 다른 기업으로 이동하거나 새로운 창립자와 새로운 공동체를 설립하는 행동을 취할 수 있다.

공동체(nation)/초공동체(supranation)

기업 인류학 이론에서 공동체는 그 규모가 어떠하든 간에 제품이나 서비스를 홍보하기 위해 독점적인 창립신화를 중심으로 조직되고 존재하는 사회적 집단이다.

일반화된 교류의 경제 순환구조 속에 공동체가 온전히 편입되는 순간 부족이나 씨족과는 차별화된다.

어떤 공동체든 초공동체에 소속된다. 초공동체의 임무 중 하나는 모든 회사 공동체를 연합하는 것이다. 따라서 기업 인류학 이론에서 초공동체라는 것은 정치계에서 말하는 국민의 개념과도 흡사하다. 좀 더 구체적으로 말해서 초공동체는 국가의 조직 구성원인 '시민사회'에 해당한다고 볼 수 있다. 즉 시민사회-공동체 자체가 기저문화를 중심으로 조직된다는 것이다. 그 기저문화의 언어는 순수한 상태의 창립신화로 간주된다. '초공동체'와의 관계에 있어서 회사 공동체는 그 상징적인 구조에 저항할 수 없다. 회사 공동체의 창립신화는 사람들을 유인할 수 있을 만큼 충분히 특수한 초공동체 신화의 한 변형이다.

구조 인류학에서 기업 인류학으로 (from structural anthropology to entrepreneurial anthropology)

우리는 클로드 레비-스트로스가 인류학에 기여한 공로가 인류학의 기초를 뒤흔든 혁명에 비견될 만하다고 생각한다. 영미의 경험주의자들의 반발이 있기는 하지만 당시 프로이트가 심리학에서, 소쉬르가 언어학과 역사의 아날학파에서, 한나 아렌트가 정치철학에서, 앙리 아틀란(Henri Atlan), 장 피에르 샹죄(Jean-Pierre Changeux)와 앙리 라보리(Henri Laborit)가 인간 생물학에서 일으킨 혁명만큼이나 중요한 혁명이다.

우리가 생각하기에 레비-스트로스야말로 인류학의 핵심을 짚은 학자이다. 특히 인간의 사회적 현실이 상징적 규칙이 지배하는 원시 조직에서 합리적인 기술적 사고가 지배하는 진화된 현대 조직으로 발전해나가는 연속선상에 위치하지 않는다는 그의 주장에 무엇보다 동의하기 때문이다. 기술적 사고를 회사에 적용시키는 대표적 예가 테일러주의(Taylorism)라 하겠다. 레비-스트로스에 따르면 상징적 조직과 기술적 조직은 모든 인간 집단에 존재하며 조직에 따라 그 둘 중에 하나를 우선시할 뿐이라고 한다.

오늘날 우리는 인간이 극단적인 변이를 일으키지 않는 한 문화에서 '진보'란 있을 수 없다는 것을 안다. 왜냐하면 사회적 응집력은 늘 동일한 상징체계가 만들어내기 때문이다.

이를 바탕으로 우리는 기업 인류학의 토대가 되는 개념은 불가분의 관계에 있는 두 개의 사고를 분리하는 데 있다고 생각한다. 하나는 야생의 사고라 불리는 대립항 구조에 근간을 두는 체계분류학에 기여하는 사고이고, 다른 하나는 변증법적인 사고로 상징체계를 만들어내며 귀납적 논리와 연역적 논리가 비모순의 원칙을 중심으로 조직되는 논증적 개념에 근간을 두는 사고이다. 실제로 야생의 사고는 신화, 의식, 기호의 상호작용 체계를 조용히 변화시키는 작업을 통해 사회적 현실의 조직적 기능에 관여한다고 간주된다. 과학기술적인 변증법적 사고는 생산, 교류, 커뮤니케이션 프로세스의 조직과 개발에 관여한다고 여겨진다.

기업 인류학은 하부구조적 기표(記票, signifiant)와 상부구조적 기의(記意, signifié)를 구분한 소쉬르의 언어학과 후기 소쉬르의 언어학 모델을 단순화하여 차용한다. 같은 방식으로 야생의 사고는 사회적 현실의 하부구조를 이루는 반면 변증법적 사고는 상부구조를 이룬다고 할 수 있다. 전자는 인간 조직을 만들어낸다는 점에서, 후자는 한 집단이 생산하고, 교류하고, 소통하기 위해서는 상징체계가 필요하다는 점에서 그렇다. 생존의 경제인 전통사회에서만이 아니라 일반화되고 세계화된 경제인 현대사회에서도 마찬가지다.

이런 대립구도는 간단하게 표현되며(그러면서도 구조 인류학의 이론에 부합한다) 전체로 간주되는 사회적 사실의 복합적인 모델링을 가능하게 해준다.

오늘날처럼 기업이 유일한 사회적 조직(국가에서 국가의 창립신화로부터 소속감을 창출해내는 기능을 포기했으므로)으로 간주되는 현실 속에서 프랑스에서는 유연성이라는 이름으로 경제활동인구 중 일부가 하층계급으로 강등되거나 심지어 완전히 제거되기도 한다. 이와 같은 익명의 통계 이면에는 무고한 시민들의 실제적인 추방과 실추가 자리잡고 있다. 전통사회에서는 사회통념을 크게 위반한 죄인에게만 해당되는 최고형이 오늘날에는 이렇게 부과되는 것이다.

이렇듯 환경이 변화하고 그에 따라 과거의 지배적인 이념이 와해되는 현실 속에서 사회적 기저문화를 유지해주는 야생의 사고와 생산과 교류를 조직하는 변증법적인 사고 간의 근본적 대립구도는 하나의 모델을 구상하기에 적절한 가설이라고 생각하는 것이 타당하다. 그 모델은 무엇보다 산업 및 상업 기업의 기능적 현실을 고려하는 모델이 되어야 할 것이다. 실제로 우리는 오늘날 이 두 가지 사고가 기업 내에서 동등하게 개입하며 이들의 특수한 기능이 동시에 발현될 뿐 아니라 상호작용을 일으킨다는 전제로부터 출발한다. 우리가 기업들을 복합적이라고 정의하는 이유는 그들이 과학기술의 사고 하에 일반화된 교류와 생산 방식을 체계적, 복합적으로 발전시켰기 때문이 아니다. 일반화된 교류와 생산 방식의 저변에는 언제나 상징적 조직이 자리잡고 있으며, 야생의 사고의 영향을 받는 그 조직 또한 복합적인 성격을 띠기 때문에 그렇게 보는 것이다. 일차원적인 시스템을 복합적인 시스템이라고 부르는 것은 적절치 못하다고 생각한다.

이 가설을 바탕으로 야생의 사고는 집단 속에서 인간이 보존되고 생존하기 위해, 또한 인간의 사회적 삶을 조직한다는 점에서 인류의 영속을 위한 필요충분조건이라고 단정할 수 있다. 야생의 사고는 각 개인의 사회적 존재의 기본이 되고 존재를 가능하게 한다는 철학적인 의미에서 본질적이다. 반면 생산적인 변증법적 사고는 인간의 본질이나 인류의 영속성의 관점에서 봤을 때 사소하면서도 피상적이다. 사회적 응집력의 관점에서 볼 때 부차적인 세계의 기술적 통제를 가능하게 (하거나 그렇다는 환상을 심어줄 뿐이다) 할 뿐이기 때문이다.

단언컨대 현대사회에서 사회적 응집력은 야생의 사고로 유발된다. 신석기 시대의 선조들에게도 그랬고, 기술적 사고의 의무와 영향을 상대적으로 덜 받는 우리의 동시대인(원주민, 아마존 인디언, 파푸아인 등)들에게도 역시 그렇다. 그런 면에서 우리는 야생의 사고의 '내재적' 기능에 담겨 있는 생각에 동의한다. 레비-스트로스가 말하고자 한 것은 문화는 사회적 응집력에서 조용히 발생한다는 것이었다. 내재적 인코딩의 비반사적(irreflexive) 메커니즘도 모르게 말이다.

그런데 체계적인 영향을 미치는 야생의 사고가 아무리 조용하다 해도 순전히 무의식적이지는 않다는 것이 우리의 생각이다. 야생의 사고가 정신적인 현실의 조직과 유사하다는 이론은 적절치 못하게 느껴진다. 왜냐하면 우리는 사회적인 현실을 유발하는 데 관여하는 논리가 무의미론적(asemantic)이라고 보기 때문이다. 따라서 그 담론을 듣고 받아들이는 사람들에게는 굳이 외연화된 반성적 담론을 통하지 않고 작용한다는 것이다. 반면 특정한 사회적 조직에 대한 내용을 담은 정보원들의 담론은 계열적으로 분석했을 때, 다시 말해 문자적 의미에 집착하거나 '심오한' 의미를 찾아내야 하는 수수께끼처럼 해석하려 하지 않고 계열적으로 분석한다면, 사회적 현실의 상태를 그대로 기술해낼 수 있다. 이는 인간의 현실이란, 그것이 정신적인 현실이든 사회적인 현실이든, 상호작용하는 이중의 정보체계처럼 기능한다는 것을 보여준다. 또한 인간의 현실이 일부에서 주장했던 것처럼 의미론적인 것이 아니라 기호론적이라는 사실을 암시하기도 하다. 인간의 표현력이 풍부한 이유는 '보편적'인 코드화 능력을 가진 기호론적 동물이기 때문이다.

기업가형 회사(entrepreneurial company)

기업가형 회사는 자신의 존재 이유를 교류의 세계화에 편입하고 생산을 합리화하며 회사의 발전을 꾀하면서 중장기적으로 주주의 이익을 추구하고 투자하기 위해 수익을 창출해야 할 필요성에서 찾는다. 동시에 강력한 소속감과 통합 능력을 가져오는 사회적 응집력을 만들어내려는 의지를 가진 회사이다.

이러한 회사는 과점적 시장에 진출하지만 굳이 순위에 얽매이지 않는다. 따라서 자신의 문화(정체성 + 기저문화)를 투자이자 진정한 자본으로 간주하여 자산처럼 소중히 여긴다. 따라서 경영 프로세스에 문화관리가 포함된다. 회사의 임무는 회사 구성원의 사회적 존재를 최대한 보장해주는 것이라고 간주한다. 대신 직원은 회사문화에 충성을 다해야 하고 각각의 개인이 초조직 변화의 대변인인 만큼 명시적으로든 암묵적으로든 항시 진행되는 회사의 변화에 참여해야 한다. 다시 말해서 회사는 전통으로 굳어진 아이템 때문에 기저문화가 그 유연성을 잃는 일이 없도록 주의해야 한다. 기업가형 회사에서는 경제 주체들이 강력한 문화에 동조하고 문화는 사회적 존재인 그들과 그들의 주체성을 반작용으로써 지켜주기 때문에 생산 및 교류의 유동성이 보장된다.

기업 인류학(entrepreneurial anthropology)

우리는 기업 인류학을 현대사회의 기업과 기관들을 대상으로 문화적 차원을 최적화하기 위해 개입하는 학문이라고 정의한다.

이것은 상호 보완적인 다음의 두 사조에서 비롯되었다.

- 클로드 레비-스트로스가 발전시킨 구조 인류학
- 전체주의의 기원에서 한나 아렌트가 주장한 정치철학

두 사조의 특징을 보면, 자유주의와 마르크스주의의 대치로 상징되는 지배적인 경제정치적 이념에 대해 전자는 자율성, 후자는 대립으로 요약된다고 할 수 있다.

기업 인류학의 기본 전제는 우리 사회의 하부구조는, 전통사회와 마찬가지로, 사회적 응집력을 구성하고 유지시켜주는 조건이라는 점에서 문화라는 것이다. 따라서 기업 인류학에서는 차가운 사회라고 불리는 무문자사회와 문자사회 간의 대립구도가 사회적 기능 방식 간의 실제적인 차이를 충분히 설명해주지 못한다고 간주한다. 구조를 결정하는 의미론적 논리는 차가운 사회에서든 발전된 사회에서든 문자보다 훨씬 효율적인 다른 표현 방식을 지닌다. 그렇기 때문에 기업 인류학은 현대사회의 기업이나 기관의 사회적 조직을 구성하는 논리를 연구하고자 하는 것이다. 일반적으로 구전사회와 문자사회의 대립구도가 진정한 개념적 가치를 지니는지는 불확실하다.

유일하게 적절한 구분이라고 하면 (생존경제의) 제한된 교류와 (자본주의적 경제가치를 생산하는) 보편화된 교류 간의 대립구도이다. 이 대립은 생산과 교류의 기능이 사회적 응집력의 상징적 기능과 얼마나 구분되는지를 극명하게 보여준다.

기저문화(infraculture)

기저문화는 인간의 사회관계를 좌우하고, 조직하고, 조절하는 정보체계이다. '사회적' 동물이든 아니든 다른 모든 동물 종에 존재하는 유전적 결정론의 부재를 보완하기라도 하듯 인간에게는 기저문화가 있다.

인간의 행동과 태도는 구조적인 상징적 정보들을 구체화하는 '기호'체계에 의해 조절된다. 사회적 조직을 만들어내는 기호체계의 구조적 능력은 이와 같은 구조적 질서화에 긍정적으로 반응하는 인간의 자연스러운 본능적 욕구와 민감성 덕분에 가능하다. 다시 말해 기저문화란 언어적, 인지적, 행동적인 기호론의 끊임없는 생산과 재생을 통한 인코딩 운영자와도 같다고 할 수 있다.

이와 같은 '상징적'인 기호론은 '생화학적' 메시지의 프로그래밍을 대체한다. 인간의 행동과 태도가 상징적으로 결정되는 반면 동물의 경우는 생화학적으로 작동된다.

기호(sign)

인류학에서는 의미를 갖든 안 갖든 상징적인 코드화를 매번 떠올리게 하는 형태나 재질이나 색의 구체적이고도 지속적인 표현을 기호라고 부른다고 볼 수 있다. 전체로서 하나의 시스템을 구성하는 개별적 대상의 형상화는 기저문화와 기저문화를 구성하는 대립의 배열로 결정된다고 간주한다.

따라서 기호체계는 기저문화 구조의 물리적인 표현이다. 기업가형 단체가 만들어내는 기호의 총체는 '코드'를 구성하게 되고, 그 코드의 기능은 회사의 '가상' 영역을 창조하고 구성원들의 소속감을 보여주는 태도와 행동을 강화하여 적들이 이 가상의 공간에 접근하지 못하도록 하는 반면 동조하는 자들은 끌어당기는 것이다. 또한 기호체계의 부차적인 임무라면 회사가 선택한 소명과 가치에 대해 홍보하는 것이다. 따라서 소쉬르의 기호와 마찬가지로 '인류학적' 기호도 양면성을 가진다. 한 가지는 대상의 형상화에 해당되며 체계적인 일관성의 상징적 기능을 지니는 시니피앙 같은 측면이다. 다른 하나는 소명과 가치를 구체화하는 회사 고유 언어의 매체가 될 수 있는 시니피에 같은 측면이다.

기호체계는 회사의 사회적 응집력을 생성하고 회사의 포지셔닝과 목표를 사내에 홍보하는 데 큰 역할을 한다. 디자인 경영에서 다루는 것이 바로 이 복합적인 기능이다.

논리적 시간(logical time)

논리적 시간이란 개인이 사회환경에 적응하기 위해 필요한 외부의 하부구조 데이터를 체득하는 시간적인 진행 방식을 구체화하는 개념이다. 이 개념은 개인이 소속되어 발전해나가는 문화환경의 변화에 반응하는 과정을 정의한다. 즉 개인이 적응하는 데 필요한 정신적인 구조의 변형이 일어나는 순환주기를 가리킨다. 이 같은 변형은 다음의 3단계로 진행된다. 보는 순간, 이해하는 시간, 결론의 시점이다.

'보는 순간'은 특정한 문화 영역에서 어떤 결정적인 요소가 등장하는 것을 인식할 때 발생하는 통찰을 말한다. 새로운 요소의 등장은 어떤 변화가 발생할 것이라든지 이미 발생하고 있다는 미래적인 직관을 유발한다. 따라서 새로운 '패러다임'의 도입을 지각하게 된다. 이런 지각은 즉각적인 시각에 따른 연역적 또는 귀납적인 고찰과정의 결과일 뿐이다. 보는 순간은 그 결과로부터 직접 추론할 수 있다. 이원적이며 '실시간'으로 일어나는 보는 순간은 두 가지 운명을 가질 수 있다. 하나는 미래에 대한 비전이 처음 나타난 그대로 망각의 어둠 속으로 사라지는 것이고, 다른 하나는 미래에 대한 비전이 갖는 당장의 명료함이 퇴색하는 대신 성숙의 과정이 시작되는 것이다.

'이해하는 시간'은 보는 순간이 특정한 문화적 상황에서 특정한 개인에게 유발한 성숙의 과정을 말한다. 이해하는 시간은 의식적인 반성적 이해의 과정이 아니다. 또한 보는 순간이 촉발한 변화를 '습득'하는 과정도 아니다. 이해하는 시간은 개인이 사회에 적응하는 데 필요한 아이템들을 '무의식적으로' 재구성하는 과정이다. 따라서 개인의 가상적인 사회공간을 규정하는 '내면화된' 신호체계에 적용되는 '상징적인' 과정인 셈이다. 이러한 변화에는 야생적 사고의 논리-수학적인 과정이 개입되며 선험적으로 예측할 수 없는 순차적 시간을 필요로 한다. 관리의 관점에서 망각을 피하고 변화의 과정을 다시 활성화하려면 보는 순간의 내용과 그것이 초래한 결과를 상기시켜야 한다. 로마제국 시절 원로원에서 어떤 내용의 연설을 하든 카르타고를 파괴해야 한다는 결론으로 마무리했던 카토는 이미 이런 사실을 인식하고 있었던 것 같다.

'결론의 시점'은 '가상적인 사회 영역'을 정의하는 시스템의 상징적인 재조직을 의식하고 실제적인 행동을 취하는 단계를 말한다. 이 단계에서는 상징적인 조직을 다른 조직으로 대체하고 변화의 시퀀스를 마무리하게 된다. 또한 적절한 거리를 이해하는 또 다른 방식으로의 이행이 시작된다. 이렇게 사회적 현실에서 새로운 기능 방식으로 전환하는 작업은 점진적으로 이루어지지 않는다. 보는 순간과 마찬가지로 결론의 시점도 명료성을 띠며 '사전'과 확연히 구분되는 '사후'의 세계를 조직하게 된다. 행위와 태도도 실시간으로 갑자기 달라진다. 시간성의 관점에서 볼 때 결론의 시점은 논리적 시간의 순환주기가 측정 가능한 또는 예측 가능한 순차적 시간의 진행을 따르지 않는다는 사실을 보여준다.

동조/지지(adherence)

동조란 회사에서 제시하는 소명과 가치에 동의한다는 의식적이면서도 자발적인 결정에 해당한다. 동의한다는 것은 소명과 가치가 자신에게 주어진 임무를 수행하는 데 따르는 책임과 행동에 충분한 의미를 부여함을 의미한다. 따라서 '합리적' 혹은 합리화된 신념에 관한 것이자 '이런저런 원칙의 이름으로 나는 이것을 한다'에 대한 것이다.

동조는 이런 원칙에 대한 심리적 동일시 과정에서 나온다. 회사에서 자기 자리를 찾고 자신의 행동과 태도를 정당화하려는 각자의 필요에 근간을 둔다.

단체(collective)

단체란 문화에 대한 소속감에 의해 조직된 서로 보완적인 개인들의 모임을 말한다.

따라서 단체는 개인의 차이를 잘 동화시키는 유기적인 체계이다. 이는 특정 기저문화의 기호론적 구조를 결정짓는 기호체계에 동조함으로써 가능해진다. 이 기저문화는 사회적 조직 내에 개인을 통합시키고 이들에게 개인적인 주관적 위상

(정신적 현실)과 상호 보완적이면서도 독립적인 사회적 존재로서의 위상(사회적 현실)을 부여한다. 사회적 정체성을 부여할 뿐 아니라 주관적인 독특성에 대한 자율성까지 부여해준다. 기저문화의 기호론적 구조에 순응한다는 것이 불가침의 주관성에 대한 자유와 충돌하지는 않는다. 따라서 단체에 속한 개인은 상황을 파악한 상태에서 문화의 요구에 동조하는 것이다.

단체의 조직은 처음에는 상징의 층위에서, 그 다음에는 상상의 층위에서 이루어진다. 그러나 어떤 경우에도 심리적, 주관적인 간섭은 배제된다.

문화(culture)

기업 인류학에서 문화는 생존경제의 전통적인 조직이든, 복합적인 산업 조직이든 모든 인간 조직의 하부구조로 인식한다는 것이 기본 가설이다.

그런 의미에서 생산과 교류를 사회의 하부구조로 인식하는 자유주의자나 마르크스주의자들의 접근과는 구분된다.

문화는 변증법적 보완관계를 이루는 두 개의 요소로 구성되는데 이는 바로 기저문화와 정체성이다.

기저문화는 기호론적 단위를 다루는 질서체계처럼 조직된다. 이 기호론적 시스템의 기능은 고립된 개인을 집단 속으로 끌어모으고 그렇게 구성된 단체 속에서 사회적 응집력을 보장해주는 것이다. 인간 집단에서는 기호론적 시스템이 동물들의 유전 프로그램을 대신하여 사회적 질서를 만들어준다. 여기에는 세 가지 부류의 기호가 존재하는데, 즉 언어(신화), 인지(기호), 행동(의식)의 기호가 하나의 메타 언어로 기능하게 된다. 기저문화는 개인의 내면에 잠재되어 있는 소속감에 대한 필수적인 욕구에 대해 작용한다.

정체성은 의미 단위를 다루는 커뮤니케이션 시스템의 골조처럼 조직된다. 정체성은 사회적 조직이 속해 있고 활동하는 주변환경과 기저문화 간에 인터페이스로 작용한다. 회사의 경우 시장, 협력업체 그리고 내부의 임직원에게 보여주는 것이 정체성이다. 회사의 존재와 활동에 관심을 갖는 사람들이 자신을 알아볼 수 있도록 해주는 '소명'에 기반을 두고 그 소명으로부터 발전시켜나가는 담론이다. 기업이 보여주는 정체성은 대중에게 회사에 대한 정확한 이미지를 전달한다. 정체성은 외연화된 것, 의지주의적인 것 그리고 대상 중심적인 것이다.

요약해보면, 기저문화는 질서를 생산하는 무의미적인 상징체계로, 정체성은 의미를 생산해내는 상상의 체계로 정리할 수 있겠다.

문화 기본소(cultural fundamentals)

ACG 모델에서 문화 기본소는 특정 단체의 문화를 규정하게 해주는 세 가지 구성요소를 통틀어서 일컫는다.

실제로 모든 단체는 의무사항과 금기사항 체계, 회사의 유형, 세 가지 기능집단의 균형이라는 요소들이 서로 결합하여 그 특징이 결정된다. 세 가지 기능집단이란 회사 조직원들이 성직자, 생산자, 전사 집단에 어떻게 분포되어 있는지를 보는 것이다.

문화 기본소는 원래 소명으로부터 비롯된다. 그리고 조직이 발전하고 어떤 경우엔 세계화되면서 시공간 속에서 진화해나간다. 이 같은 진화가 환경에 적응하는 과정이었기에 현재의 기본소가 변화된 소명과 여전히 일관성을 유지할 수도 있다. 아니면 기본소가 변질되었을 수도 있다. 그런 경우 어떤 새로운 기본소로 이들을 대체하고 어떤 방식으로 그 목표를 달성할 것인지 결정하기 전에 언제, 왜, 어떻게 본래의 기본소들이 변질되었는지를 먼저 살펴봐야 한다.

문화 기본소는 문화 진단의 중요한 결과물 중 하나이다.

변형/변화(transformation/change)

기저문화의 변형

기업 인류학에서 기업의 기저문화는 이원적인 대립항 시스템으로 구성된 복합적인 기호의 총체로 간주된다. 이런 관점에서 변형이란 (변형을 공리화하는) 복합적인 기호체계에만 영향을 미친다. 이 같은 정보 요소들의 재편성은 의미의 차원(소명, 가치 등)이나 조직의 차원에서 이루어지지 않는다. 다만 사회적 응집력과 소속감을 책임지는 시스템에만 영향을 미친다. 따라서 기저문화의 변형은 지속적인 현상으로 '자연적으로' 발생하기도 하고 '개입에 의해' 이루어지기도 한다. 경영진이 초공동체와의 조정 메커니즘에 의도적으로 개입하지 않는 경우 기저문화의 변형은 '자연적으로' 이루어지고, 반면 경영진이 이 '자연적인' 과정에 일률적인 '인코딩'의 주입을 통해 자양분을 공급할 필요를 느끼고 행동하는 경우 '개입에 의해' 이루어지는 것이다. 어쨌든 기저문화의 변형은 용이해질 수밖에 없다. 엄밀한 의미에서 기저문화의 변형은 '관리'될 수도, 경험에 의해서 '운영' 될 수도 없다. 선전이라는 전체주의 (또는 당파주의) 방법을 사용하지 않는다면 말이다.

조직상의 변화와 정체성의 변화

반면 변화는 기능적인 조직(생산성 향상, 홍보 개선, 생산 도구와 기술의 현대화, 기술, 개인과 집단의 동기 부여 등)과 직원들에게 동일시와 자아 발견을, 고객들에게 식별의 기준을, 경쟁업체에게 존중의 태도를 갖게 하는 의미의 코퍼스 차원에서 발생한다. 의미와 의미작용의 영역에서 전반적인(조직에 관한 것이 아니라) 변화의 행동이 나타날 때는 소명과 가치, 즉 정체성과 대내외적인 홍보에 적용된다. 조직의 영역에서 변화의 행동이 나타날 때는 기업이 기능하는 데 필요한 모든 프로세스와 기술에 적용된다.

부족(tribe)

부족은 공동체의 하위집단이다. 정복자형 회사의 역동적인 발전과 확장 과정에서 하나 또는 다수의 부족이 생겨난다.

실제로 발전과 확장의 역학은 사회적 응집력을 보존하기 위해서 대형화의 의미에서가 아니라 역량의 보완성을 명시한다는 의미에서 기저문화의 복합화를 유발하게 된다. 따라서 확장은 이와 같은 분화집단의 분리와 그 위상에 따른 분절 작업을 결정짓는다.

부족의 정당성은 부족 구성원들이 공동체의 기저문화에 유입시키는 다양한 보완성들을 상징화하여 보여주는 토템을 통해 나타난다. 오늘날과 같은 발전된 사회에서 토템은 공동체의 발전에 도움을 주고 모든 부족 구성원들이 사용하는 기술이나 이론을 주창한 사람이 될 수 있을 것이다. 또한 개인이나 단체에 의해 구현된 어떤 방법이 될 수도 있다. 이런 토템은 창립신화에 동조하고 그것을 완성시켜나가는 집단의 상징적인 조상으로 간주된다.

비전(vision)

비전은 기업이 활동하는 분야에서 자신의 자리를 찾게 해주는 '산업적인' 전략을 빠짐없이 압축한 것이다. 비전은 기업의 발전을 위한 차별화에 필수적인 포지셔닝의 초석이 된다.

비전은 기업 전략의 귀착점을 분명하고 명시적으로 보여주는 간단하고 독창적인 개념들로 표현된다. 비전은 이 귀착점에 도달하기 위해 사용해야 할 수단을 알려준다. 그러므로 비전은 기업 프로젝트의 핵심이자 기초인 셈이다. 비전은 방향제시와 의미 부여를 통해 기업 프로젝트가 소명과의 변증법에 들어가도록 해준다.

기업 인류학에서 비전은 교류와 생산의 층위에 속하는 반면 소명은 상징적인 기저문화의 층위에 속한다. 소명은 비전이 산업적으로 성공하는 데 필요한 사회적 응집력의 기초가 된다.

사회적 분열(social dispersal)

사회적 분열이란 소속감 또는 동조가 만들어낸 연대를 토대로 생성된 사회적 응집력을 소멸되게 하는 역학을 말한다.

소속감의 경우, 기저문화가 파괴되고 조직 구성원의 응집력을 생성시키는 문화기본소를 생산해내지 않을 때 사회적 분열이 야기된다. 실제로 이 경우 의무사항과 금기사항을 규정하는 질서체계가 더 이상 유효하지 않게 된다. 이 의무 및 금기 사항이 사라지게 되면 소속감과 정당성을 의미하던 행동 또한 없어지게 되어 어느 누구도 '적소'에 있지 못하게 된다.

동조의 경우, 한때 충성심을 가진 것으로 보였던 용병들을 결속시켰던 프로젝트가 와해되면서 사회적 분열이 야기된다. 이 일시적인 유대감을 만들어내던 동일시 메커니즘은 함께 프로젝트를 수행하지 않게 되면서 힘을 잃게 된다. 프로젝트가 없으면 연대감도 와해되고 그룹은 분열된다.

사회적 응집력(social cohesion)

사회적 응집력은 필요한 순응 절차를 가동시키고 고립된 개체가 소속감을 느낄 수 있도록 유도하며 아울러 집단이 이미 동조 단계에 있다면 소속감을 느끼도록 기저문화가 보내는 인코딩 메커니즘의 결과이다.

소속감이 크면 클수록 사회적 응집력의 강도가 높아진다. 사회적 응집력의 강도가 높아질수록 통합능력이 높아진다. 따라서 조직이 진화해서 사회적 응집력이 강화된다는 것은 생산 및 교류의 기술적 프로세스가 야기하는 파괴적 영향과 권력관계나 감정 싸움으로 인한 대인관계의 신경전이 야기하는 파괴적 영향에 저항할 수 있는 효율적인 메커니즘이 만들어진다는 것을 의미한다.

사회적 응집력은 대인관계의 불안정한 영향을 억제하고 생산 및 교류의 새로운 프로세스를 습득하는 데 있어서 나타날 수 있는 파괴적 효과의 원인을 외부에서 찾을 수 있도록 돕는다. 사회적 응집력의 강도가 높아지면 구성원들이 적절한 거리의 원칙을 지키며 갈등 없이 조직된다. 그리고 이는 계속해서 지속된다. 그렇기 때문에 사회적 존재가 살아갈 수 있도록 보장해준다는 점에서 사회적 응집력은 생산과 교류의 지속적인 진화로부터 파생될 수 있는 파괴적인 교란 상황에서 조직을 보호해준다고 볼 수 있다. 따라서 모든 경제 최적화 프로세스(생산성 향상, 혁신, 생산단지 이전 등)는 더 이상 위험한 것으로 인식되지 않게 된다.

사회적 응집력이 클수록 집단의 변화 및 혁신 능력이 크다는 것은 당연한 이야기이다. 응집력이 약할수록 변화와 혁신이 집단의 동질감을 깨뜨리는 것으로 인식되어 혁신을 받아들이는 것에 대한 집단의 저항은 커지게 된다.

사회적 현실(social reality)

사회적 현실의 개념은 인간에게는 집단으로 조직되어 살아가게 하는 유전적 결정론이 없다는 사실에 근거한다.

미숙 단계에서 인간은 개인으로서 또한 인류로서 생존하기 위해 투여(investment)해야 하는 두 개의 정신구조를 지닌다. 인간은 정신적 존재로 살아가도록 하는 정신장치를 마련함으로써 욕구를 가진 자가 된다. 또한 사회적 현실 구성에 통합되고 참여함으로써 사회적 존재로 기능한다. 살아가기 위해 인간은 정신적 존재와 사회적 존재가 되어야 한다. 여기에서 주목할 점은 '와'라는 접속사는 이 두 현실이 서로 독립적이며 자율적이라는 의미로 해석해야 한다는 사실이다. 상호작용을 한다고 해도 어느 하나에서 다른 하나가 비롯되는 것이 아니다. 이 두 가지 현실은 별개의 총체로서, 이 둘 모두 생물학적 결정론을 대신하는 일반 기호론에 근거한다는 점에서, 그리고 이들의 역동성이 '투여'를 가능하게 하는 매개화를 전제로 한다는 점에서 반드시 교차하게 된다.

이 개념과 연결하여 기업 인류학의 이론에서는 사회적 현실이 서로 독립된 두 개의 하부 시스템으로 조직된다고 전제한다.

그 첫 번째는 문화이다. 기저문화는 사회관계의 조직이 마련될 때 기호가 만들어내는 질서에 의해 규정되는 인간의 (타고난) '본능적 욕구(appetence)'와 (타고난) '능력'을 토대로 소속감을 생성해낸다. 인간의 (그리고 인류가 지속되기 위해 필수적인) '속박'의 기호론은 기호(신화), 인지(기호) 그리고 형이하(形而下, 의식)의 세 가지 층위에 작용한다.

두 번째는 일반화된 교류의 체계로, 제품과 서비스의 교체를 관리하고 통화량을 조절한다. 획득(appropriation)/파괴(destruction, 소비)의 역학 속에서, 그리고 그 역학 덕분에 기능한다. 축적과 권력의 법칙이 지배하는 체계이다.

우리가 흔히 생각하는 것과 달리 인류가 지속되는 데 필수적인 것은 기저문화뿐이다. 인간은 종의 영속성을 보장하기 위해 수천 년에 걸쳐 기저문화를 발전시켰고 사회적 응집력을 만들어내기 위해 이를 복합화, 고도화했다. 일반화된 교류의 장치와 대량생산의 메커니즘은 최근(지난 몇 세기)에 만들어진 것으로 기저문화에 대한 자신만의 역학을 찾기까지는 어느 정도 시간이 소요될 것이다.

세 개의 기능집단(tripartition)

현대적인 인도유럽문명을 배경으로 하는 기업의 기저문화는 조르주 뒤메질이 묘사한 '세 개의 기능집단'을 토대로 조직된다. 세 개의 기능집단은 전사, 성직자, 생산자라는 평등한 세 가지 계층으로 구성된다. 여기서 평등하다는 것은 세 가지 계층 중에 한 가지가 다른 두 가지 계층보다 우월하다든지, 아니면 한 가지 계층이 가장 우월하고 그 다음에 하나, 그 뒤에 마지막 하나가 오는 식으로 서열이 정해지지 않는다는 뜻이다(반면 유교문화에서는 귀천의 순서대로 사농공상 계급을 분류한다). 그렇지만 각 계층 내부에서는 '귀족' 계급과 '노예' 계급으로 나누어진다.

프랑스에서 이와 같은 계급 조직이 마지막으로 나타난 것은 프랑스 혁명 당시 삼부회 소집 때였다. 당시 프랑스 의회는 귀족, 성직자, 평민의 세 가지 계급으로 구성되어 있었다.

우리는 다음과 같이 생각해볼 수 있다.

• 귀족 전사(과거의 기사)는 공동체를 수호하고 공동체의 발전에 필요한 정복 전략을 수립하는 사명을 갖는다. 노예 전사(과거의 보병)의 사명은 귀족 전사의 명령에 따라 이들 전략을 수행하는 것이다.

• 귀족 성직자는 '성화'를 만들고 지키는 사람이다. 공동체를 일하게 하는 원동력인 정신을 책임지고 그것을 보장하는 법률들을 담당한다. 노예 성직자(수도원의 보조 수사들)는 귀족 성직자들이 공포한 법률에 기인한 규칙들을 적용하고 지키도록 하는 임무를 맡는다.

• 귀족 생산자들은 공동체의 생계를 위해 필요한 방법과 도구를 생각해낸다(요즘 말로 하면 농학 엔지니어나 R&D 회사가 이에 해당된다). 노예 생산자들은 이를 실행에 옮긴다.

간단히 요약하면 오늘날의 현대사회에서는 귀족/노예의 이분법이 '생각하는 사람(그리고 생각할 권리가 있는 사람)' 대 '행동하는 사람(그리고 생각할 권리가 없는 사람)'이라는 아바타로 나타난다고 볼 수 있다. 이와 같은 생각 대 행동의 대립은 아마 다른 어떤 현대적인 인도유럽문명(앵글로색슨 문화)보다 프랑스의 사회조직에서 더 두드러지게 나타나는 것 같다.

소명(vocation)

기업 인류학에서 소명은 기업이 단수 혹은 복수의 사업을 수행하려는 방식에 관한 약속의 선포로 간주된다.

소명은 따라서 기업의 장기적인 의도와 목표를 압축한 것으로 볼 수 있다. 소명은 기업 고유의 언어로, 그리고 의도적으로 종합적인 형태로 표현된다. 기본적으로 소명은 동일시의 매체이고, 또한 내부적으로 직원들을 규합하고 외부적으로 고객과 경쟁업체에 대한 포지셔닝을 주도하는 소속감의 매체이다. 소명은 공동의 신념과 정체성의 핵심을 이루는 가치체계를 정의한다. 이런 측면에서 소명은 대외 홍보의 플랫폼으로 볼 수 있다.

• 기업가형 회사(또는 학자형 회사)의 경우 소명은 조직적인 기저문화와 명시적인 기저문화의 내용 사이의 인터페이스에 위치한다. 소명은 창립신화에 담겨 있는 의도 및 가르침과 일관되게 정의되고 표현된다. 그렇지만 소명의 의미론적인 표현은 경기적인 성격을 띠며 외부의 정황에 따라 변동 가능하다. 사실 소명은 소속된 '홍보 세계'의 의미론적인 상태에 맞게 적응한다.

• 제국주의적 시스템 또는 전체주의적 시스템의 경우 소명은 기저문화의 환영에 해당한다. 이 경우 소명은 나머지 기저문화와는 단절된 슬로건의 형태로 나타난다. 실제로 소명의 임무는 기저문화와 창립신화의 요구들을 대체하는 것이다. 제국주의나 전체주의적인 기업의 목표는 직원들에게 소속감의 구조 대신 동일시의 매체를 제공하는 것이다. 이런 기업 형태는 개인과 집단을 관리하기 원할 뿐 공동체를 만드는 것에는 관심이 없다. 이런 관점에서 소명은 기업의 상징적인 기저문화와 일관성을 갖는 목표가 아니라 자본주의적이고 기술적인 목표에 의해 결정된다.

소속감(belonging)

소속감이란 특정 집단 속에 있는 개인에게 사회적 존재로서의 정당성을 부여해주는 내면화된 속성이다.

특정한 기저문화로 이루어진 집단에 자신의 노하우와 역량을 보여줌으로써 그 집단에 입문하고 집단의 인정을 받은 결과라 할 수 있다. 이 소속감은 집단의 사회적 응집력을 형성하고 지속시키기 위해 기저문화에서 만들어낸 질서체계에 순응하기로 하면서 발생한다. 소속감은 시장경제의 산업사회 내에서 개인이 사회적 존재로 살아가기 위한 필요조건이자 충분조건이다.

순응(subservience)

순응은 소속감을 유발하기 위해 기저문화에서 집단 구성원들을 대상으로 보내는 인코딩 프로세스의 결과이다.

소속감은 특정 집단의 가상적인 사회적 영역을 규정하는 '순응적' 유인 지표라는 구조를 통해 형성되고 지속된다. 각자의 기능적 차이를 존중하도록 사회적 응집력을 유기적으로 유지시켜주는 순응 자체도 집단의 구성인자로부터 끊임없이 정보를 받아들인다. 주변환경의 지속적인 변화를 감당해야 하는 구성인자는 초조직에서 차용한 새로운 아이템을 하부구조에 제시하게 된다. 이렇게 새로운 아이템들이 지속적으로 투입되기 때문에 순응구조는 초조직과 함께 호흡하고 괴리가 생기지 않도록 변화할 수 있는 것이다.

심적 현실(psychic reality)

심적 현실은 리비도의 투여와 욕구의 조절장치를 설명하는 개념적 모델이다.

이는 인간이 어떤 방식으로 주변환경을 인지, 이해하고 투여하며 어떻게 자신의 동족과 관계를 맺는지 설명하는 데 필요한 개념이다. 사실 다른 모든 생물의 경우 이런 기능이 내재된 프로세스에 의해 이루어지지만, 인간에게는 이런 유전적 프로그램이 존재하지 않는다. 심적 현실은 인간이 세상을 살아가는 방식을 설명하기 위해 실재와 중앙신경계 사이에 있다고 가정하는 인터페이스에 해당한다. 프로이트의 이론에서 이 인터페이스는 상호작용을 일으키는 경제적, 지형학적, 역동적 시스템으로 구성된다.

경제적(economic) 시스템은 두 종류의 에너지 사이에서 이루어지는 상호작용을 다룬다. 지형학적(topographic) 시스템은 실재계에 대한 인지와 이를 중앙신경계(의식(conscious), 전의식(preconscious), 무의식(unconscious) — 자아, 초자아, 이드)에서 처리하는 방식 사이의 인터페이스 역할을 하는 다양한 층위로 구성된다. 역동적(dynamic) 시스템은 에너지 시스템과 지형학적 시스템 사이의 상호작용과 이 상호작용이 일으키는 갈등을 다룬다. 심적 현실의 경제적 차원이 심적 존재를 연결해주고 사회적 현실 속에서 '대상'에게 투여하도록 해준다.

씨족/파벌(clan)

씨족은 회사 조직의 가장 작은 사회적 단위이다.

기업 인류학 이론에서 회사 조직은 세 개의 층위로 이루어진 유기적 총체이다. 역학적인 측면에서 씨족은 조직이 발전하고 확장될 때 사회적으로 복잡해지면서 생성되는 최종 결과물이다.

씨족은 또한 조직이 복잡해지고 차별화되면서 인원수가 늘어난 부족이 기능적 분열을 맞았을 때 나타나는 결과물이기도 하다. 씨족은 부족 내에서 인정받는 필수적이고 전문적인 노하우를 가진 개인들로 구성된다. 씨족은 기계적 연대(mechanical solidarity)를 통해 사회적 응집력을 조직해나간다.

같은 씨족에 속한 사람들은 같은 노하우를 갖고 있으므로 서로를 알아본다. 이런 특성 때문에 자급자족적인 분화가 발생할 수 있다. 그렇기 때문에 씨족은 조직의 기저문화에 충성하고 동조해야 한다. 아울러 부족의 토템을 간과해서도 안 된다. 이런 관점에서 부족은 토템의 능력을 대표하며 부족을 구성하는 씨족들의 노하우를 합산한 결정체로 볼 수 있다.

야망(ambitions)

생산과 교류의 개발과 기업의 소명과 비전의 차원에서 야망은 장기적인 전략적 비전의 타당성을 확인하고 정해진 시간과 방법으로 회사가 설정해놓은 결승점에 도달할 수 있는지를 확인하기 위해 정해놓는 수량화된 중간 기점들이다. 야망은 기업 프로젝트의 실현을 단계적으로 그리고 가시적으로 보여주는 중간 목표의 형태로 구체화된다. 각각의 야망을 실현하는 것은 위임 받은 개인이나 조직의 책임이다.

야생의 사고(pensée sauvage)

야생의 사고는 사회적 응집력을 조직할 수 있도록 인간의 정신구조가 제공하는 보편적인 지적 작용 방식이다. 변증법적 사고와 다르며 이를 보완한다.

야생의 사고는 오로지 사회적 응집력을 조직하는 것만 생각한다. 이를 위해서 과학적 사고의 관점에서는 이질적으로 보이는 특성을 가진 모든 대상들을 분류한다. 레비-스트로스는 야생의 사고를 엔지니어나 과학자의 사고와 대비하여 손재주꾼(bricoleur)의 사고에 비유한다. 이런 관점에서 서로 근접해 있는 두 대상은 하나의 집합에 속하는 것으로 간주된다. 야생의 사고는 두 대상을 '하나로 묶을 수 있는 점'을 찾아가면서 집합을 구성한다. 이 같은 원리를 통해 야생의 사고는 목표를 달성하고 무질서가 있는 곳에 일관성을 가져올 수 있다. 이질성을 뛰어넘는 방법은 각각의 요소에 기호(−, +, +/−)를 부여하는 것이다.

야생의 사고는 현대적 사고로 진화하는 첫 단계가 될 수 있다는 점에서 원시적 사고가 아니다. 진화과정에서 완전히 제거되지 않은 흔적으로 간주될 수 있다는 점에서 고리타분한 사고도 아니다. 야생의 사고가 없다면 인간이 사회적 삶을 영위할 수 없다는 점에서 일차적 사고라 하겠다. 기술적 발전 단계로 봤을 때 아직 석기시대에 머물러 있다고 간주되는 일부 민족의 꿈 분석 방식이나 친족체계가 보여주듯이 야생의 사고는 무한한 고도화 능력을 가지고 있다.

유기적/기계적 구조(organic/mechanic structuring)

유기적 구조와 기계적 구조의 구분은 뒤르켐의 사회학에서 차용한 것이다. 뒤르켐의 사회학에서는 다음과 같이 연대를 구분한다.

• 기계적 연대는 개인을 결집할 수 있도록 유사점을 끌어 모으는 능력의 결과로 규정된다. 개인들은 서로 크게 다르지 않기 때문에(동일한 감정적 반응, 동일한 도덕적 가치, 동일한 신성한 믿음) 서로를 알아보고 모이는 것이다. 이렇게 모이는 것은 다른 집단이나 다른 사람들에게 대항하기 위해서이거나 아니면 자신과 비슷한 사람들과 공감하고 만나기 위해서이다. 이와 같은 결집은 프로이트가 『집단 심리학과 자아 분석』에서 묘사한 동일시에 해당한다. 이런 결집 행태는 진정한 의미의 사회적 구조화라기보다는 사회심리적 구조화라고 하는 것이 더 적합하다. 우리는 이를 '집단(group)'이라고 부른다.

• 유기적 연대는 다른 형태, 다른 노하우, 다른 본성을 가진 개인이나 집단을 통합한다. 사실 뒤르켐에게 기업의 유기적 연대는 기능의 보완성으로 압축되며 그 대표적인 예로 테일러주의를 꼽는다. 따라서 여타의 보완점(심리적 프로파일, 연령층, 출신문화 등)은 고려하지 않고 업무의 분업화로만 축소 해석한다.

기업 인류학에서 보는 유기적 연대는 기저문화의 기호에 대한 소속 절차를 통해 모든 차이점을 통합한다. 단체의 이 같은 문화적 차원 덕분에 우리 사회의 복합성을 새롭게 조명할 수 있다. 우리 사회가 복잡해지는 이유는 생산 및 교류 시스템이 끝없이 고도화되기 때문도 아니고 '기계적' 개체와 '유기적' 개체들이 조화롭게 참여하도록 해야 하기 때문도 아니다. 그 이유는 문화의 지배를 받는 사회적 응집력의 필요와 대량생산의 결과로 얻어진 보편화된 교류가 변증법적인 관계

속으로 들어가야 하기 때문이다. 이때 문화는 공시적뿐 아니라 통시적인 통합능력까지 갖춰야 하기 때문에 사회가 더 복잡해질 수밖에 없다. 공시적인 통합이 필요한 이유는 회사 공동체가 다양한 유기적 부족 시스템을 통합한 것이고, 부족 시스템 자체도 다양한 기계적 씨족 시스템(조직의 분화든지 자급자족형 씨족이든지)을 통합한 것이기 때문이다. 통시적인 통합이 필요한 이유는 회사 공동체가 자급자족형 공동체(기계적 집단)로 형성된 후 결국은 학자형 회사나 기업가형 회사(보완성의 유기적 단체)로 발전할 수 있기 때문이다.

인코딩(encoding)

인코딩은 개인이 특정 문화에 동조하도록 기저문화가 이들에게 제시하는 기호론적 정보를 인지하면서 가동되는 주입(impregnation)과정의 결과물이다.

인코딩은 학습되는 것이 아니다. 인코딩은 통찰, 다시 말해 사회적 존재를 규정하는 기호나 기호 총체에 적응하는 것으로 기능한다. 이 '생물학적' 적응이 가능하기 위해서는 기저문화를 구성하는 인지적 아이템들이 각 문화마다 생각해봐야 할 주기와 리듬에 맞춰 반복적으로 제시되어야 한다. 따라서 인코딩을 위해서는 기저문화에 통합시키고자 하는 문화적 아이템들을 제시하는 계획이 필요하다. 여기서 주목할 것은 이 기저문화의 전달자는 단체에 참여하는 개인들이라는 점이다. 그러므로 겉으로 드러내는 경영진의 커뮤니케이션과 병행하여 사내 홍보 차원에서 문화적인 '정보 전달'이 이루어져야 한다. 이 문화적인 정보야말로 기호론적 아이템들의 프레그넌스(pregnance)를 유지시켜주는 역할을 담당한다. 문화에 대한 홍보를 위해서는 보여주는 '기회' 혹은 들려주는 '기회'를 만들어야 한다. 인코딩의 효율성은 우리가 단체를 통해 기저문화에 통합시키거나 활성화하려는 아이템의 명료성, 일관성, 영속성과 반복성에 달려 있다.

의무체계(obligation system)

기저문화의 층위에서 의무체계는 기저문화의 골격을 구성하는 기호론적 요소들의 의미론적인 또는 행동적인 표본이다.

의미론적인 표본의 경우 사람들은 의무체계를 '신화소'로 간주한다. 즉 가장 작은 의미요소인 신화소의 구조화가 기업의 사회적 응집력을 보장하는 창립신화에 일관성과 신빙성을 제공한다고 생각한다. 이와 같은 의미론적 기본소는 사회 집단 내에서 의무나 금기의 기능을 하는 절대적인 정의를 만들어낸다. 또한 기업 특유의 행동 코드를 결정짓게 되는데, 이 행동 코드는 일단 체득되면 사회 집단 내에서 개인의 소속감과 정당성을 형성하는 역할을 한다.

의무체계는 창립신화의 토대 위에 세워진 특정 기업의 배타적인 체계이다. 그러므로 역사의 특정 시점에 시민사회에서 유행하는 가치에 영향을 받지 않는다. 의무체계란 정의상 강요하거나 금지하는 것이다. 가치란 일종의 심리적인 도덕적 이상에 대한 열망이다.

의식(ritual)

기업 인류학의 범주에서는 채용, 입사, 승진, 교육, 퇴직 등과 같은 통과의례와 정당화 의식 외에도 교류, 커뮤니케이션이나 생산 프로세스에 꼭 필요하지는 않은 행동(종종 거추장스러운 행동으로 간주된다) 혹은 예측 가능한 순간이나 상황에서 반복되고 집단의 기저문화에 의해 결정되는 모든 행동이 의식 행위로 간주된다. 즉 예상할 수 있는 상황에서 반복되는 '불필요한' 모든 행동을 — 대립항 시스템 변화의 논리를 따르는 행동체계에 속한 행동이라면 — 의식 행위로 간주한다는 것이다. 왜냐하면 이런 행동은 인정을 의미하는 것이고 따라서 사회적 응집력을 강화시키기 때문이다. 의식은 통과의식, 소속의식, 그리고 이별의식의 세 가지 유형으로 구분된다.

자급자족형 공동체(autarchic clan)

기업 인류학에서 자급자족형 공동체는 고립되거나 따로 떨어져 있는 그룹이 아니다. 향후 정복자형 단계를 거쳐 (기업가형, 제국주의형 혹은 전체주의형) 회사로 발전하게 될 조직의 초안이라 할 수 있다. 혹은 다음 단계로 발전하도록 해주는 정복자형으로 진입하지 못할 경우 퇴행적 단계를 의미할 수도 있다. 아니면 학자형 회사가 경직되면서 나타나는 모습이 될 수도 있다.

어쨌든 자급자족형 공동체는 조직 구성원들 간에 존재하는 총체적 신화에서 제대로 활용되지 못한 변형 형태인 본래의 창립신화를 중심으로 조직된다. 겉으로 드러나는 의도를 봐도 문화적인 대의만을 앞세우지 않는다. 일차적으로는 거의 차가운 사회를 표방하면서도 일반화된 교류와 경제의 흐름 속에 편입하고자 하는 의지가 있다. 자급자족형 공동체의 구성원은 신도가 아니다. 이들은 그저 동조할 뿐이다. 실제로 이들은 마치 탈선한 이단처럼 처음부터 기계적이 아니라 유기적인 구조를 갖고 있다. 이와 같은 구조는 소속감을 생성시키는 데 필요한 매력적인 특징 및 통합 능력을 지닌다.

창립신화로부터 초기의 의식 및 기호 체계가 생겨나고 그 후 더욱 발달하게 된다. 자급자족형 공동체의 구성원은 우선 기저문화에 소속되고 그 후에야 기저문화에서 나오는 소명과 가치에 자신을 동일시하게 된다. 이와 같은 집단은 종종 실질적인 창립자 또는 드러난 창립자를 중심으로 조직되고 경험적인 경영체제를 갖는다. 집단은 생존의 경제와 투자의 경제를 만들어낸다. 하부구조뿐 아니라 인원, 생산, 교류의 복잡화에 있어서 임계상태에 도달하고자 하는 경향을 보인다. 그렇게 해서 그들이 탄생한 자급자족 단계에서 다음 단계의 집단으로 진화할 수 있는 2단계로 진입하게 된다.

적절한 거리(good distance)/적소(適所, good place)

위상기하학에서 영감을 받은 이 비유(혹은 유추)는 개인이 집단의 문화구조를 이루는 사회적 차원 속에서 자신에게 적합한 자리를 찾아야 함을 말한다.

자신의 체형, 사람들에게 말을 거는 방식, 언어 습관, 논리적 시간관리 방식, 행동, 교류와 생산 프로세스를 다루는 방식 등에서 나타나는 상징적인 올바른 자리를 말하는 것이다. 수많은 차원에서 나타나는 이런 전반적인 태도는 개인의 심리적 결정론에 전적으로 대립된다. 적절한 거리란 심리적, 감정적 혹은 의견이 담긴 반응 때문에 일어나는 것이 아니라 자신이 받아들인 사회적 행동의 결과로서 나타나는 것이다.

다시 말해 기업 인류학에서 인간은 자신이 속한 집단의 사회적 응집력에서 나오는 상징적인 처방에 따라 자신의 품행을 조절하는 사회적 인간이자 자신의 주체성을 생각하는 주체로서의 페르소나이다. 이는 개인이 속한 세계가 사회적 현실과 정신적 현실의 두 요소로 이루어졌다는 사실을 암시한다.

이 두 가지가 모두 인간존재에 필수적인 요소이기 때문에 둘 사이의 균형이야말로 사람의 단일성을 보장해주는 것이기도 하다.

전체주의적 시스템(totalitarian system)

기업도 국가와 마찬가지로 전체주의 체제로 조직될 수 있다. 전체주의적 기업 유형은 두 가지로 구분할 수 있는데, 하나는 정복자형 전체주의 기업이고 다른 하나는 퇴행적인 전체주의 기업이다.

정복자형 전체주의 기업은 이윤의 극대화라는 존재 이유를 위해 설립되고, 따라서 시장의 독점기업이 되려는 의지를 가진 기업을 말한다.

이런 기업의 확장은 과점 기업과는 완전히 다른 양상을 보인다. 정복자형 전체주의 기업의 유일한 가치는 경제적 우월성의 극대화로 단수 혹은 다수의 시장을 완전히 사취하는 것이다. 이런 정신상태는 시장을 소유하고/소유하거나 주도하는 이들의 세력을 확장하기 위한 이윤의 축적으로만 정당화될 수 있다. 이 경우 주주를 위한 '가치 창출'이라는 감언이설은 리더들의 진정한 속내를 감추기 위한 연막에 불과하다. 다시 말해 그들의 유일한 목표는 극단적인 비용 절감과 이윤의 극대화인 것이다.

그러므로 전체주의 기업은 인력 착취의 논리를 따른다. 그리고 문화(또한 문화가 유발하는 소속감)를 용납할 수 없는 '인적(천연) 자원' 관리의 방해물로 간주한다. 따라서 이들 기업은 기저문화의 '유기적인' 효과를 가능한 축소시킨다. 기업의 소명과 정체성은 개인의 동일시와 결십을 위한 벡터가 아니라 시장지분을 확보하기 위한 무기로 사용된다.

그러므로 전체주의 기업은 직원들의 노동에 의미를 부여하지 않는다. 반면 이들의 인사관리는 기업 내에 계급 없는 사회를 만드는 것을 그 목적으로 한다. 각각의 직원은 제국주의적 회사에서처럼 '용병'이 아니라 임금 액수로 그 의미가 축소된다. 전체주의 기업의 목표는 인적 자원을 총 임금처럼 관리하여 직원에 대한 인간적인 배려는 전적으로 배제하는 것이다. 이렇게 해서 기업은 경제규모의 최적화로 귀착된 계급 없는 사회가 된다.

이처럼 극단적인 결과에 도달하려면 인간을 무시하는 냉혹한 규칙을 뻔뻔하게 공포할 수 있어야 한다. 개인은 오로지 브랜드의 헤게모니적인 '대의'를 위해서 희생될 수 있다. 고발과 축출만이 모두가 인정하는 유일한 가치 있는 행동이 될 때까지 말이다. 이런 비정상적인 행동은 파괴적이고 살인적인 예측이 인간의 심리에 행사하는 매력에 근거하기 때문에 리더의 격려를 받으면 보편화될 수 있다. 이런 행동이 나타나려면 리더들의 공공연한 격려가 필요하며 그것만으로도 충분하다. 또한 브랜드의 헤게모니적인 대의를 명분으로 패륜의 희생을 권장함으로써 축출 대상으로 지목 받은 사람이 동의하거나 스스로 추방되길 바라도록 만들어야 한다. 모든 개인은 브랜드의 생존을 위해 자신이 물러나야 한다고 생각하도록 프로그래밍되어 있다. 살인, 멸시, 가혹함이 주는 매력이 클수록 스스로의 축출을 받아들이기가 더 쉽기 때문이다(일종의 게임과도 같다). 마지막으로 조직 편성, 목표, 책임 등을 끊임없이 재구성 및 재조직하여 불안과 의심의 분위기가 조성되도록 해야 한다. 이런 방법은 모두가 모두를 경계하는 망상의 세계로 이어지는 보편적인 학대 강박증을 유발한다. 위의 세 가지 조건이 충족될 때 전체주의적 시스템은 오래 지속되고 발전할 수 있다.

두 번째로 기업이 시장에서의 독점적인 지위 획득이라는 목표와 이윤 극대화라는 야망을 포기하는 경우 퇴행적인 전체주의적 시스템으로 조직될 수 있다. 이런 관점에서 전체주의적 시스템의 정당성은 주주들의 장악을 위한 경제적 성과가 아니라 브랜드의 유일한 '대의'에서 찾을 수 있다. 사실 이는 직원의 수를 막론하고 타락한 자급자족형 공동체로의 회귀를 의미한다. 왜냐하면 관리(특히 인적 자원)의 원칙들, 특히 사람에 대한 모욕과 멸시, 직원들이 스스로 희생을 감수하는 것, 보편화된 망상과 같은 원리들은 정복자형 전체주의 회사와 여전히 동일하기 때문이다.

전통(tradition)

전통은 신념체계처럼 조직되고 이미 고정되어 침범할 수 없게 된 상상의 가치들을 명시적으로 드러내는 시스템이다.

전통은 집단이 미분화 그룹으로 변질되는 현상으로 나타난다. 그러므로 전통은 일반적인 고정관념과 달리 변화에 대한 저항을 일으키는 원인이 아니라 기저문화가 더 이상 소속감과 사회적 응집력을 생산하지 못한다는 징후로서 나타나는 것이다.

정당성(legitimacy)

기업 인류학에서는 개인이 새로운 집단에 들어가서 집단의 정체성에 자신을 동일시한 후, 인코딩을 통한 입문 절차를 통해 기저문화와 하나가 되어서 자기에게 맡겨진 기능에 대해 능력을 인정받으면 그 집단 속에서 정당성을 갖는다고 간주한다.

다른 한편으로는 하나의 제품이나 서비스가 회사의 소명에 부합할 때 그 제품이나 서비스는 정당성을 갖는다. 그 소명이라는 것도 초기의 창립신화나 그 변화된 모습에 부합해야 한다. 더 나아가서 회사의 발전 단계에서 어느 순간 회사의 본업으로 다시 돌아가도록 하는 경영의 원칙은 사실상 정당한 업종과 그렇지 못한 업종을 결정짓고자 하는 것으로 간주한다. 정당한 업종의 특징은 회사의 소명에 맞고 창립신화나 변화된 신화의 결정인자에 부합해야 한다.

정복자형 회사(conquering company)

정복자형 회사는 자급자족형 공동체가 경제 및 사회적 자급자족 단계를 벗어나 어느 정도의 규모로 성장해서 교류의 순환에 가시적인 자리를 잡을 수 있는 상태를 의미한다.

법적으로 명시되는 회사의 형태와 기능 이상의 단계에 진입하기 위해서 체계적인 경영의 기초를 받아들여야 하기 때문에 결정적인 발전 단계라고 볼 수 있다. 아울러 공동체가 부족으로, 부족이 씨족으로 분화되는 것을 보장, 수용함으로써 조직의 유기적 성격을 보여줄 필요가 있다. 이런 구조는 인간 집단의 유기적(부족) 형태와 기계적(씨족) 형태를 동시에 포괄하는 문화적 복합성을 통제할 수 있다는 것을 의미한다. 기저문화를 근간으로 하는 단체의 성숙도를 보여주는 것이다. 정복자형 공동체의 경제는 생존 투자 단계에서 진정한 자본주의적 경제로 이행한다. 자본주의적 경제는 생산과 시장의 발달과 더불어 잉여가치를 생산하는 능력으로 측정되는 것이다.

이와 같은 경제적 표준화는 목표를 중심으로 응집력을 만들어내는 문화와 시장 경제의 생산 사이에 변증법적 관계가 있음을 보여준다. 정복자형 공동체는 전 자본주의(pre-capital) 단계라 할 수 있다.

정체성(identity)

정체성은 의도적으로 구축한 의미체계로 경제 및 사회 환경 속에서 인간 조직의 위치를 규명한다.

또한 의도적으로 선택한 가치의 총체를 이룬다. 정체성의 목적은 내부 구성원들에게는 결집의 기준을, 외부인들에게는 이들을 유인하거나 배척하는 원인을 제공하는 데 있다. 동조자이거나 고객 혹은 지지자인 경우에는 유인의 동기를 제공하고 경쟁자이거나 적인 경우에는 배척의 원인을 제공한다.

정체성 전파의 매개는 다음과 같다.

• 대내적으로: 경영진의 커뮤니케이션(managerial communication), 인사 전략, 디자인 경영(design management)

• 대외적으로: 제도적 커뮤니케이션(institutional communication), 제품 홍보(product communication), 파이낸셜 커뮤니케이션(financial communication), 디자인 경영

정체성은 커뮤니케이션의 플랫폼을 구성하는 요소 중 하나이다. 회사의 의도나 홍보 대상에 따라 조율된다. 따라서 회사의 상상계를 이루는 복합적인 담화(언어적, 조직적, 혹은 시각적)라 할 수 있다. 정체성이 생산하고 발신하는 의미들은 내부의 수신자와 외부의 수신자에게 이미지를 만들어낸다. 이 상상의 표상이 기업

의 명성을 구축하는 요소가 된다.

제국주의적 갱단(imperial gang)

기업 인류학에서 제국주의적 갱단은 정복자형의 변형이며 '사회적 응집력'의 변수에 해당하는 기호가 전도된 결과이다.

정복자형 회사에서는 모두가 공유하는, 그리고 당시의 사회적 통념을 거스르는 창립신화로 표현되는 강력한 신념 위에 세워진 사회적 응집력이 무엇보다 중요한 요소이다. 반면 제국주의적 갱단에서는 이와 같은 신념을 사회적 응집력의 매개체로 사용하는 것이 아니라 경제적인 성과와 회사의 확장을 위한 요소로 전용한다. 정복자형 회사에서는 회사의 창업 행위가 존재의 이유이자 원동력이 된다. 제국주의적 갱단에게 창업 행위는 더 많은 이익을 내기 위한 수단에 불과하다. 이를 위해 이들은 극한 경쟁 시장에서 그들만의 고유한 제품으로 고객을 사로잡고, 본래의 기능에서 이탈한 창립신화가 만들어낸 유사 소속감으로 직원들을 경제적으로 착취한다.

경제계의 제국주의적 갱단은 시민사회의 '광신적' 이단에 비유할 수 있다. 이들은 대개 인본주의 사상을 한 사람 혹은 한 패거리의 물질적 혹은 재정적인 이익을 위해 유용하기 때문이다.

제국주의적 시스템(imperial system)

산업적 또는 상업적 성격을 갖는 회사가 프로젝트와 주주만을 위한 단기적인 가치 창출을 존재의 이유로 삼을 때 이를 제국주의적 시스템이라고 부른다.

교류의 대상이 되는 제품(회사의 업종)은 더 많은 잉여가치를 축적하기 위한 지렛대에 불과하다. 제국주의적 회사는 독점적 지위를 목표로 삼지는 않지만 과점적 시장에서 선두(1, 2, 3등)가 되거나 선두 자리를 지키고자 한다. 회사의 소명과 가치가 시장 변화에 따라 변해야 하므로 자신의 문화가 거의 자신의 정체성과 같다고 간주한다. 인사전략에서도 개인을 회사에서 규정한 기능을 정확히 수행할 수 있는 기술적 역량의 관점에서만 바라본다. 직원들에게는 기업의 정체성과 프로젝트에 대한 동일시를 요구한다. 잘못된 것임에도 불구하고 기저문화에 대한 동조는 불필요한 것, 더 나아가서 유해한 것이라고 이야기한다. 소속감이 교류의 흐름과 발전에 장애물처럼 작용한다고 믿기 때문이다. 실제로 경영 원칙으로 승격된 유연성이라는 미명 하에 모든 직원은 자신의 역량이 필요 없어졌거나 급여를 받는 대가로 제공하는 기능을 제대로 수행하지 못할 경우 언제든지 해고될 수 있어야 한다. 제국주의적 시스템의 직원은 용병인 '인간 도구'이다. 제국주의적 시스템은 경우에 따라 테일러주의, 신테일러주의 또는 매트릭스 방법론으로 조직된다.

집단(group)

단체와 대비해서 집단이라고 하면 경제교류의 생산성이라는 동기에 의해 그리고 그것을 위해 결집된 개인의 모임을 말한다.

집단은 강한 정체성으로 하나가 된다. 이때 기저문화에 대한 소속감은 무시되는데 기저문화 자체도 단기 성과에 대한 요구 때문에 종종 와해되어 있는 상태이다. 집단은 기업의 가치에 대한 상상의 동일시를 통해 인위적으로 존재한다. 기저문화가 전파하는 상징적 인코딩은 약하거나 거의 존재하지 않는다. 따라서 지속되는 '유기적' 조직이 되지 못한다. 그렇기 때문에 집단의 구성원들은 일시적인 연대감만을 지닌다. 이 연대감은 이들을 하나로 모으는 목표와 위협요소가 존재하는 동안만 지속된다. 그 요소들이 사라지면 집단도 바로 해체된다. 집단의 연대감은 기계적 연대(mechanical solidarity)에 해당한다.

창립신화(founding myth)

창립신화는 조직에 대한 소속감을 결정하는 기초 단위이다. 인간 조직의 독특성을 규정하는 본질적 요소라 할 수 있다.

창립신화는 창립자의 뛰어난 독창성, 용기와 고독감, 그리고 그가 감내한 위험들을 칭송하는 영웅적 서사시 혹은 혁신적인 이야기의 형태를 띤다. 그 이야기 안에는 논리적인 수수께끼가 숨어 있고 그 수수께끼를 중심으로 이야기가 진행된다. 그 수수께끼는 다른 사람들은 풀지 못하는 의미론적 대립항 체계로 되어 있다. 대체로 인류를 위해 스스로 사회통념을 거스르는 내용이다. 창립신화는 실제 인물이든 상상의 인물이든 창립자가 만들어내는 것이며 그가 창립신화의 초안을 선포하고 원 내용을 정한다. 그렇기 때문에 창립자는 사회적 대의를 위해 일하는 영웅으로 비춰지는 것이다. 그 대의의 궁극적 정당성은 절대 선으로 인식되는 모두를 위한 기술적 발전을 추구하는 데 있다. 따라서 창립신화는 기저문화의 하부구조이다. 따라서 부차적인 신화, 행동적 기호론, 특정 조직 고유의 기호체계를 생성해낸다. 이런 복합성은 의도적으로 단순화시킨 창립신화의 표현 방식에 농축되어 있으며 신조(credo)와도 같은 가치들을 규정하는 소명을 구성한다. 소명이 창립신화의 구조를 반영하는 한 소명과 거기서 비롯되는 가치들의 표현은 고객들의 기대에 따라 변화한다.

학자형 회사(scholarly company)

응집력이 상당히 강한 단체이다. 자기중심적이고 전문지식의 끊임없는 고도화를 추구하는 조직이다. 이 고도화를 위해 입문과정을 조직하고 입문과정을 통과한 사람들은 이들의 권위를 인정해주는 정당성을 갖게 된다. 이들은 또한 외부와의 상호작용에 완전히 닫혀 있으며 그들이 만들어내는 것은 워낙 품질이 뛰어나서 시장에 맞지 않을 수가 없다는 것을 핑계로 영업의 측면(고객이나 수요의 개념은 고려조차 되지 않는다)은 전혀 고려하지 않은 채 기술적인 진전(때에 따라서는 제품)을 선보인다. 학자형 회사는 다음과 같은 상황에서 만들어진다.

• 추종자의 수가 늘어난 자급자족형 공동체가 정복자형의 발전 단계를 거치지 않았을 때
• 추종자 고객을 확보하지 못하여 정복자형 공동체가 실패했을 때
• 교류는 제쳐놓고 사회적 응집력에만 집중하는 과정에서 퇴행적 기업가형 회사가 외부와 영업 활동을 점진적으로 중단했을 때

프랑스에서 이런 기업 형태는 시장경쟁에 뛰어든 기관이나 준 독점적인 공기업에서 자주 나타난다. 실제로 이런 조직들은 지금까지 시장의 제약이나 돌발사항에 대해 보호를 받아왔다. 이들은 사용자, 가입자 또는 잠시 거쳐가는 사람들만 상대해봤지 한 번도 '고객'이라는 것을 만나본 적이 없다. 공공 서비스의 고상함은 고객만족의 저속함 따위와는 비할 바가 아니라고 생각하는 조직인 것이다.

자급자족형 조직의 계략에 빠져버린 회사의 운명은 강한 사회적 응집력에서 극단적인 사회적 분열 상태로 이동하면서 궁극적으로는 회사가 없어져버리는 것이다. 실제로 업무의 초고도화와 선별적인 입문 절차 때문에 이 조직에 속한 사람들은 반박의 여지가 없는 권위를 부여받는다. 이 권위로 인해 당사자들은 어떠한 통제도 참지 못하는 자율성을 갖게 된다. 이렇게 변질된 회사 조직은 더욱더 분열된다. 그러다 사회적 분열의 마지막 단계에 이르게 되면 각각의 직원들은 나야말로 회사에서 유일하게 정당성을 갖고 회사를 대표하는 사람이라고 믿게 된다.

아울러 회사가 상대하는 시장과 고객을 제대로 알지 못하기 때문에 (준 독점적인 위상을 잃었거나 정부에서 더 이상 자금 조달을 돕지 못하거나 희소경제에서 경쟁경제로 이행했을 때) 필연적으로 경제적 파산을 면할 수가 없게 된다.

참고문헌

S. Crainer, *Business. The Jack Welch Way: 10 Secrets of the World's Greatest Turnaround King*, Amacom, 1999.

L. Dingli, *Louis Renault*, Flammarion, 2000.

L. Dumond, *L'épopée Bibendum, une entreprise à l'épreuve de l' histoire*, Éditions Privat, 2002.

G. Duval, *Le libéralisme n'a pas d'avenir*, La Découverte, 2003.

J.-C. Fauvet, *La sociodynamique. Concepts et méthodes*, Éditions d'Organisation, 1997.

C. Floquet, *Pour en finir avec la décentralisation*, Éditions de l'Aube, 2002.

J.-L. Guigou, *Une ambition pour le territoire. Aménager l'espace et le temps*, Éditions de l'Aube, 1995.

O. Herbemont (d'), B. César, *La stratégie du projet latéral*, Dunod, 1996.

P. Iribarne (d'), *Cultures et mondialisation. Gérer par-delà les frontiè res*, Seuil, 1998.

V. Lenhardt, *Les responsables porteurs de sens. Culture et pratique du coaching et du team-building*, Éditions Insep Consulting, 1992.

J.-L. Loubet, N. Hatzfeld, *Les sept vies de Roissy*, ETAI, 2001.

A.-S. Perriaux, *Renault et les sciences sociales, 1948-1991*, Seli Arslan, 1998.

G. Rolland, H. Sérieyx, *Colère à deux voix. Quand les organisations laminent les talents*, InterÉditions, 1995.

B. Schwartz, *Moderniser sans exclure*, La Découverte, 1997.

P.-É. Tixier, N. Mauchamp, *EDF-GDF. Une entreprise publique en mutation*, La Découverte(Recherches), 2000.

D. Zell, *Changing by design*, Cornell University Press, 1997.

편혜원: 현재 국제회의통역사. 한국외국어대학교 통번역대학원 강사.
ACG의 기업문화 컨설팅 프로젝트 통역사.
서강대학교 불어불문학과 졸업. 파리 7대학 문학부 수료. 한국외국어대학교 통번역대학원 한불과 졸업 및 박사과정 수료.
역서: 『봉주르 와인』(이다 도시 지음), 『카르멘』, 『그리고 이제는』, 『21세기 사전』(공역), 『통번역과 등가』(공역)
저서: 『한불영/불한영 경제용어사전』, 『한불영/불한영 축구용어사전』

정혜원: 현재 국제회의통역사. 대전 알리앙스프랑세즈 강사.
연세대학교 불어불문학과 졸업. 파리 3대학 ESIT 수료. 한국외국어대학교 통번역대학원 한불과 졸업.
역서: 『21세기 사전』(공역)

기업 인류학

지은이 마크 르바이 · 알랭 시몽
옮긴이 편혜원 · 정혜원

1판 1쇄 인쇄 2010년 7월 10일
1판 1쇄 발행 2010년 7월 15일

발행처 철학과현실사
발행인 전춘호

등록번호 제1-583호
등록일자 1987년 12월 15일

서울특별시 종로구 동숭동 1-45
전화번호 579-5908
팩시밀리 572-2830

ISBN 978-89-7775-729-5 93320

값 12,000원

●잘못된 책은 교환해 드립니다.